ABELARD **GIZA** JACEK **STRAMIK**

ŁAPY PRECZ OD ŻARTÓW

WIELKA LITERA

ZAMIAST WSTĘPU

Jest to zapis mejlowej dyskusji, którą toczyliśmy od końca czerwca do końca grudnia 2017 roku. Mejle wysyłaliśmy sobie nie tyle z 48-godzinną częstotliwością, ile w 48-godzinnym rygorze. Całość zaczyna się tak nagle, jak nagle się kończy.

Żartów tu mało.
Więcej marudzenia,

niewyspania,
dzieci i narkotyków.

Gdybyśmy byli Abelardem, napisalibyśmy, że liczymy na Wasz pozytywny odbiór. Gdybyśmy byli Jackiem, napisalibyśmy, że mamy wyjebane. Jednak na potrzeby tego krótkiego wprowadzenia jesteśmy i jednym, i drugim. Napiszemy więc: miłej lektury, Smucikonie!

STRAMIK PISZE

18.06.2017

Czy mógłbyś mi powiedzieć, kim jest Filip Chajzer? Tzn. kim jest dla Ciebie? Bo dla mnie jest postacią z odległego świata polskiej telewizji, który to świat dawno nie jest moim. Ze strzępków, które docierają do mnie za sprawą polubień czy reakcji znajomych na FB, wynika, że Filip Chajzer to typ ze zbyt niskim, zadętym głosem, którego ciężko się słucha. Jakiś inny typ zrobił mema, żartowo dotykającego wielkiej, osobistej tragedii celebryty.

48.1

Filip Chajzer straszliwie się zdenerwował, dotarł do danych autora mema i publicznie je udostępnił, nazywając go m.in. „kurwą". Ja rozumiem, że są granice dobrego smaku (są?), ale jeżeli są granice dobrego smaku (a są?), to powinny również istnieć granice zdenerwowania.

Też chciałbym nazwać Chajzera tak, jak on nazwał autora mema.

Jednak po konsultacjach z prawnikiem uznałem, że warto uniknąć długiego procesu, zakończonego prawdopodobnie nawet kilkusettysięcznym odszkodowaniem.

Zrobię inaczej, użyję zamiennika. Abelard, unikamy procesu!

Chajzer. Ty gagatku! Łapy precz od żartów!

Wiem, że Filip Chajzer przeżył wielką, osobistą tragedię. Czy osoby, które przeżyły wielką, osobistą tragedię mają prawo do publicznego szkalowania innych osób z powodu odmiennego podejścia do rzeczywistości, wyrażającego się w żartach dotykających wspomnianej wielkiej, osobistej tragedii?

Nie wiem. Niewiele wiem. Nie będę udawał, jak Filip Chajzer, że wiem więcej, niż wiem.

W ogóle przecież szkoda czasu na tego gagatka. Kurzą Końcówkę. Primadonnę...

Szkoda czasu, jest tyle do obejrzenia; na Netfliksie i nie tylko: „Fargo 3", „Twin Peaks 3", „American Gods", za chwilę wchodzi „The Mist" na podstawie Kinga. A tu Filip Chajzer wyświetla mi się z taką akcją FB (ktoś ze znajomych to polubił) i zaczyna werbować swoich miłośników do tańca nienawiści. Nawiasem mówiąc, skąd Filip Chajzer ma tylu zwolenników i tyle zwolenniczek?!

W czasie kiedy pisałem poprzedni akapit, mogłem ok. 4 razy sprawdzić, jak wyglądały szczegóły wielkiej, osobistej tragedii Filipa Chajzera. Już nie tylko z braku czasu tego nie zrobiłem, acz specjalnie. Tak jak specjalnie nigdy nie nauczyłem się na pamięć swojego PESEL-u – jako wyraz buntu przeciwko Kafkowskim mechanizmom redukcji człowieka do numeru. I tak samo nie sprawdzę, jak wyglądały szczegóły wielkiej, osobistej tragedii Filipa Chajzera. Bo jebie mnie polski i (nie tylko) system celebrycki.

Nie chcę być trybikiem w maszynie zainteresowania ludźmi, których intelektualna miernota, za sprawą srebrnego ekranu, szpeci wiele polskich domów.

Z tego względu mogę tylko zgadywać, jak wyglądały szczegóły wielkiej, osobistej tragedii Filipa Chajzera. Chociaż może Ty mi napiszesz...

PS

W erze postinformacji i postprawdy wszystko, co jest w mediach, nie istnieje. Chajzer, jego wielka, osobista tragedia; to prawdziwie istnieje tylko w życiu Chajzera, a kiedy staje się informacją, doniesieniem, funkcjonuje na zasadzie opowieści, towarzyszy temu zasada fikcyjności, jest komiksem, radiowo-prasowo-telewizyjno-internetowym spektaklem i ludzie powinni mieć prawo robienia z tym, co tylko im się podoba. Tak jak się dzieje z wierszami, powieściami, filmami, stand-upem.

Chajzer nie tworzy w ramach tradycyjnie, kanonicznie poj-
48.1 mowanych dziedzin sztuki. Utworem Chajzera, dziełem jego życia jest... jego życie, jego prywatność – niczym wszystkich celebrytów. Chajzer zgodził się na taki układ, zostając celebrytą. Święte oburzenie i wkurw to przy takiej optyce zachowanie zgoła dziecinne, niegodne bohatera komiksowego, tradycyjnie męskiego, mężnego, pomagającego mieszkańcom Gotham, na jakiego Chajzer, w medialnej opowieści o sobie-Batmanie, pozuje.

Jednak celebryci przyzwyczaili nas do kłamstw. Na tym polega system celebrycki. Jest to przemysł kłamstwa. Przemysł pozorów. Tworzone są opowieści dla mas, pospólstwa, tłuszczy. O tym, jak mieszkańcy rezydenci medialnego Olimpu żyją, cieszą się, wyjeżdżają na wakacje, ale też o tym, jak umierają, cierpią i zmagają się z tragediami. Wszystko to nosi znamiona fałszu, oszustwa, przekłamania, fikcji. Albo po prostu – stosując miarę, którą przywołałem na początku – postprawdy.

Jest takie słynne zdanie, które znam z lektury dzieł guru pokolenia bitników Williama S. Bourroughsa, zasłyszane bodaj w ukochanym przez Bourroughsa Tangerze, chyba od kogoś w rodzaju szamana czy marokańskiego ludowego pisarza, przewodnika duchowego. Według mnie świetnie opisuje tę sytuację oraz wszelkie inne, w których wkurwienie celebrytów dotyczące komentarza do ich życia odgrywa główną rolę. Dedykuję to zdanie Filipowi Chajzerowi. I niechaj ta jednostka syntaktyczna (tak nazywamy zdanie, kiedy chcemy się popisać) posłuży za puentę: „Nic nie jest prawdziwe, wszystko jest dozwolone".

48.1

Nic nie jest prawdziwe, wszystko jest dozwolone

GIZA PISZE

Tyle jest postaci w polskim showbizie, a my o Chaj-Zerze. Chajzerem zaczynamy to wszystko. Chajzera promować będziemy. Ja rozumiem, że jest on tylko pretekstem do rozmowy o celebryctwie i cenzurze żartów, ale żeby podbijać ten jego nieznośny bębenek próżności... Ech.

I dziwne, że nie znasz szczegółów – w końcu gość każdą swoją prywatną chwilę przeżywa z milionami telewidzów. Nie da się nie znać szczegółów tragedii osobistej czy choćby śniadania Filipa Chajzera.

I mimo że bardzo wiele mądrych słów przytaczasz Jacku, kilka błyskotliwych konstrukcji stosujesz i fundujesz ten doskonały PeeS, to dla mnie Filip Chajzer w tej sytuacji jest wkurwionym ojcem.

I tyle.

48.2 I cokolwiek byś napisał – jestem w stanie go zrozumieć. Mam córkę, zaraz będę miał drugą. Mia mruży oczy jak ja i wścieka się jak ja. Czyż jest coś cenniejszego niż lepsza i młodsza wersja Ciebie? Myślę, że mógłbym zabić każdego, kto chciałby zrobić jej krzywdę. I nieważne, ile mądrych książek w życiu przeczytałem.

Mógłbym tu jeszcze mnożyć kolejne zdania na ten temat, ale i tak tego nie zrozumiesz. Nie jesteś tatą. Ha! Wiem. To zły argument. Jakiś taki upokarzający. „Jesteś młody i nic nie wiesz!" – zawsze, jak ktoś takim tekstem zamykał mi usta, to otwierał mi się nóż w kieszeni.

Ale... (he, he) zrozumienie w tej kwestii może narodzić się tylko i wyłącznie wraz z lepszą wersją Jacka Stramika, która – choć bez włosów, to z orlim nosem – będzie nienawidziła świata bardziej doskonale niż Ty sam. I jestem pewien, że dumny i wzruszony zrobisz wszystko, żeby żaden chuj złamany nawet na moment jej słońca nie przysłonił.

Oczywiście nie uważam, że nawoływanie do linczu i wrzucanie danych osobowych hejterów na profile celebrytów to dobre rozwiązanie. I nieważne, czy robi to Król TVN-u, czy jego Koniuszy. Żenada. Rozdmuchiwanie tych spraw to tylko ich reklama. Gdyby nie ta cała afera, to nigdy nie obejrzelibyśmy tego mema. A nawet jeśli, to pewnie cała reakcja trwałaby około 0,4 sekundy i brzmiałaby „łe"/„phi"/„tss".

Dobre żarty same się roznoszą.

Znam dobre, mocne żarty. Niektóre są rasistowskie, inne szowinistyczne albo antysemickie... I naprawdę są dobre. Wywołują śmiech. I nie czuję się później złym człowiekiem. Uśmiechnę się, może niechętnie – bo wszystkie te pojęcia już dawno powinny zdechnąć – często wbrew sobie, ale jednak. W tym momencie doskonała konstrukcja wygrywa z etyką. Przecież to tylko żart. Od słuchania żartu nie zacznę traktować drugiego człowieka inaczej. Ale już zestawienie słabej konstrukcji z ciężkim tematem to dla humoru mieszanka wybuchowa. Dlatego czasem myślę, że żartami powinni zajmować się tylko zawodowcy. Licencja na żartowanie? To dużo bardziej skomplikowana materia niż operacja na otwartym sercu. Ta może się źle skończyć dla jednej osoby, a jak pokazuje historia, są takie żarty, które potrafią skłócić i zatruć serca tysięcy.

Oczywiście, cokolwiek by mówić, obiektywnie autor tego całego chajzerowego mema nie zrobił dziecku nic. Ale czy nie jest tak, że kiedy pojawiają się emocje – wyłącza się mózg? To jest jak iskra w lesie. A do tego, jak wiatr, niesie Cię zacna idea walki z plugastwem i internetowym hejtem w imię pamięci zmarłego. Jedziesz więc i napierdalasz. Jesteś rycerzem na białym koniu albo w czarnym batmobilu właśnie. Człowiek od zawsze usprawiedliwiał agresję szlachetnymi hasłami:

„Za wolność", „Bóg tak chciał!", „Ojczyzna wzywa!"

GIŻA PISZE

A do tego czujesz moc, bo za tobą stoi armia uwielbiaczy. Sam nie masz jeszcze armii uwielbiaczy, ale przyznaj, że kiedy rozprawiasz się z kimś na swoim blogu i czujesz wsparcie środowiska, to jakoś łatwiej ferować wyroki.
„Łapy precz od żartów!" – wołasz Ty. Racja. „Więcej dystansu!" – wołają internauci. Pewnie.
Ale kto go ma? Ktoś mi mówi: „Wow, żartujesz ze swojego wy-
48.2 glądu albo imienia – ale masz dystans!". Naprawdę? Po prostu te dwa aspekty mojej osoby mam zupełnie w dupie. Ciężej mi żartować z kilku innych, które bolą albo na których punkcie mam kompleksy. Ty nie masz takich punktów? Wyobraź sobie najmroczniejszy, najbardziej uciskający Cię Stramikowy problem... Ten, który wymyka Ci się spod kontroli...
A teraz mem na jego temat... Do tego słaby...
No nie świerzbią Cię palce? Ciebie – mrocznego, powściągliwego, przepełnionego cynizmem Jacka. Człowieka, który przeżył już i w jakiś sposób oswoił się ze śmiercią bliskiej osoby. Zawodowego żartownisia, któremu drogi jest problem cenzury i obrażania się świata za różnej maści dowcipy. Znawcę chłonącego szeroko pojętą komedię 24/7 – także tę ciężkiego kalibru.
Więc jak ma się powstrzymać ojciec Filip „Supcio! Brawo! Fota! Piona! Zajebię pomysł od Jimmy'ego Kimmela! Supcio! Trudno! Uśmiech! Śmieszna mina! Reklama! O Boże, jak to smakuje! Łohoho! Jaki śmieszny strój! Jestem szalony! Ludzie mnie kochają! Pomogę na Wizji! Bić kurwy!" Chajzer?

STRAMIK PISZE

Wiedziałem, że będziesz o córce; i kolejnej córce. **Solidarność ojców.** Rozumiem to. Nie jestem ojcem, ale nie nienawidzę dzieci jak niektóre osoby w mojej sytuacji. Co więcej: chciałbym, żeby dzieci nie umierały. Udoskonalić ludzkość tak, by umierali tylko dorośli. Wszyscy. Nawet tak znamienita, wszechstronnie uzdolniona, osobowość telewizyjna, jaką jest Filip Chajzer, którego brak boleśnie odczułby na sobie cały rodzaj ludzki!

Aaaaaaaaaaaaaa!

Już wystarczająco energii mu poświęciliśmy. W sumie z mojej inicjatywy. Bez sensu.

48.3

Ostatecznie godzę się z tym, jaki jest. To akurat nie mój bohater, widocznie jednak jest w takiej, a nie innej formie potrzebny światu. Takiego go świat otrzymuje w chajzerowym pakiecie. Takiego kocha go sporo osób. I wreszcie takiego go nie nazywam tak, jak chciałbym go nazwać, bo po konsultacjach z prawnikiem postanowiłem uniknąć długiego procesu, zakończonego prawdopodobnie nawet kilkusettysięcznym odszkodowaniem. Niestety on nazwał tak, jak chciał nazwać – kurwą, autora żartu, który to żart – jak dla mnie – nie był jakiś najgorszy.

Lubię takie głupotki. Nie lubię powagi. A tu pewnie chodziło również o przekłucie balonika powagi. Takie przekłuwanie dają nam przecież najbardziej obraźliwe żarty. Rasistowskie, szowinistyczne czy antysemickie właśnie. Tylko jedna rzecz – one wydają mi się spoko tylko wtedy, gdy są quasi-rasistowskie, pseudoszowinistyczne i antyantysemickie. Często są to takie „wcieleniówki", na przykład Sarah Silverman udająca głupią rasistkę, żeby zwrócić uwagę na problem.

STRAMIK PISZE

I jak powiadasz: autor mema nie krzywdzi dziecka Chajzera. Tak samo autorzy i autorki takich żartów nie skrzywdziliby i nie skrzywdziłyby osób, których te żarty dotyczą. Tym samym nie są nawoływaniem do nienawiści. Natomiast Chajzer do nienawiści podjudza. To nie jest spoko. Ale – jak tym razem ja powiadam – taki on już ci jest. Ten Chajzer. Filip Chajzer jest Filipem Chajzerem, tak samo jak Jacek Stramik jest Jackiem Stramikiem – tym, który rzeczywiście dobrze się czuje, kiedy przy aprobacie innych chłoszcze kogoś na blogu.

Ja, **Ja** natomiast, **Ja**!

„Poniedziałek – ja, wtorek – ja, środa – ja, czwartek – ja" – jak pisał Gombrowicz w *Dzienniku*.

JA to przynajmniej robię w dobrym stylu, hi, hi. Życzę jemu tego samego; tylko nie wiem, czy po przybraniu na stylu nie straciłby
48.3 zwolenników.

W takim razie cofam życzenia. Oznacza to, że jestem dla niego dobry. Należy docenić ten gest!

Jak dla mnie takie przekłuwanie balonika powagi jest potrzebne. Widzimy to chociażby na przykładzie szkalowania Jana Pawła II, którego jestem fanem. Szkalowania, nie Jana Pawła II.

Nakurwianie w świętości od zawsze pobudza intelekt.

Wyrywa nas z utrwalonych kolein myślenia.

Pomniki są od tego, żeby je... coś tam? Przez chwilę myślałem, że było takie powiedzenie. Ale chyba nie było. Zresztą nie wiem. Może było.

Ty, tak Ty!

TY powinieneś wiedzieć, w końcu jesteś starszy! I masz dzieci!!! (Będziesz miał).

GIZA PISZE

Zgadzam się z tym, że najlepsze żarty to te, które tak naprawdę piętnują wspomniany rasizm czy szowinizm. Ale nie ukrywam, że zdarzyło mi się też śmiać z tych bez podwójnego dna. Były po prostu śmieszne. Nie da się kontrolować śmiechu. Dlatego jest taki zajebisty. Wymyka się cenzurze. Nawet tej wewnętrznej. I jedyne, co można potem zrobić, żeby próbować zachować twarz, to skrzywić się i dodać: „Łohoho... ostre!".

Dziś rano obejrzałem filmik na YouTubie, w którym niejaki Maciej Modzelewski najpierw wita się słowami: „Niech będzie pochwalony Jezus Chrystus, Król Polski!", potem opowiada o ataku atomowym na USA i upadku rządu polskiego, a następnie mówi, że to on obejmie ster rządów, a nasz naród jest wybranym i po zagładzie będzie wskrzeszał cały świat. Coś w tym stylu.

Są dwie opcje. Albo kiedy to czytasz, Polska jest już królestwem, na czele którego stoi Maciuś I, a Stany Zjednoczone to tylko dymiąca dziura. Albo straciłem kolejne cztery minuty życia na obejrzenie jakiegoś zjeba.

Nie wiem, co lepsze. Cenię swój czas, ale nie jestem też fanem ani USA, ani polskiego rządu.

Tak czy inaczej, ów Maciej Modzelewski mówił to wszystko ze świętą powagą. Wiem, że on szykuje się do objęcia władzy, przygotowuje siebie i swoją żonę (trzeba sprawdzić, czy ma dzieci, bo jeśli tak, to jak każdy ojciec ma nadwiedzę i chyba warto zasubskrybować kanał „Wskrzesiciel Narodu", by być gotowym).

Zakładam, że po każdej stronie barykady politycznej, światopoglądowej, religijnej można trafić na kompletnego debila, ale też na inteligenta.

To założenie pewnie jest naiwne, ale daje mi jakiś wewnętrzny spokój. Że to, co widzimy, to raczej rozgrywka i spektakl. Zatem igranie z grą, przekłuwanie balona powagi, napierdalanie w pomniki, wysuwanie krytycznych uwag ukrytych pod płaszczykiem żartu wobec każdego aspektu ludzkiej działalności – tak, jestem za! Ale powiedz mi, co takiego jest w żarcie – czymś z założenia dobrym, czymś, co ma intencję dać uśmiech i pozytywną energię – że ludzie aż tak potrafią się nań wkurwić i znienawidzić jego autora? I dlaczego, kiedy widzą prawdziwe zło – głupotę – machają pobłażliwie ręką, dając ciche przyzwolenie na dalsze jej istnienie?

Dlaczego na takich ludzi nie zasadzają się ich bracia w wierze (czegokolwiek by ona dotyczyła)? Dlaczego nie podkładają nocami pod ich domy ognia i nie wycinają w pień do piątego pokolenia wstecz, mając dość kompromitacji? Dlaczego prawicowe media (tak brylujące w naburmuszaniu się) machają łapką i mają luz, żeby powiedzieć: „Ech, ten Macias...", a potem przypierdalają się za każdy błahy nawet żarcik z przeciwnej strony?

Swoją drogą może być też tak, że Macias przerósł o głowę (albo i trzy) innego Modzelewskiego (a i nas wszystkich) i jest komikiem doskonałym. Wszedł w żart na sto procent. Od lat skrupulatnie konstruuje postać Wskrzesiciela, a my, idioci, bierzemy to poważnie.
A to, że jego filmiki mają tylko kilka tysięcy odsłon?

Andy Kaufman też był niszowy.

STRAMIK PISZE

Abelard, jedna prośba – bardzo szczera, Kierowniku Mój Kochany, da radę poratować życiem, którego nigdy się nie spodziewałem, nawet nie marzyłem, życiem, w którym mnie do tej pory wspierasz, dzięki któremu mogę pójść do sklepu, jakiegokolwiek i kupić cokolwiek, buty, banany, wódkę, kabanosy, pomidory, najdroższy alkohol i najdroższe chipsy, bo występujemy, bo Ty jesteś najpopularniejszym polskim komikiem i bierzesz takiego typa jak ja, który robi robotę i Ci, kurwa, dziękuję, Kierowniku Szczerozłoty, wiadomo, że jestem wrośnięty w tę scenę, jeżdżę przy różnych innych okazjach, poszanowali mnie, wzięli Stramika jako Kogoś, osobowość i to jest również dla mnie, nie przesadzam Błogosławieństwo, no i dużo, przecież bardzo dużo, w chuj dużo zawdzięczam Tobie i Ciebie traktuję momentami jak drogowskaz, Jebańcu, jesteś długo zawieszony bardzo mocno w biznesie rozrywkowym, jakoś mądrze, tak świadomie, wręcz filozoficznie i bla, bla, bla, a ta scena nasza stand-upowa; he, he, nasza scena: jest popierdolona, jesteśmy w Agencji Artystycznej Antrakt, ona coś tam daje od siebie, mnie daje tyle, że właściwie jestem tam z Twojej rekomendacji, robię tego bloga, który uszlachetnia, hi, hi, trochę to całe gówno, i co, i tak jestem, scena jest podzielona, jeszcze Stand-up

STRAMIK PISZE

Polska, o ja jebię, sekta, moi Przyjaciele, też z nimi wchodzę w różne konszachty, ale to powinno się rozjebać, nie powinno być kast, nie ma nigdzie na świecie czegoś takiego, jesteśmy przyjaciółmi, to działajmy razem, i tyle, więc Wielkie Dzięki, jestem teraz w Gorzowie, najebany i mogę powiedzieć głównie tyle, że szanuję wszystkie kobiety, nie gwałcę dzieci oraz nie głosuję na Korwina, co czyni ze mnie Dobrego Człowieka, mam jednakowoż drobną prośbę, nie wypierdalaj z jakimś youtube'owym typem; nienawidzę, tzn. abstrahuję (tak!) od youtube'owych tworów wszelkiego rodzaju, mówię to ja, Jacek Stramik, najebany jak ścierwo o godz. 4:55 w Gorzowie, w nocy z 24 na 25 czerwca, w hotelu Qubus. Jedyne, co dobre na YT, to trailery filmowe, serialowe, rap, stand-up, głównie amerykański, bo polski znamy przecież z występów na żywo i reklama z Sokołem. Co myślisz? Dla mnie zajebista. Komu nie wyślę, zajebista. Tylko dla Ciebie nie jest zajebista – nieoficjalnie. Teraz powiedz, oficjalnie, dlaczego nie jest to zajebista reklama. Dużo pieniędzy, pięknie nakręcona, pasja, marzenia, Ciocia Mariola czy chuj wie kto tam mówiła mi, po co ci ten rap, załatwię ci dobrą pracę u babci jakiejś tam, w papierniczym. Na mnie to działa, Abelard, jak on tak mówi, że konsekwentnie swoje gówno forsuje, robi to za hajs, gruby, zarabia mordą, jakoś dziwnie to akceptuję. Ty jesteś na NIE. *Why*?

GIZA PISZE

48 godzin to jednak dobra formuła. Okazuje się, że aby dotrzymać terminu, człowiek potrafi pisać mejla o piątej rano, kiedy we krwi tańczą wciąż whisky, cola i weselna wódka.

Pytasz mnie o reklamę z Sokołem.

Sokół to polski Jay-Z. Biznesmen, raper, człowiek legenda. Do wszystkiego doszedł sam. Podobnie jak O.S.T.R. – zrobił już tyle dobrych rzeczy, że chyba nic nie jest w stanie odebrać mu szacunku środowiska i słuchaczy. Kooperacje z Dawidem Podsiadłą czy reklama z Lindą... Amerykański styl, doskonałe towarzystwo, dobra jakość i produkcja. Wszystko pięknie. Słuszny kierunek. Dziś ważni zawodnicy rap gry to już nie chłopaki z osiedla palący blanty i rapujący o szarym blokowisku. To poważni przedsiębiorcy. I dobrze.
Marzy mi się, żeby polski stand-up szedł w tę stronę. Żeby nie traktowano nas tylko jak wulgarnych śmieszków z klubów pełnych piwa i żartów o sraniu (które to żarty tak uwielbiam). Na 48.6
Zachodzie komicy mają swoje programy, *shows*, seriale i grają w filmach. Oczywiście musimy się jeszcze dużo nauczyć, ale to, co się dzieje z raperami, jest dla nas jakąś iskierką. Bo obaj wiemy, że hip-hop i stand-up to dziedziny sobie bliskie, oparte na tym samym fundamencie – autentyczności (tak dziś cenionej).
I słyszę tego Szanow(a)nego Pana, który we wspomnianym spocie mówi o sobie, o prawdzie, o pasji. Fajnie. Może pójdą za nim młodzi, zagubieni... Wsłuchają się w jego głos, a przez to też w swój wewnętrzny. I nagle wszystko jak młotem rozwala mi znaczek dezodorantu. Nie rasowych perfum Chanel, tylko tego, co w Tesco stoi na półce obok ziemniaków i margaryny. I myślę sobie, po co mi Pan Sokół pierdoli o prawdzie i pasji, skoro dezodorant reklamuje? Co mają do tych wzniosłych haseł dwa psiknięcia pod pachą? I jeszcze to ich hasło: *Find your magic*. Naprawdę? Prawda i magia na półce w Rossmannie po dychu?
Cały jego dorobek i mój szacunek do niego on przerzuca na firmę, której celem jest wciśnięcie mi bardzo przeciętnego zapachu.

GIZA PISZE

No nie. Nie chcę tak. Nie lubię. Wolałbym śmieszną/kiczowatą reklamę, w której Sokół rapuje: „Jaram się relaksem, psikam pachy Axe'em" albo stoi i mówi: „Jestem biznesmenem, chcę mieć większy samochód. Ten zapach jest taki w kit. Gdybym na nim nie zarobił, tobym się właśnie takim psikał". Jak Wojewódzki w tej strasznej reklamie oranżady. Nie sadzi się. Nie opowiada o szlachetnym płynie i ojczyźnie. Tam układ jest czysty.

$$$.

Czytałem ostatnio zabawny wpis na profilu Make Life Harder – przeinteligentnych typów – który po siódmym akapicie okazał się reklamą. Szlag mnie trafił. Nikomu nie bronię zarabiać. Obwieś się nazwami firm, jedz na wizji kabanosy, chodź wszędzie w konkretnych klapkach – luz. Tylko daj znać. Szanuj mój czas. Moją do ciebie sympatię. Nie oszukuj mnie. Nie udawaj, że się nie kurwisz. Nie ukrywaj nazwy firmy na puentę, bo poczuję się wydymany. I nie dorabiaj ideologii do zapachu. Przynajmniej tej jakości. Może Chanel bym zdzierżył. Może wtedy szacunek do marki połączyłby się z szacunkiem do Sokoła. Trochę tak mam z tym, że O.S.T.R. jest ambasadorem dobrego koniaku. I też w reklamówce ciśnie hasła o ambicji i celu, ale tam jakoś mi to współgra. Może właśnie o to chodzi. O jakość. O klasę. O to, że reklamujesz i polecasz innym to, co sam lubisz i szanujesz. A mi się wierzyć nie chce, że Sokół się psika tym gównem. I że pije czerwonego johnniego walkera. Według mnie z prawdą i pasją to nie ma nic wspólnego.

PS Wolność, równość i sery topione! Polecam!

Abelard Giza.

STRAMIK PISZE

Czerwonego walkera to akurat ja piłem przed napisaniem poprzedniej wiadomości. Kiedy bywam pijany, jestem uważny, dbam o szczegóły, słowa, ton głosu. Paradoksalnie alkohol sprawia, że jestem trzeźwy. Nie myślę trzeźwo, ale jestem trzeźwiejszy niż wtedy, kiedy jestem trzeźwy, kiedy nie mam alkoholu we krwi. Czy to ma sens? I czy to ma znaczenie?! Ma, lecz głównie dla mnie. Dlatego stronię od alkoholu, wolę życiową nietrzeźwość, niedojrzałość, a ta substancja sprawia, że zdaję sobie sprawę z własnego położenia. Mam prawie 34 lata, a czuję się, jakbym nie miał wieku. Co za tym idzie – nie potrafię rozpoznawać wieku u innych. Świadomość wieku sprawia, że czuję się niedojrzały. Chociaż z drugiej strony nie widzę w tym nic złego.

„Czuję, że nie mam wieku, jestem poza wiekiem. Rozmawiam z tobą, jakbyś ty też nie miała wieku. To brzmi jak podryw wampira: razem jesteśmy poza wiekiem i jedynie razem możemy żyć wiecznie. Tylko musisz dać mi się ugryźć". Niedawno powiedziałem to jakiejś dziewiętnastolatce. Nie wiem, czym jest miłość, jednak potrafię o niej mówić, lubię o niej słuchać, lubię o niej oglądać.

48.7

Takie filmy jak Między słowami czy Tylko kochankowie przeżyją – są to piękne teksty kultury o czymś, czego właściwie nie ma. Tak jak Boga.

Ludzie wymyślili sobie Boga ze strachu. Przed samotnością we wszechświecie. A także nieuchronnością śmierci. Podobnie jest z miłością.

Podobnie jest też z tym dezodorantem, który z tego, co mówisz, jest gównem. Ja na kosmetykach się nie znam (czy nazwanie Axe'a kosmetykiem jest jak nazwanie McDonalda restauracją?), od lat używam old spice'a, kiedyś przyuważyłem, że ojciec mojej byłej dziewczyny go używa, i utożsamiłem tego old spice'a z męskością. Od dawna nie posiadam wzorca męskości – jak doskonale wiesz, mój własny ojciec zawinął się z tej planety już blisko dziewiętnaście lat temu. No więc nie znam się na kosmetykach, ale ten dezodorant, jakikolwiek by był, w tym spocie postrzegam jak miłość w pięknych tekstach kultury o niej. Te teksty są o niczym, jednak poruszają w nas jakieś struny; stworzone przez inne teksty kultury. Bajki jakieś czy książeczki przyswajane za młodu, które budowały w nas koncepcje miłości.

Takie gówno jak Axe jest jak ta miłość w filmach, jest pustym pojęciem, jest marką wymyśloną przez jakiegoś typa czy typiarę albo typa i typiarę, albo typów i typiary, albo typa i typiary, albo typów i typiarę, jest niczym. Więc może być wszystkim. Miłością, wolnością, niezależnością, sztuką.

Powstała (spróbujmy nie używać wyrazu „piękny" czy „piękna" po raz kolejny) estetycznie wysmakowana (mądry Jacuś, udało się to ładnie nazwać!) reklama dotycząca czegoś, czego nie ma. Z takiej właśnie
48.7 perspektywy i tylko takiej oceniam ją jako (teraz możemy) piękną.

PS

Wybacz, że olałem ostatnią przesyłkę. Ci ludzie z filmiku, który wysłałeś (Świetliste Dupy), powinni zamiast marynarek i garsonek nosić kaftany bezpieczeństwa. Nie widzę w nich większego problemu, na szczęście są marginalni...

Wygląda na to, że znowu trochę olałem tę przesyłkę. Ale jak ja mogę to skomentować. Przecież jak dla mnie, najbardziej nawet – mówiąc oksymoronicznie – racjonalna i światła osoba wierząca powinna przestać się wygłupiać i porzucić swoją wiarę.

Religia już tyle razy w historii świata się skompromitowała, że trzeba wykazać się ogromną ignorancją i arogancją wobec tych, którzy przez nią cierpieli, i tych, którzy nadal przez nią cierpią, by uważać ją za dobre rozwiązanie egzystencjalne.

GIZA PISZE

Dziś bardziej formalnie.
Jak na zebraniu spółdzielni mieszkaniowej.

1. Chciałem napisać, że wcale nie uważam, że Axe jest gównem. Uważam, że jest przeciętne. A potem uświadomiłem sobie, w jakiej części świata i w jakim momencie na osi czasu przyszło mi żyć, i muszę przyznać Ci rację. Tu i teraz przeciętność czyni z automatu gównianym.

2. Nawet jeśli za piękną i szlachetną uznamy opowieść o prawdzie sponsorowaną przez jakąś tam firmę, to dla mnie ta opowieść jest trochę jak harfistka, która przygrywała Tobie i Darkowi na śniadaniu w hotelu Continental. Struny porusza niby te same co w filharmonii, ale jednak to jest, kurwa, śniadanie! Szlachetniej byłoby jej słuchać nie przy omlecie. Tak jak opowiedzieć o prawdzie bez Axe w tle. Za własny hajs, skoro ta prawda jest taka ważna. Z drugiej strony można wydać potem ten zarobiony hajs jak Dorota Wellman – na biedne dzieci. I znowu całe to nasze pierdolenie możemy sobie wsadzić w buty.

3. Nie mogę się zgodzić, że marka to puste, wymyślone przez kogoś pojęcie. Ono się wypełnia przez zbiory skojarzeń. Chciałbyś wychodzić na scenę w firmowej koszulce „Gazety Polskiej"? Albo nakręcić spot z „GP"? Mówić o matce, miłości, o krętej stand-upowej drodze... I jeb! „Tygodnik Niepodległego Polaka".

4. Jakkolwiek by nazywać miłość i jakkolwiek by ją opisywać (że wymyślona, że reakcja chemiczna), to dla mnie jest ona paliwem. Dla twórców w ogóle (słowo „artysta" nie przechodzi mi przez palce). Nawet ta niespełniona. Zwłaszcza ta niespełniona. To znaczy na pozór zwłaszcza ta niespełniona – bo do listów i wierszy, piosenek i filmów ta niespełniona jest idealna. Ale jak obaj zauważyliśmy, długofalowo lepiej prezentuje się na scenie Dave Chappelle – spełniony, szczęśliwy, zakochany w swojej rodzinie komik niż inny wielki mistrz Louis C.K., któremu w życiu ewidentnie miłości brakuje, i drwienie z tego stanu okazuje się tylko maską. Może przez dwa poprzednie programy było to okej, ale dziś przestaje to być atrakcyjne. Człowiek musi być szczęśliwy, żeby tym szczęściem emanować. Zarażać drugiego człowieka. W naszej pracy okazuje się to wielką wartością. Sfrustrowana postać sceniczna bawi, ale sfrustrowany komik mniej.

48.8

5. **Myślę, że mówienie na głos o swoich poglądach politycznych i wyznaniu powinno być zakazane.**
Nie mam problemów z samą religią. Niech sobie ktoś tłumaczy pioruny gniewem bożym albo to, że nie powinien się zachowywać jak fiut, motywuje nagrodą w przyszłym życiu. Dopóki ktoś w imię wszechmocnego Brodacza nie pali wioski czy nie próbuje decydować o ciele mojej żony – mam luz. Nie każdy jest stworzony do nauki, nie każdemu wystarczy terapia. Niektórzy muszą przejść pieszo 200 kilometrów na Jasną Górę. Potrzebują religii, żeby poczuć się lepiej, jak Ty, kiedy piszesz SMS-y z dziewiętnastolatką. No i pięknie. Niech istnieje cokolwiek, co powoduje uśmiech. Byle sobie tym mordy nie wycierać.

PS Spóźniłem się z mejlem 25 minut. Wybacz. Jaką karę proponujesz?

STRAMIK PISZE

Zacznijmy od kary.

Złamałeś poważne przyrzeczenie. Zatem musisz zrobić coś, co zostanie do końca życia – dziarę.

Może to być tribal nad dupą albo od ramienia po dłoń – taki jak George Clooney w *Od zmierzchu do świtu*. *Notabene* pięknie to wyglądało. Może też być coś małego i stylowego. Do Ciebie pasuje mi coś takiego minimalistycznego, ascetycznego, coś w dobrym guście. Jebnij sobie imiona córek. Zdjęcie dziary na pewno w piękny sposób okrasi tę publikację. I będzie przypominać Czytelnikom oraz Czytelniczkom, że nie dotrzymałeś zobowiązania!

Taka dziara w piękny, symboliczny sposób odda hołd osobom, które kochasz, które stanowią niejako Twoje paliwo. Bo masz rację. To, co staram się demaskować jako miłość, to uczucie jest potrzebne i daje siłę. Uściślając jednak, chciałbym, żebyśmy byli świadomi, że nie jest to coś, co oglądamy za sprawą filmów czy wcześniej – bajek. Nie jest to nic szczególnego, każdego z nas dotyka. I rani. „Miłość to piekielny pies" – pisał Charles Bukowski. Ja mam akurat dziarę poświęconą temu hasłu. Jej zdjęcie w równie wspaniały sposób okrasi tę publikację.

Chciałbym, żebyśmy nie traktowali tego, że dwójka ludzi znajduje się w pewnym momencie życia i dogaduje w sprawie wspólnego bycia ze sobą, jako czegoś szczególnego. Nie wierzę w coś, co nazywamy od wieków przeznaczeniem. Wierzę, że dwójka w miarę pasujących do siebie ludzi może dogadać się w sprawie wspólnego bycia i jeżeli układ jest pomyślny, czyli daje obojgu coś ważnego, generuje wartość, dla której warto żyć, starać się, pracować, występować w reklamach dezodorantu, to mogę temu tylko przyklasnąć. Nie jestem przeciwko miłości. Popieram miłość.

STRAWIK PISZE

Głosuję na miłość! Nie głosuję na Trumpa, Korwina, Kaczyńskiego, Kukiza.

Wybieram miłość. Ze świadomością, że jest ona czymś podobnym do religii czy idei jednostkowego Boga. Z tą różnicą, że – jak powiadasz – w imię miłości nikt nie wysadza się w autobusie. Jeszcze chyba nie było takiego przypadku. Kolesie popełniają samobójstwo, ale nie zamachy. Kocham Natalię! Jeb!!! Dwanaście ofiar miłosnego zamachu. Z listu zamachowca wynika, że był on terrorystą miłości. Politycy: „Mamy dość terroru miłości. Wprowadzamy zakaz miłości. Nie wpuszczamy zakochanych do naszego kraju".

48.9

Wiesz, możesz wziąć wielu przedstawicieli rodzaju ludzkiego i zrobić z nimi projekt „Miłość na całe życie". Takie sytuacje mnie wzruszają. Chcę, żeby ludzie się kochali, nie nienawidzili. Nawet jeżeli miłość to fikcja, warto próbować. Można nawet kochać wiele osób naraz, to się nazywa poliamoria. Ludzie wchodzą w związki wielokrotne, również intymne, mają kilku partnerów czy kilka partnerek jednocześnie, za zgodą i wiedzą pozostałych oczywiście. Uczciwa rzecz. Nie wiem, jaka będzie jej przyszłość. Pewnie zostanie w alternatywie. Przynajmniej za naszego życia.

Najpierw musimy poradzić sobie z prawicową hydrą, która opanowała kraj. A z tym będzie ciężko. Nie widzę nadziei na dobrą i silną politycznie lewicę. Razem jest chyba zbyt szlachetne, nie chce mieć lidera etc., reszta ugrupowań w Polsce jest godna pogardy. Tak jak godne pogardy jest Twoje postępowanie. Kłamiesz niczym politycy narodowo-katoliccy, prawicowcy, kukizowcy, korwiniści i inni. Nigdy nie pisałem SMS-ów z żadnymi dziewiętnastolatkami! Z tą, o której myślisz, pisałem na Messengerze, SMS-y pisałem z inną – właśnie sobie przypomniałem, co nie zmienia faktu, że to kłamstwo. **Myśl o dziarze.**

GIZA PISZE

Dwadzieścia pięć minut, które zapamiętam do końca życia. Wiesz dobrze, że każdy, kto zapyta o ten tatuaż, usłyszy historię nie o moich córkach, ale o Tobie, przebiegły sukinsynu. Podłe i cwane. Niech i tak będzie.

Dziś wysłałeś tekst na minutę przed upływem czasu. Zaczynamy grę na serio.

Voilà!

Zastanawiałem się, czy wchodzić w dyskusję o miłości. Oczywiście Twój jej opis doskonale rozumiem. Religii i konceptu Boga też nie rozważam jako śpiewania skocznych pieśni ku czci starca z długą siwą brodą. Miłość i religia ze wszystkimi wątpliwościami czy niedoskonałościami są o wiele ciekawsze i bardziej pociągające niż ich cukierkowe popkulturowe odbicia. Dlatego nie pojmuję zgorszenia, które raz na jakiś czas przeżywają dewoci, kiedy widzą rzeczy w rodzaju *Ostatniego kuszenia Chrystusa*. Według mnie odarcie z boskości tylko ją wzmacnia. Nawet wolę myśleć, że Jezus, jeśli był, był zwykłym gościem, który dał się powiesić za bliską mu ideę. To dopiero budzi mój szacunek. Większy niż to, że miałby umrzeć tylko na trzy dni. 48.10

Dzięki temu myślę sobie czasem: „Kurde, skoro on mógł poświęcić się swojej zajawce, to może i ja powinienem". Poza tym prawdziwych kibiców poznaje się po dopingu w momencie kryzysu, a nie chwały.

„Kochasz kogoś pomimo, a nie za coś" – jak pisał ksiądz Twardowski (co podpowiada mi Wikipedia). Jeden z tych księży, którym zbiłbym piątkę (co podpowiada mi serce). Nie sądzę, żebym spotkał go na gejowskiej orgii w watykańskiej piwnicy z nosem uwalonym kokainą (o czym czytałem godzinę temu, przy okazji ujawnienia kolejnego skandalu).

Fakt, nie widziałem nigdy kochanków z pasem szahida, ale tybetańscy mnisi też jakoś nieczęsto wysadzają metro. Oni w ramach protestu urządzają czasem głodówkę albo decydują się na samospalenie. Czyż to nie jest doskonały sposób na fanatyków? Po miesiącu nieinterweniowania mielibyśmy święty spokój.

Starzeję się chyba i – cytując mojego ukochanego Bisza – gołębieję. Jakoś daleko mi do agresji i walki. Do wściekłości i zacietrzewienia. Próbuję zrozumieć różne strony. Nie chcę widzieć podziału na prawicę i lewicę. PiS-owi daleko do prawicy. Ich działania mają więcej wspólnego z socjalizmem. To taki narodowy socjalizm. Byli już kiedyś tacy. Oni też pozwalali, żeby schludnie ubrana młodzież tłukła tych bardziej na kolorowo.

48.10

Dziś w Sopocie Fundacja PRO – Prawo do Życia zakłóciła Piknik Tęczowych Rodzin. Według nich prawo do życia mają tylko ci, którzy mają prawo do życia według nich. Najlepiej ci, którzy JESZCZE albo JUŻ nie żyją. Im należy stawiać pomniki. Resztę napierdalać.

Naturalnie we mnie kipi, ale dla dobra tego kraju też ich próbuję zrozumieć.

> Też bym się bał, że przez propagowanie tej „pedalskiej choroby" jeszcze się zarażę, polubię anal i nigdy nie będę już mógł tak swobodnie bić swojej drugiej połówki, bo przecież w takim układzie będzie równie silna jak ja.
>
> A może prościej – nikt im nie poświęcił w życiu więcej niż pięciu minut i nie wytłumaczył kilku rzeczy. Wszyscy ich zawsze olewali. Bo głupi, bo bandziory... Ja nie wierzę ani w Razem, ani w PO, ani nawet w Batmana. W nikogo. Nikt nie próbuje zrozumieć drugiej strony.

GIZA PISZE

Nikt nie widzi, że trzeba się dogadać. Nie musisz wierzyć w Boga, ale uszanuj, że wierzy sąsiad. Nie musisz zawierać związku partnerskiego, ale daj zawrzeć chłopakom z bloku obok. Masz wywalone na flagę? Spoko. Ale nie wycieraj sobie nią dupy. Kochasz flagę? Spoko. Ale nie wycieraj sobie nią mordy.

Zaczynam się powtarzać.

Nie wiem, co by się nam bardziej przydało – więcej szacunku do tych drugich czy więcej dystansu do nas samych. Pewnie to i to. A to przecież takie trudne. Nie chce mi się już do tego wracać.

Walić tych skurwieli, którzy żerują

na podziałach.

I w religii,

i w polityce,

i w stand-upie.

Skoro kilku typków w tej wciąż nic nieznaczącej naszej branży próbuje się okładać, to jak nie mają tego robić gracze z dużo większym bilansem zysków i strat?
Kiedy stać cię, by kupić sobie nowy zegarek, to na pewno jakoś łatwiej odmierza się czas od pierwszego do pierwszego. Masz więcej czasu na książki i filozofię. Możesz doczytać, że Żyd to nie szczur, a homoseksualizm nie zaraża. I że zaćmienie Słońca to zjawisko astronomiczne, a nie początek apokalipsy.
Ty na tym swoim nowym sikorze zacznij odmierzać kolejne 48 godzin.
I radzę Ci się nie spóźnić.

Walić

STRAMIK PISZE

Ależ nikt nie każe Ci tatuować sobie imion córek. Może być cokolwiek. Najuczciwiej byłoby, gdybyś wydziarał sobie po prostu: STRAMIK. Wtedy sytuacja byłaby czysta. Jak z reklamą. Bez owijania w bawełnę. Prawda, prawda, Axe. Jak sugerujesz – od razu powinno być *nomen omen* prosto. W oczy. Nie MIA, IDA, a w domyśle Stramik. Tylko od razu STRAMIK.

48.11 Poza tym możesz sobie zrobić w miejscu, do którego nikt (lub prawie nikt) nie ma dostępu. Heh, oczywiście nie mówię o tym miejscu, o którym zapewne teraz myślisz. Na cycku możesz se pierdolnąć bądź chociażby na ramieniu. Z tego, co wiem, nie nosisz koszulek na ramiączkach. A fotografia tylko jednorazowo upiększy tę publikację.

Mój wyścig z czasem, żeby zdążyć wysłać mejla, był niemal filmowy. Ale udało się. Minutę przed terminem. Gdyby nie ten fakt, ja też miałbym karę. Albo miałbyś prawo anulowania swojej. Zatem poczekaj do końca. Może ja też się raz spóźnię. Wtedy będzie 0:0.

Swoimi wynurzeniami o Chrystusie przypomniałeś mi doskonały żart z ostatniego speciala Sarah Silverman, kiedy porównuje Syna Bożego ze swoim pieskiem. Mówi, że może go ukrzyżuje, i **stawia** tezę, że trzeba cierpieć, żeby być wielkim czy być zapamiętanym. Jezus nie byłby tym, kim był, gdyby umarł spokojnie, uśpiony w swoim legowisku, pośród ulubionych zabawek.

Ej, też czytałem o watykańskim skandalu i tylko się zaśmiałem lekko. Nic nowego. Ta instytucja skompromitowała się już dawno temu. Właściwie kompromitacja to jedna z cech konstytutywnych

Kościoła katolickiego. Chrystus – gdyby był prawdziwym prorokiem – w Ewangelii według Świętego Mateusza (również używam Wiki) powiedziałby do Piotra, że nie jest on jedyną skałą, na której zostanie wybudowany Chrystusowy Kościół. Dodałby jeszcze słów kilka (słów kilka Wróbla Ćwirka) o drugiej skale: kompromitacji.

Dla mnie wszelka możliwa i ciekawa sztuka jest, uogólniając, lewacka. Chrystus był lewakiem – tak się od czasu do czasu głosi. Tylko kościelni faryzeusze wypaczyli jego nauki dla własnych korzyści. Oczywiście chodzi, jak powiadam, o pewne uogólnienie, wszystkim ciekawszym twórcom bliżej do lewej strony politycznego czy bardziej światopoglądowego spektrum. **Miłość bez względu na orientację, swoboda decydowania o własnym ciele, środkowy palec wymierzony w stronę korporacji, niechęć wobec zinstytucjonalizowanych religii.** Oczywiście polityczna realizacja wzniosłych, również lewicowych ideałów zawsze, prędzej czy później, musi spalić na panewce. Niczym faktyczna, zinstytucjonalizowana, kościelna realizacja ideałów Chrystusa.

Jestem dziejowym fatalistą. Już w jednym z tekstów na blogu przedstawiłem tezę, że Holocaust powróci. W nieco zmienionej, acz podobnej formie. Błędy historyczne są powtarzalne. Historia jest pętlą. Pokój w Europie, który teraz mamy, to krótka chwila. W ogóle proponowałbym wszystkim nie przywiązywać wagi do zastałego porządku i nawet zastanego słownictwa. Na przykład dychotomia „naturalne – nienaturalne". Przerywanie życia jest podobno nienaturalne. Nic bardziej błędnego, człowiek jest elementem natury, nauczył się przerywać życie. Patrząc na rodzaj ludzki z perspektywy niemalże boskiej, bo z boskiej nie potrafimy, spójrzmy nań jak na zbiorowość mrówek, które na pewnym etapie rozwoju nauczyłyby się z różnych względów eliminować swoje potomstwo we wczesnej fazie jestestwa tegoż.

STRAWIK PISZE

Podobnie z homoseksualizmem. „To nienaturalne! – grzmią przeciwnicy. – W przyrodzie, wśród zwierząt, nie ma przypadków homoseksualizmu" – grzmią dalej. Mimo że są takie przypadki. Ale nawet gdyby ich nie było: co z człowiekiem? *Homo sapiens* nie występuje w przyrodzie? Nie należy do królestwa zwierząt? U mnie tolerancja wobec osób odmiennej orientacji wynika nawet nie tyle z lektur, ile z faktu poznania takich osób i zdania sobie sprawy, że są to takie same jednostki jak osoby heteroseksualne. Ani gorsze, ani lepsze. Gdybym nie wyjechał na studia do Poznania z jebanego Koszalina, kto wie, którą stronę medalu bym całował. Ech. Cała historia jest jakąś ciągłością względną. Nie wiemy, co to jest, to wszystko, co nas otacza. Nie wiemy, co było, ile to trwało. Co było przed wielkim wybuchem. Joe Rogan mówił w jednym ze speciali, że naukowcy pracują nad wygenerowaniem czegoś na kształt Wielkiego Wybuchu. Co, jeśli już kiedyś istniał świat podobny do naszego, który rozwinął się w sposób analogiczny do obecnego, aż do momentu, w którym grupa naukowców zakończyła prace nad Wielkim Wybuchem, kończąc jednocześnie istnienie tamtego świata i dając początek naszemu...

Nic nie wiemy. Pozostaje nam tylko zadawać się z interesującymi ludźmi (ze świadomością, że kiedyś odejdą, albo, odwracając perspektywę, my odejdziemy), rozmawiać (ze świadomością, że każda rozmowa napotka ścianę w postaci ograniczeń ludzkiego umysłu, wiedzy, poznania, języka), kochać (ze świadomością, że miłość to w znacznym stopniu piękna ułuda) i kupować rzeczy, na przykład firmowe sikory, nie martwiąc się o materialne jutro, i dobrze, precyzyjnie odmierzać tymi sikorami czas, by trzymać się ustalonych wcześniej zobowiązań, inaczej będzie nas czekać sroga kara!

I à propos kary:

robić sobie cudowne

tatuaże!

GIZA PISZE

Kiedyś usłyszałem świetną ripostę na wytarte:
„Homoseksualizm jest nienaturalny!" i „In vitro jest nienaturalne!" – A czy wskrzeszenie Łazarza było naturalne?

Adwersarz kobiety zamilkł i zniknął w gąszczu zająknięć.

To jak z obrzydłym mi już do bólu sloganem: „Byś się pośmiał z islamu, cwelu!".

Ostatnio nawet odpisałem komuś, kto pod Twoim setem coś takiego wysmarował. Nie mam już siły tłumaczyć, że robię stand-up o wszystkim, co mnie dotyczy, mnie wkurza i mnie interesuje. I jeśli na tej liście pojawi się islam, to po prostu to zrobię. Zresztą akurat ja robię co jakiś czas wyprawę w tamte rejony. Ostatnio zrobiłem fragment o zamachach, potem znowu o uchodźcach.

Oczywiście mógłbym przygotować sobie gotowy szablon i wklejając go tu i ówdzie, próbować wyjaśniać ludziom swoje stanowisko czy zasady działania, ale wiem już, że to nie ma najmniejszego sensu. „Już", bo kiedyś się tłumaczyłem.

Pierwszy „skandal" kabaretu LIMO.

Kilka słów wstępu. Rybnicka Jesień Kabaretowa, konkurs. Szykujemy skecze na zadane tematy. Wśród nich kategoria „Hardkor". Jest świeżo po pochówku pary prezydenckiej na Wawelu. Wymyślamy skecz, który rozgrywa się właśnie tam. W krypcie. Występują: Mickiewicz i Piłsudski. Rozmawiają o czymś. Nagle pojawia się prezydent Lech Kaczyński. „Cześć, jestem nowy!", na co Piłsudski: „Spierdalaj!". Kurtyna. Widownia zaklaskała. My się ukłoniliśmy. Koniec. Nikt by tego nie zapamiętał dłużej, gdyby nie jedna dziennikarka z lokalnej gazety. Napisała artykuł i – bez zbędnych, jej zdaniem, dodatkowych informacji i zarysowania szerszego kontekstu – puściła go w świat. Powstało mnóstwo przedruków z coraz krótszymi opisami i coraz dłuższymi nagłówkami. Takie strony jak wp.pl czy onet.pl wrzuciły to też do siebie. Pojawiły się komentarze. To nas – początkujących adeptów sztuki obrazoburstwa i skandalu – złamało. Mój pierwszy raz bolał.

Po kilku dniach przerwy wsiadam do „limobusa" i... tej ciszy nie zapomnę. Wszyscy byli po lekturze tony artykułów, komentarzy i mejli (z których te ostrzejsze nasza menedżerka nam darowała). Byliśmy w szoku. Baliśmy się. Czuliśmy, że pod naszymi oknami stoją zastępy żądnych krwi wieśniaków uzbrojonych w widły, kije i pewność, że mają rację. Wpadliśmy więc na pomysł, że warto ludziom wyjaśnić – linijka po linijce – o co nam w tym skeczu chodziło, co chcieliśmy napiętnować i z czym się nie zgadzamy. Zaprzągłem cały swój ówczesny warsztat literacki i napisałem oświadczenie. Oświadczaliśmy, będąc pewni, że ludzie przeczytają i stwierdzą, że „ahaaaa... no to luz, to nie było tematu!".

Słodka naiwność.

Po oświadczeniu przyszła druga fala wpierdolu. Chyba nawet silniejsza, bo o ile po pierwszych artykułach dostaliśmy też dużo wsparcia – wiadomo, sporo ludzi było przeciwnych wawelskiemu pochówkowi – o tyle po oświadczeniu ci, którzy złapali żart, dziwili się, a czasem wręcz wściekali, że się tłumaczymy, a hejterzy poczuli krew i triumfalnie twierdzili, że próbujemy się pokrętnie wyłgać – jak to Żydzi.

Od tamtej pory wiem, że żart broni się sam. Tyle. Nie ma najmniejszego sensu go tłumaczyć, wyjaśniać i argumentować. Niby to oczywiste. Sam bym się dziś zbluzgał za jakieś oświadczenia. Ale jak jesteś szczawiem i zapędzą cię w kozi róg, to czujesz, że musisz coś zrobić. Że przecież wystarczy wyjaśnić, o co chodziło, i wszyscy się uśmiechną. Zwłaszcza że są ich tam wkurwione miliony... Był moment, że myślałem, że jak wyjdę do sklepu, to mnie ktoś pobije. Po „papieżu" byłem pewien. Ale na ulicy był spokój. Zupełny. Nienawistnicy tylko pisali i ciągle obiecywali, że spalą albo połamią. A potem, chyba wyczerpani tą nienawiścią, nie mieli nawet siły spojrzeć w oczy. Za to ci pozytywni czuli chyba, że muszą wesprzeć. Że przy takiej fali zła trzeba dać cokolwiek, żeby pomóc. Tylko oni zaczepiali. Żeby przybić piątkę.

Śmieszne te nasze początki. Nawet w kwestii skandali. Nieplanowanych, przypadkowych i pizdowatych jak dziewiczy wąs, który nosiłem w liceum. Patrzyłem w lustro i myślałem, że jestem kozakiem. Fuuu... Tyle że wąsa kontrolowałem sam (co czyni mnie jeszcze większym lamusem). A z takim „skandalem" jest chyba jak z hitem. Nie da się tego zaplanować (chyba że jesteś wielkim graczem i wiesz, że na płytę Rihanny musisz wyprodukować przynajmniej osiem przebojów, żeby się potem wszystko zgadzało w księgowości). Dla takich ziomków jak my to się raczej toczy własnym torem. Nagle, gdzieś między prasowaniem a wyrzucaniem śmieci, dowiadujesz się, że obwołali cię antychrystem. Że jedni chcą cię spalić, a inni postawić pomnik. Że dla wielu stałeś się żenujący, ale przy okazji twój facebookowy profil zyskał właśnie dwadzieścia tysięcy nowych polubień. I to wszystko tylko dlatego, że jakiejś piździe nie chciało się napisać rzetelnego artykułu.

STRAMIK PISZE

No, ja też staram się robić stand-up o wszystkim, co mnie dotyczy, dotyka i wkurza. Czyli głównie o sobie. Zauważyłem, że nie potrafię robić humoru *stricte* obserwacyjnego. „A wy, dziewczyny, jesteście takie. A my nie mamy okresu, więc jesteśmy chłopcami". Chociaż nie wiem, czy nie potrafię, czy upraszczające wszystko uogólnienia po prostu nie przeszłyby mi przez gardło. Może szkoda. Może gdybym to potrafił i to robił, zamiast sikora Adidasa kupowałbym Rolexa.

W każdym razie moje życie to jest jakieś kilka pierdolonych odcinków *Louiego*. Większość sytuacji intymnych to niezręczność w czystej postaci. Dziwne zdarzenia, pojebane kobiety.

Ale czyż nie wszystkie kobiety są pojebane?

48.13 Prawda, chłopaki? One są pojebane, bo mają okres! A my nie mamy! Ale jakbyśmy mieli, to przecież...

Ten skandal był z jednej strony może nieco bolesny dla Was, dla Ciebie – a już szczególnie ten o pierdzeniu papieża. Bez niego jednak nie byłoby takiej popularyzacji polskiej sceny stand-upowej. Bez Twojej postawy, Smucikoniu, otwartej, zaangażowanej. Dobrego typa, który wciąż zaznacza, że nie jest najlepszym komikiem w Polsce (bo jak to stwierdzić?), tylko najpopularniejszym, i że warto sprawdzać całą rodzimą scenę z jej różnorodnością i ciekawymi postaciami.

Za to szacun wielokrotnie, zwłaszcza w stanie narkotykowego odurzenia oddawany. („Chwała walczącym zapamiętana!").

Dzisiaj nie będę oddawał takiego szacunu, żeby nie męczyć Ci konia za bardzo w nocy czy nad ranem. Musisz wypocząć, jak tylko się da – *second baby* niedługo pojawi się na świecie. Choć właśnie dzisiaj, 7 lipca 2017 roku, idę się naćpać, zajebię tabletę i jakieś kryształy, jeśli będą. MDMA = się miłość. Nie mam miłości prawdziwej czy tej – mówiąc tautologicznie i odwołując się do naszych wcześniejszych rozważań – ułudy prawdziwej, więc żeby nie być jak miedź brzęcząca albo cymbał brzmiący, posłużę się syntetykiem. Ja jebię, myślałem, że zakończyliśmy temat miłości. Po kiego grzyba do tego wracam?

Zalew i Ponttefski grają dzisiaj w galerii handlowej Malta w Poznaniu. Gdyby nie skandal papieski (Scandal Ponttefski), podejrzewam, że nie dochodziłoby do takich sytuacji, he, he. Lub dochodziłoby do nich dopiero za jakiś, raczej odległy czas.

Z kolei wczoraj grali Błażejek i Brudzewski w Nocnym Targu Towarzyskim, hali, w której „parkują" pociągi koło dworca Poznań Główny; gdyby nie skandal papieski, podejrzewam, że... Wczoraj też Trump przyleciał do Polski. Nie znoszę typa. W dodatku Boras pompował, że Trump zajebał mi żart – ten, co miałem na wejście w poprzednim materiale. „To jest piękne i urokliwe miejsce, ja uwielbiam występować w pięknych i urokliwych miejscach...". Jebany. Śmialiśmy się, że fajnie by było, jakby zaczął też pokazywać, że walił konia w Łodzi*. 48.13

Wczoraj również dziewczyna, która płakała i jęczała, że kocha swojego chłopaka, kiedy ją rozbierałem, kilka godzin wcześniej przyznała się do fascynacji Donaldem Tuskiem. Już wtedy mogłem przeczuć, że coś się święci.

Zamykam ten tekst i idę się naćpać. Bo my, ćpuny, tak mamy – kochamy odreagowywać w świecie substancji. Mamy tak, co nie, ćpuny?!

* To jest piękne i urokliwe miejsce, ja uwielbiam występować w pięknych i urokliwych miejscach. Niedawno występowałem w Tomaszowie Mazowieckim. Tomaszów nie jest ani piękny, ani urokliwy. Nie jest nawet, kurwa, Mazowiecki!, bo jest położony w województwie łódzkim. Ale występowałem tam w pięknym i urokliwym, nowo otwartym lokalu, w którym zaproponowano mi darmowe jedzenie przed występem. Ale odmówiłem. I powiedziałem najgorszą rzecz, jaką można powiedzieć, kiedy odmawia się darmowego jedzenia. Powiedziałem: „Nie, dziękuję, jadłem hot doga w Łodzi". Kurwa: hot doga w Łodzi! Jak to brzmi?! To zupełnie tak, jakby po występie jakaś wyjątkowej urody dziewczyna zaproponowała mi seks, a ja bym powiedział: „Nie, nie jestem zainteresowany, waliłem konia dwie godziny temu... W Łodzi!".

GIZA PISZE

Powodzenia!
(Chociaż kiedy to piszę, Ty pewnie przytulasz kolejną osobę, zbijasz setną piątkę z Cezarym, ściskasz się z Zalewem bądź próbujesz rozebrać jakąś chudą, ale [nad]wrażliwą niewiastę. Albo na odwrót. Rób, co i z kim chcesz. O ile ta osoba nie śpi i ma na to ochotę. Miłość!).
Myślę, że każdy dorosły i trzeźwo myślący człowiek powinien chociaż raz w życiu spróbować narkotyków. „Narkotyki" – brr...! Co za straszne słowo. „Idę się naćpać" – brzmi miło, zabawowo. „Idę zażywać narkotyki" – to już właściwie próba samobójcza.
To słowo od zawsze kojarzy mi się ze złem.

Od maleńkości na każdym kroku wpajano mi, że narkotyki to szatan w czystej postaci.

Świat ostrzegał, że są dla marginesu, straceńców i kolumbijskiej mafii. Za to alkohol i papierosy są dla wszystkich, tylko że powyżej osiemnastego roku życia. Na szczęście, tak jak coraz bardziej przestawałem wierzyć w szatana [człowiek zawsze chce zwalić na kogoś swoją chujowość], tak automatycznie poziom mroku wokołonarkotykowego również malał. Strach zastąpiła ciekawość. Dość późno, przez co też bardziej świadomie, sięgnąłem po kilka specyfików. Okazało się, że klasyczne jointy niezbyt na mnie działają, ale kokaina jest fajna, a LSD to już wyprawa w kosmos.
Wiem, jak dziwnie brzmi opis „kokaina jest fajna", ale tak twierdzę z całą odpowiedzialnością, raz jej zażywszy. Energia, moc, wrażenie, że możesz wszystko. No czy to nie jest fajne?

GIZA PISZE

Zajebiste! Czy nie o tym marzy każdy mieszkaniec tej popierdolonej planety? Możesz wszystko! Jesteś najciekawszą, najmądrzejszą, najsilniejszą, najbardziej elokwentną istotą, którą zrodził wszechświat. Bez naciągania zmarszczek, podkupowania studiów, kłamania w CV i bicia innych. Przez kilka godzin. Potem wracasz do siebie. Ja chyba na tyle lubię siebie, że ten powrót nie był zły. Wróciłem do typa, który dobrze się czuje w swojej skórze. W swoim życiu. Jest szczęśliwy. „Wszędzie dobrze, ale w domu najlepiej". Podróże są piękne, ale trzeba mieć dokąd wracać. Dom zbudowany na silnym fundamencie nie napawa lękiem i nieustającą chęcią ucieczki. Tu chyba jest problem narkotyków. Jeśli chce ci się uciekać. Spierdalać i żyć tylko na walizkach.

Kokaina jest fajna. Raz, dwa, może nawet dziesięć na przestrzeni lat. Nie jako środek transportu.

Co do LSD, to uważam, że powinien być ustawowy obowiązek zażycia tego gówna.

Bierzesz to i dopiero wtedy dostajesz dowód osobisty. Niekoniecznie w wieku 18 lat. Może być później. Powinno być później. Ja miałem 36. Dwa razy więcej. Może ciągle za mało.

Są różne tripy po LSD. Mój był zły. Kwas to jedno z najmroczniejszych i najbardziej niesamowitych doznań, jakie miałem. Wyobraź sobie, że spotykasz siebie złożonego tylko z najciemniejszych zakamarków swojej duszy (wiem, wiem – Ty pewnie masz tak codziennie, nawet po czarnej herbacie). Całe zło i najgorsze myśli, jakie masz, wypełzają z ciebie i siadają obok. Przez dwanaście godzin snułem się po lesie i rozmawiałem ze swoją najpodlejszą wersją. Dwanaście godzin konfrontowany z wątpliwościami, wodzony na pokuszenie. Śmieszek, tatuś, mąż i przyjaciel... Nie tamtego dnia. Wziąłem to dla zabawy. Wcześniej trochę czytałem o tej substancji (śladem George'a Carlina dotarłem m.in. do książek Roberta Antona Wilsona). Chciałem rozmawiać ze zwierzętami, z Bogiem, z całym wszechświatem, z trawą czy własnymi butami. Spotkałem ciemność. To tylko utwierdziło mnie w przekonaniu, że szatan nie istnieje. Skoro sam w sobie mogę być takim kutasem, to naprawdę niepotrzebne są światu żadne rogi i kopyta. Za każdym razem, kiedy przypominam sobie tamten dzień, staram się być lepszy. Działa. Co prawda niezbyt długo, ale jesteśmy przecież tylko zbiorem impulsów.

Nie ciągnie mnie już ani do jednej, ani do drugiej przygody. Zapisałem je w sobie. Wystarczy. Może za jakiś czas spróbuję czegoś innego. Żeby wybyć na moment, poznać kolejną odsłonę nierzeczywistości. Kuszą mnie Ayahuasca Airlines.

Powinny być takie biura podróży. Legalne i opodatkowane. Wchodzisz. Siadasz w fotelu, w specjalnie przygotowanym pokoju. Kupujesz bilet. Wciągasz go czy wypalasz i w komfortowych warunkach, pod opieką specjalistów, odlatujesz. Potem wracasz i rozprawiasz o tym, co widziałeś i co czułeś. Ze sztabem filozofów i psychologów. Dostajesz dyplom i wracasz do domu.

I możesz też kupić film, który nagrywali w rozdzielczości 4K. Żeby sobie popatrzeć, jak przez kwadrans albo pół doby płaczesz, śmiejesz się albo ślinisz, patrząc w ścianę czy głaszcząc parapet.

Jak podczas przejażdżki w parku rozrywki – czujesz, że było cudownie, a potem widzisz na zdjęciach swoją minę i wiesz, że na tej podstawie nikomu nie przetłumaczysz, jakie to było zajebiste.

Powinny być takie miejsca. W końcu, jak mawiał (choć w trochę innym kontekście) wielki komik – wielki fan psychodelików – Bill Hicks: *It's just a ride*.

STRAMIK PISZE

Mnie uczono, że to seks jest szatanem. W końcu chodziłem do szkoły katolickiej, która – mówiąc w skrócie – lekko zryła mi beret. Może przez to ładuję się w jakieś dziwne sytuacje intymne.

Albo Bóg karze mnie za to, że opuściłem mury jego domu. Hashtag apostazja.

Dragi powinny być legalne, bez wątpienia. Po dwóch dniach z MDMA czuję się lepiej, bliżej ludzi. Zażyłem trochę bezinteresownej miłości. Przytulania. Dotyku i ciepłych słów braci po mikrofonie. Jakkolwiek desperacko to zabrzmi, raczej w stand-upie odnalazłem dom.

To ludzie, z którymi rozumiem się w lot. Często nawet nie trzeba za dużo mówić, tylko non stop „kręci się bekę". I nadal w stand-upie szukam siebie. Chcę eksplorować swoją psychikę, jaźń, swoje życie – w poszukiwaniu komizmu, ale też, jakkolwiek pretensjonalnie znów to zabrzmi – jakiejś prawdy. O świecie i o sobie.

Lubię MDMA z racji tego, że to jedna z najmniej szkodliwych substancji psychoaktywnych; „zdrowszy" jest tylko kwas. Alkohol to prawdziwe ścierwo. Jednak najbardziej dostępne. Jak mówił w swoim stand-upie naczelny sceniczny pijak Stanhope – gdyby dragi były dostępne w każdym sklepie, to pewnie wybrałby je zamiast alkoholu. O alko nie trzeba się starać, dzwonić, umawiać się z podejrzanymi ludźmi.

Muszę wrócić do kwasa. Mam dwa na chacie od kilku miesięcy, nie ma okazji ani towarzystwa do wpierdolenia. Potrzeba właśnie kilku godzin i najlepiej jakiegoś łona natury. Fajnie się spaceruje na kwasie. Człowiek czuje, że przebywa jakąś drogę, nie tylko na zewnątrz, lecz jak sam doskonale wiesz: wewnątrz siebie. Ostatni raz trzaskałem w szkole średniej.

Zioło lubię przykopcić od czasu do czasu sam w chacie. Wśród ludzi mam jakieś paranoje. Optyka zmienia mi się na strachliwą, kompleksy zaczynają swój nieprzyjemny taniec. Film jakiś obejrzeć, serial, stand-up. Tylko średnio się pamięta, ale za to świetnie zasypia. Może dzisiaj sobie przykopcę. Pod tę spokojną, jedną z pierwszych tak gorących nocy tego lata. A mamy już 9 lipca.

Obecny parlament będzie legalizował to gówno do celów medycznych. To, co mówiłeś w jednym z poprzednich tekstów. Lewica – prawica, wszystko się miesza. Boras zwrócił uwagę, że Donald Tusk, którego lubi chuda, nadwrażliwa laska kochająca swojego chłopaka, kiedy się ją rozbiera... Donald Tusk mianowicie nie zalegalizował marihuany. Stanie się to prawdopodobnie pod batutą Jarosława Kaczyńskiego. Świat staje na głowie.

Ciekawe, czy pod rządami narodowców zalegalizowano by MDMA. To dopiero byłby paradoks. Nienawistnicy legalizują kryształy miłości!

Miłość jest bardzo dobra. Już jebać ten seks. Przytulić się, dać buziaczki. Całować się przez kilka godzin. Nie wiem, czy są w życiu lepsze rzeczy. Może stand-up...

48.15 Wróciłem do *BoJack Horsemana* na Netfliksie. Polecam. Dobry, śmieszny, do tego gorzki serial. Choć nie przepadam za animacjami. Z drugiej strony, *F is for Family* Billa Burra – mimo że to też animacja – łyknąłem bardzo szybko.

Może wydziaram sobie tego BoJacka. Wszak to rasowy smucikoń...

Ustaliliśmy z Zalewem, że zrobimy sobie dziary na koniec „Kryształowych Nocy". Tylko jeszcze nie mówiliśmy Darkowi i Jaśkowi, żeby ich nie wystraszyć. Piękny i romantyczny pomysł.

Natomiast w przedostatni weekend lipca pojedziemy do Berlina, w objęcia dragów i miłości. Mam życie, które chciałem wieść. Bez spiny. Na luzie. Czy jestem szczęśliwy? Chyba tak. Dobrze, że – parafrazując Sokoła z reklamy Axe – nie posłuchałem matki, która mówiła, żebym trzymał dobrą pracę w Pile. Ble!

Z książkowych ćpunów to jestem fanem twórczości i przede wszystkim postawy życiowej wspominanego już przeze mnie Williama S. Burroughsa, czyli takiego papieża i duchowego przewodnika, trochę mentora pokolenia bitników, m.in. Jacka Kerouaca. Po napisaniu na jednym zwoju papieru słynnej powieści *W drodze*, która powstała w kilkadziesiąt godzin pod wpływem benzedryny (ówczesnej amfetaminy) i kawy, wypił niemal skrzynkę whiskey i miał krwotok wątroby, jeśli dobrze pamiętam.

Burroughs był trochę starszy od bitników. Większą część swojego życia poświęcił heroinie. Miał szczęście, bo dożył starości, przeżył wszystkich swoich młodszych kolegów po piórze, którzy byli prawdziwymi kaskaderami literatury. Zdarzyło mu się zagrać w filmie, nagrać piosenkę z Kurtem Cobainem. Guru wielu pokoleń, które nastały po bitnikach. Legenda kontrkultury.

Co ciekawe, był homoseksualistą, ale miał żonę i dwójkę dzieci. Żonę, którą zastrzelił podczas jednej z imprez. Był fanem broni, chciał pokazać, jak dobrze strzela, zabawił się w Wilhelma Tella. Próbował trafić w szklankę postawioną na głowie małżonki.

Drugi mój narkotykowy idol to Hunter S. Thompson, żurnalista, pojeb z ambicjami literackimi. Fan wszelkich substancji, które z lubością i w ogromnych ilościach sprawdzał na sobie. Niesamowite pióro. Twórca dziennikarskiego stylu o nazwie „gonzo", w którym nie do końca chodzi o obiektywizm zdarzeń, a głównym bohaterem reportaży jest sam autor, prowokujący różne sytuacje.

Komiksowa wręcz postać. Ktoś taki mógł się pojawić chyba tylko w Stanach.

Hunter dożył sześćdziesiątego siódmego roku życia, miał problemy z nogami, ale kochał jeździć, całe życie znajdował się w ruchu. Strzelił sobie w głowę, zostawił piękny list pożegnalny, opublikowany później w „The Rolling Stone", tytule prasowym, z którym był związany przez wiele lat.

„Skończył się dla mnie sezon futbolowy. Nie mogę już grać, nie ma zabawy. Nie mogę pływać, chodzić. Mam 67 lat. O 17 lat przekroczyłem 50. O 17 za dużo, o 17 więcej, niż potrzebowałem. Nuda. Już tak mam, że zawsze narzekam. Spokojnie – to nie będzie bolało".

Amen.

GIZA PISZE

Jakkolwiek pięknie i antysystemowo brzmiałyby biografie tych kolesi, to jednak pozbawianie życia siebie albo swoich żon uważam za grubą przesadę. Fajnie się o tym czyta, ale być na tej imprezie i wyciągać ze swojego talerza resztki mózgu pani domu...? To nie dla mnie. Ale może jestem staroświecki.

Poza tym czy to ci goście pisali te rzeczy? Czy byli już tylko przekaźnikami? Nie kojarzy Ci się to z dopingiem?

Zawsze się nad tym zastanawiałem. Czy bardziej cenię tych, którzy robią coś na trzeźwo i potrafią osiągnąć mistrzostwo bez wspomagaczy? A może to nie ma żadnego znaczenia, bo liczy się wyłącznie rezultat. Dobra książka, świetny żart, rewolucyjna myśl.

Nie dotrzemy przecież do wszystkich twórców. Nie poznamy
48.16 procesów, które stały za ich utworami. Ba, możemy dotrzeć też do ludzi, których intencje były chujowe, a dzieło jakimś cudem obroniło się samo. Przez nadaną mu interpretację.

Wszedłeś kiedyś na scenę po narkotykach albo alkoholu?

> Ja raz. Przy nagrywaniu dla telewizji swojego drugiego w życiu stand-upowego występu (dzień wcześniej miałem pierwszy w warszawskim klubie Powiększenie, który to klub już nie istnieje – i być może ten występ się do tego przyczynił). Program nazywał się *HBO na stojaka* i miał niewiele wspólnego ze stand-upem. Ja nazywałem się Abelard Giza i mój wykon również miał niewiele wspólnego ze stand-upem. Można to jeszcze znaleźć na YouTubie. Serdecznie nie polecam.
>
> Cały dzień byłem bardzo zdenerwowany. Poprzedniego wieczoru na „próbie generalnej" w klubie poszło mi tak sobie. Myślałem, że skoro jestem dziesięć lat w kabarecie, to sobie spokojnie poradzę. Myliłem się

(chociaż może właśnie dzięki tej dekadzie nie przerwano mi w połowie). Okazało się, że granie skeczy trochę „obok" widowni, z kumplami, w pancerzu, jakim była postać, jest czymś zupełnie innym niż zetknięcie się oko w oko z widzem i mówienie od siebie.

Byłem nagi, totalnie zapultany, jąkający się i wystraszony.

To pierwsze starcie solo nie napawało optymizmem.

Ale stało się.

Nazajutrz kamery ruszyły, wziąłem mikrofon i przed samym wejściem na scenę pomyślałem: „Przecież to lubię!". Wszedłem i zrobiłem wszystko, co mogłem. Dziś widzę, że było to niewiele, ale wtedy, gdy wróciłem za kulisy, byłem szczęśliwy. „Nie zapomniałem tekstu! Jestem Carlinem!". Chwyciłem stojącą obok gigantyczną lampkę czerwonego wina i wypiłem duszkiem. Zrelaksowany i lekko zawiany siadłem przed monitorem, żeby obejrzeć kolejnego występującego. 48.16

Nagle jeb! Zgasły światła i okazało się, że wysiadł prąd. Po dwudziestu minutach w półmroku ludzie zaczęli się nudzić i powoli wychodzić (widownia nie była opłacana, była na zaproszenia, sami chętni), a HBO nie wpadło na pomysł, żeby zorganizować jakiegoś animatora, który czymś by ich zajął. Wtedy ja w trykocie Supermana wybiegłem na scenę. Ktoś musiał coś zrobić. Po winie miałem luz. „Jadę!".

Zaczynam gadać do ludzi. Bez mikrofonu, bez przygotowania, z żadnym tekstowym backupem. Nic. Lecę na żywioł. Ludzie przestają wychodzić, śmieją się, bawią lepiej niż na tym, co grałem przed chwilą. Ja czuję się bosko. Płynę... (Możliwe, że gdybyśmy to dziś obejrzeli, nie byłoby się czym chwalić, ale wtedy...). Po jakimś czasie dołączył do mnie inny występujący.

GIZA PISZE

Włączyli prąd.

Wszystko skończyło się dobrze, a ja z tarczą wróciłem za kulisy.

I wtedy się przestraszyłem.

Było mi tak dobrze i tak lekko.

Za dobrze i za lekko.

Lubię to napięcie przed.

Stres do pewnego poziomu mnie motywuje.

Bez niego czuję się źle. Jakbym był nieprzygotowany. Nieskupiony. Jakbym olewał widzów. Chcę zebrać myśli, być tu i teraz. Wsłuchać się w rytm swój i ich – kiedy ktoś jest na scenie przede mną.

48.16

Kilka razy w życiu wyszedłem bez tremy.

Zawsze było źle. Może dla widzów to było niezauważalne, ale ja czułem się podle. Znasz ten moment po zejściu, że chcesz się zapaść pod ziemię? Ludzie chcą zbić piątkę, a Ty wiesz, że to nie było na 100 procent. Im większe masz doświadczenie, tym mniej widać niedoróbki. Ale one są. I dobrze jest je eliminować. Zwłaszcza że nigdy nie pozbędziesz się wszystkich.

Poza tym na dłuższą metę mógłbym się zatracić w tej alkoholowej lekkości. Bałbym się wyjść na trzeźwo. I cały czas podkręcałbym dawkę. A widziałem kiedyś na scenie pijanego gościa. To nie wyglądało ani antysystemowo, ani butnie. Raczej bełkot i żenujące dziury w głowie.

Ekranizacja zawsze wypada gorzej niż książka.

STRAMIK PISZE

Człowiek chce się tu popisać wiedzą (ani razu nie zerknąłem do sieci podczas pisania poprzedniego tekstu), a Ty mi tu smucisz konia jakimiś pytaniami z dupki.

Czy byli przekaźnikami? Zapytaj Witkacego, który na obrazach dawał symbole substancji, które zażył przed stworzeniem dzieła. Nie można być przekaźnikiem. Narkotyki nie piszą książek, narkotyki nie mówią, narkotyki nie mają świadomości. Narkotyki to nie podmiot, tylko przedmiot. Z tego, co wiem, nawet najbardziej zajebani pisarze nie piszą pod wpływem. Tak się nie da. Kerouac może i był przećpany benzedryną w trakcie pisania *W drodze*, ale to tylko specyfik, który sprawia, że nie zaśniesz. Jakbyś jebnął trzydzieści redbulli.

Co do Burroughsa zabijającego własną żonę, to jest superhistoria. Jednak wątpię, jak zdajesz się sugerować, że akt został dokonany dla „ubarwienia" imprezy. Z tego, co pamiętam z lektur, sprawca zdarzenia, mimo że przejawiał skłonności homoseksualne, kochał swoją żonę. Podobno można kochać wiele osób jednocześnie. Nawet nie podobno. Wydaje mi się, że ja potrafię kochać kilka osób jednocześnie. Kurwa! Znowu o tej miłości?! I czy nie wspominałem o tym przy wątku dotyczącym poliamorii? Czy mam przećpany mózg? Czy jestem już tylko przekaźnikiem? Giza, przestań!

Jeden z moich ulubionych literackich alkoholików, Jerzy Pilch, przyznał, że nie napisał ani zdania po pijaku.

Używki nie służą twórczości. Używki służą poradzeniu sobie ze światem w przerwach pomiędzy aktywnościami twórczymi – taką tezę stawiam.

Musisz zgrywać odpowiedzialną głowę rodziny, człowieka rozważnego, znającego umiar etc.? A po co Ci to? He, he.

STAWIK PISZE

Wchodziłem na scenę pod wpływem alkoholu kilka razy. Robiłem tak na początku. I szczerze mówiąc, mógłbym tak grać do dzisiaj, tylko że pewnie piłbym po prostu więcej. A że sam bywam odpowiedzialną głową (żyjącej w mojej własnej *nomen omen* głowie) rodziny, człowiekiem rozważnym, znającym umiar etc., to zrezygnowałem z picia na scenie.

Przeczytaj i obejrzyj *Trainspotting*; zobaczymy, co wypada lepiej: literacki pierwowzór czy ekranizacja, gościu!

Historia, którą opowiadasz, dobitnie dowodzi, że stand-up to dziedzina, którą warto wykonywać na trzeźwo. Pod tym względem stoi blisko literatury. Mamy jednego stand-upowego pijaka – Douga Stanhope'a. W historii gatunku nikt poza nim nie odważył się oprzeć kariery na połączeniu swojego genialnego komediowego umysłu z tą niezbyt genialną substancją.

48.17

I gadaliśmy już kiedyś o jego casusie. Mówiłeś, że Stanhope bez alkoholu byłby jeszcze lepszy. Nie możemy tego wiedzieć. Mówiąc o Stanhopie, warto odwołać się do jego twórczości. Otóż dostrzegam pewne podobieństwo w Twoim gadaniu o nim i w jego gadaniu o przedwcześnie zmarłych gwiazdach w rodzaju Kurta Cobaina. Stanhope krytykuje ludzi mówiących, że to wielka szkoda, na pewno tacy artyści, gdyby żyli dłużej, dokonaliby jeszcze wielu wspaniałych rzeczy. Stanhope mówi: „Skąd, kurwa, wiecie; Cobain osiągnął w młodym wieku tak dużo, że może wyruchał już wszystkie dupy, zaśpiewał wszystkie piosenki, zażył wszelkie dragi świata, wypruł się wewnętrznie i był pusty w środku".

Na szczęście my, Abelard... (Powinienem „Abelardzie", ale wołacz w dzisiejszych czasach brzmi już nienaturalnie i szczerze mówiąc, mimo że jako polonista często staję w obronie kostniejących form językowych, chętnie odesłałbym wołacz do lamusa...).

W każdym razie my, Abelard, na szczęście nie umarliśmy młodo. Nie wyruchaliśmy wszystkich dup, nie zaśpiewaliśmy wszystkich piosenek, nie zażyliśmy wszystkich dragów świata, nie wypruliśmy się wewnętrznie i nie jesteśmy puści w środku.

Wszystko przed nami.

Nie zapominajmy, że stand-up jest tą dziedziną, w której najlepsze rzeczy robią ludzie po czterdziestce.

GIZA PISZE

Jacku (a mi tu wołacz bardzo dobrze pasuje), narkotyki kojarzą mi się raczej z dopingiem czy bonusem niż z samoistnym podmiotem. To oczywiste, że same nie piszą. Samochody też same nie jeżdżą (jeszcze), ale jeśli masz szybsze auto, to jest większa szansa, że wygrasz wyścig. Nawet jeśli oponent ma porównywalne do Twoich umiejętności. Jasne, że sport i sztuka są czymś zupełnie innym. Sztuka jest niewymierna. W sporcie da się policzyć, kto jest lepszy. Stoperem czy liczbą zdobytych punktów.

Ale wiesz, o co mi chodzi.

Z samym dopingiem nie mam problemu. Słuchałem kiedyś wypowiedzi ministra sportu i pomyślałem, że doping powinien być legalny. Jeśli ktoś wybiera drogę championa, który chce bić rekordy, zdobywać złoto i chwałę – niech się liczy z regularnym wstrzykiwaniem sobie w żyły najróżniejszych specyfików. Niech rośnie, niech pęcznieje, niech ma dwa i pół metra i świeci w ciemnościach. A my przynajmniej będziemy oglądać szybszą i bardziej spektakularną olimpiadę (to znaczy ktoś będzie, bo ja mam całkowicie w dupie, kto najdalej na świecie rzuca oszczepem).

48.18

Spodobał mi się ten pomysł. Nawet zacząłem go rozpisywać na scenę. Ale dowiedziałem się, że Bill Burr już to powiedział. Ech... Znowu. Szkoda.

Ile było takich pomysłów, z których byliśmy dumni, a które potem trzeba było porzucić, bo się okazało, że jesteśmy spóźnieni. Niektórzy próbują się przed tym bronić i obierają strategię nieoglądania innych „stand-upistów" (smażyłbym w głębokim oleju każdego, kto używa tego słowa). Twierdzą, że skoro nie widzieli, to są wolni od podejrzeń dotyczących plagiatowania i zajebywania żartów.

Ale co to za komik, który nie śledzi rynku? A przede wszystkim, kto nie śledzi naszych zamorskich mistrzów, od których możemy uczyć się jedynie przez podpatrywanie. Polski uniwersytet stand-upu to Netflix i torrenty. A wyjazd, by obejrzeć na żywo Burra czy Stanhope'a na żywo, to jak roczne stypendium na Oksfordzie.

Myślisz, że da się wypruć artystycznie? Chciałbym wierzyć, że jesteśmy swego rodzaju naczyniem, w które przez całe życie wlewają się doświadczenia i nowe sytuacje. Dziwki, koks, pieluchy, ustawa o rozjebaniu sądów, trzęsienie ziemi, życie w trasie, starość i LSD. Ze wzlotami i upadkami, ale póki będziesz miał siłę, żeby stać na scenie i trzymać mikrofon, możesz to wszystko przetwarzać. Bo sprawia ci to przyjemność, bo jest jak tlen, bo za coś musisz kupić chleb, masło i mefedron, he, he.

Nie wiem, jak to jest, ale patrząc na ludzi, którzy ciągle tworzą, a mają już swoje lata, chcę wierzyć, że to spowolnienie, złagodzenie, uspokojenie nie wynika tylko z ograniczeń starości albo z wyprucia. Że to też własny wybór i jakaś mądrość (?). Że teraz mniej napierdalam, bo ważniejszy jest wyjazd na działkę albo zabawa z wnukiem.

Złościsz się, że zgrywam odpowiedzialną głowę rodziny. Jestem chyba w takim momencie życia.

Chcę się mniej bić ze światem i krzyczeć. Zaraz rodzi mi się druga córka.

Został tydzień, może dwa. Mam poczucie, że znowu należy dojrzeć i się ogarnąć. Z drugiej strony wczoraj przysłali mi pocztą *Drzwi percepcji. Niebo i piekło* Huxleya, w których opisuje on swoje eksperymenty z meskaliną i prezentuje przemyślenia na ten temat.

Zobaczymy... Cały czas chciałbym być po obu stronach lustra. Właściwie po wielu stronach wielu luster... W domu, w trasie, w podświadomości, na planie filmowym i na zebraniu w przedszkolu. Wlewać w siebie różne emocje. Nie wypalić się i nie wypruć. Pytanie: czy to możliwe?

PS
Żartuję, odkąd pamiętam, i mam nadzieję żartować, dopóty będę pamiętał. Nie pójdziemy przecież na emeryturę. Dla komika coś takiego nie istnieje. To nie zawód. To powołanie. Jak posługa kapłańska. Oczywiście są różnice – nie słyszałem o żadnym komiku, który gwałcił dzieci. Był taki, który gwałcił kobiety, ale środowisko błyskawicznie go odrzuciło. Nie przenieśli go na inną scenę. Można? Można.

STRAMIK PISZE

Wiem, o co chodzi, Ziomuś. To przykład Kerouaca bardziej pasuje do tezy dopingowej. „Benzedryna, żeby wytrzymać”. Heh. To mógłby być tytuł. Czegoś tam. Już nie chce mi się kombinować czego.

Benzedryna, żeby wytrzymać.

Jednak ona nie zmienia świadomości. A tych dragów znacząco zmieniających percepcję czy defragmentujących świadomość nie traktowałbym w kategoriach dopingu. Ćpający twórca bez talentu – cokolwiek znaczy akurat to słowo – i pracowitości niczego ciekawego nie zrobi. Czy będzie ćpał, czy nie.

Kolejny tytuł!

„Czy będzie ćpał, czy nie”. Chyba nie. „Benzedryna, żeby wytrzymać” lepszy.

Nie mam chyba żadnego stosunku do dopingu. Do sportu wyczynowego też raczej nie. Niech sportowcy sobie wykonują swoją rzecz, a kibice to oglądają. Ja nie jestem kibicem. Z kolei odnośnie do olimpiady – pamiętam wypowiedź Korwina, który pierdolił, że paraolimpiada nie powinna mieć miejsca, że równie dobrze moglibyśmy organizować zawody szachowe dla debili. I uważam, że ten człowiek powinien się zabić. Niestety, idioci nie popełniają samobójstw. Dlatego ten świat tak wygląda.

Chociaż wydaje mi się, że bliżej mi do przeciwników sportu. Bardzo podoba mi się buntownicza wypowiedź austriackiego pisarza Thomasa Bernharda. Pozwolę sobie zacytować, Ziom:

> „Nigdy nie odczuwałem ochoty uprawiania jakiegokolwiek sportu, ba, zawsze go nienawidziłem i jeszcze dzisiaj nienawidzę. We wszystkich epokach wszystkie rządy zawsze przypisywały sportowi największe znaczenie i słusznie, bawi on bowiem, ogłupia i odurza masy, a dyktatury wiedzą najlepiej, dlaczego zawsze i w każdym wypadku opowiadają

> się za sportem. Kto jest za sportem, ma masy po swojej stronie, kto jest za kulturą, ma je przeciw sobie, mawiał mój dziadek, dlatego zawsze wszystkie rządy są za sportem i przeciw kulturze".

To będzie tekst cytatów. Tylko dla następnego muszę najpierw przygotować inny kontekst.

Z drugiej strony... Właśnie to zrobiłem. Jeb! Napisał do mnie typ, na pewno się nie obrazi, jak przytoczę jego wiadomość. Dla takich ludzi warto robić to, co się robi. Uwaga:

> „Cześć! Zbierałem się do napisania wiadomości do Ciebie od co najmniej miesiąca, w końcu uznałem, że po prostu muszę to zrobić. Już, teraz, dziś. Chciałbym Ci podziękować za blog, który prowadzisz. Za pracę, którą wkładasz w przybliżanie stand-upu. Dzięki Tobie podjąłem decyzję, żeby zrobić to, co powinienem uczynić już dawno, czyli wejść na scenę. Kilka lat temu się poddałem, wkładając teksty do szuflady, jednak Twoje wpisy na blogu, które przeczytałem wielokrotnie, sprawiły, że odżyło we mnie dawne pragnienie. Stało się, zaliczyłem trzy występy. Zapewne dopiero po dziesięciu kolejnych nauczę się trzymać mikrofon, być może po stu scenicznych próbach nadal będę tu, gdzie jestem, czyli na początku drogi, jednak dziś jestem szczęśliwy, bo spróbowałem, bo zawalczyłem o swoje marzenia. Nie było łatwo, bo czterdzieste urodziny obchodziłem na tyle dawno, że już o nich prawie zapomniałem. Gdybym musiał jasno zadeklarować, co mnie gnało do tego wszystkiego, to przyznałbym, że w dużej mierze chęć, potrzeba rzucenia chociażby małym kamieniem we wszelkiej

maści hipokrytów, fanatyków, oszołomów i innych intelektualnych dewiantów. Chciałbym Ci podziękować tym bardziej, że czytając Twoje felietony, artykuły, często czułem się tak, jakbym czytał swoje słowa. Rzadko spotykam kogoś, z kim tak bardzo mógłbym się identyfikować, utożsamiać, podzielać poglądy. Mam nadzieję, że kiedyś będę miał okazję podziękować Ci osobiście. Jacku, dziękuję! Tak po prostu, szczerze, z wewnętrznej potrzeby. Jacek".

Piękna sprawa. Teraz zacytuję Ciebie. Bo jebnąłeś babola w swoim tekście. A ja bywam złośliwą kurwą. Zwłaszcza jeżeli chodzi o teksty.

„A wyjazd, by obejrzeć na żywo Burra czy Stanhope'a na żywo, to jak roczne stypendium na Oksfordzie".

Naprawdę warto, (jebać wołacz) Abelard, obejrzeć na żywo Burra czy Stanhope'a na żywo, bo to rzeczywiście na żywo jak roczne stypendium na żywo w Oksfordzie na żywo.

Teraz czytaj uważnie. Niech wszystkie narkotykowe nieuki czytają uważnie. Jacuś nie używa mefedronu! Chyba że wszystkie źródła z najlepszym dragiem w dziejach, czyli MDMA, wyschną. No... w sumie nie próbowałem heroiny. Kiedyś muszę to zrobić. Więc nie wiem właściwie, czy MDMA to najlepsza z tych pięknych rzeczy zwanych narkotykami.

Myślę, że absolutnie można się wypruć artystycznie. Świat zna wiele przypadków artystów, którzy wypruli się nawet po jednym dziele.

Jacuś masła też nie jada. Chyba że w hotelach na śniadanie. Sam nie kupuję.

STRAMIK PISZE

Kurwa, Jacuś nawet chleba za bardzo nie jada. Stara się być wielkomiejskim kulinarnym hipsterem. Rameny, falafele, opcje wege. Sushi, makarony, pizze.

Chyba że w hotelach na śniadanie. I u matki w Koszalinie. Jak przyjedzie od czasu do czasu poprowadzić imprezę.

Złoszczę się i Cię chłoszczę za bycie głową familii. Korwin proponował kiedyś wprowadzenie kary chłosty. Byłoby spoko. Lecz tylko gdyby stosowano ją wobec niego. W trybie codziennym. Za to, że jeszcze się nie zabił.

Jesteś jednym z lepszych ludzi, jakich poznałem w życiu. Nigdy się na Ciebie nie złoszczę, Smucikoniu.

Mam meskalinę na chacie, jeśli chcesz. Wpierdolę w Berlinie. I napiszę, jak było.

48.19

PS

Jebać emeryturę.
Chcę umrzeć na scenie.

Nie dosłownie, oczywiście. Ale być jak Carlin. To jest posługa. Matka tego nie rozumie. Kiedy jestem w Koszalinie, robi mi tradycyjne kanapki z chlebka, masła oraz tradycyjnych kanapkowych dodatków i męczy konia, że muszę się ubezpieczyć i odkładać na emeryturę. Jak Abelard! Ten wzór do naśladowania. Godna podziwu, odpowiedzialna głowa rodziny!!!

GIŻA PISZE

Ani nie chce mi się spierać o doping, ani o sport, ani o przeoczenie w mejlu jednego „na żywo".

I mam w dupie, czy bierzesz mefedron, czy MDMA. I ile jesz masła.

Wiem, że wiesz, o czym piszę. I to mi wystarcza. I wiem, że przypierdalanie się o takie szczegóły to też gra, bo kogo tak naprawdę obchodzi moja literówka czy Twoje masło.

Cieszę się też, że ktoś czyta Twojego bloga i pisze tak piękne recenzje. Ale najwyraźniej wciąż jest ich zbyt mało, skoro każdą tak bardzo przeżywasz i poświęcasz jej tyle czasu. Jak kobiet, które mówią Ci, że przeczytały „całego Twojego Facebooka". Dobrze, że nie jesteś tradycjonalistą, bo po takich wyznaniach musiałbyś wreszcie którąś zaciągnąć przed ołtarz. A wtedy masło wpierdalałbyś pewnie jak hummus, a i o poliamorii mógłbyś tylko pomarzyć w swoich brudnych konserwatywnych fantazjach.

48.20

Wiem, że jedną osobę kochasz na pewno. Jest nią Jacek Stramik. Nie zdziwiłbym się nawet, gdyby ten list, który przytaczasz, był nie tylko do Ciebie, ale też od Ciebie, Jacku.

Właściwie jesteś mi na tyle bliski, że Twoje spożycie cholesterolu powinno mnie interesować. Nawet do tego stopnia, że przekraczanie norm powinienem odbierać jako próbę samobójczą (co się może zdarzyć, wszak nie jesteś idiotą). Ale nie dziś.

Dziś, w przeddzień mojej prywatnej rewolucji i kolejnego zaciągu do armii Odpowiedzialnej Głowy Rodziny, mam tę głowę zupełnie gdzie indziej. Bo że martwię się o zdrowie Darii i Idy – to oczywiste. To, że przeżywam, jak poradzi sobie w nowej sytuacji Mia

> – naturalne. To, że za chuja nie mam pojęcia, jak znajdę czas, żeby nie zarobić następnej kary i nie rozjuszyć Kryształowego Stramika – trudno, najwyżej po wszystkim będę wyglądał jak Quebonafide.
>
> Ale to, że w Polsce A.D. 2017 muszę się martwić o niezawisłość sądów – tego nie rozumiem. Co więcej – najbardziej wkurwia mnie to, że nie wiem, czy w ogóle mam się martwić. Przedwczoraj podobno skończył się trójpodział władzy w Polsce. Odtrąbiony i ogłoszony. Dość apokaliptyczna wizja.
>
> Od wczoraj myślę, do którego lasu uciec, jak oprawiać zwierzęta i gałęzią łapać Wi-Fi. Szukając wskazówek i porad, wchodzę na te wszystkie portale. Nic. Od rana czytam tylko o sukcesie polskiego tenisisty na Wimbledonie. Wszędzie. Kurwa, to chyba nie ma takiego dramatu, skoro nie nawołują przez 24 h do buntu i rewolucji. Do bicia wroga! Do sięgnięcia po kije i pały! Do palenia Sejmu i Senatu!

Jeśli głównym niusem na portalach antyrządowych jest to, że Polak na spółę z innym gościem wygrali tenisowy mecz, to chyba nie jest tak źle. Jeśli obok wzmianek, że zaorane jest nasze sądownictwo, czytam o tym, gdzie lewicowy polityk spędza wakacje albo że pozycja na jeźdźca może złamać penisa (to akurat ważne, o tym trzeba pisać). Jak można w taki sposób nie stracić wiarygodności? Jak chce się potem zebrać ludzi, żeby coś zrobić, skoro i tak liczy się klikalność i pierdolony tenis. Nawet jeśli był to najważniejszy mecz w historii. Jebać tenisistów, kiedy płoną sądy.

GIZA PISZE

Chyba że nie płoną. Chyba że faktycznie są reformowane. Może źle, ale jednak. Może, może, może, może... Nic nie wiem.

Czytanie ustaw nic mi tu nie da. Nie jestem prawnikiem, nie lubię pływać w gównie. Poza tym aktualnie mam ważniejsze sprawy. Chyba. Bo widzę Wimbledon na paskach informacyjnych.

Przez to – tak jak Ci już pisałem w poprzednim mejlu, jak już Ci pisałem (chłoszcz!) – że próbuję zrozumieć kontrargumenty i otworzyć się na nie, boję się też, że jeśli faktycznie dzieje się źle, a te wpisy o tenisie to robota pisowskich hakerów, to coś przeoczymy.

Że tak sobie pierdoląc o komedii i przerzucając się cytatami z mądrych ludzi (właściwie to się nie przerzucamy – Ty cytujesz, Ty jesteś oczytany i masz dobrą pamięć), pijąc alkohol i obściskując się z fankami swojej twórczości (to robimy obaj, tyle że ja konsekwentnie od lat z jedną), nagle obudzimy się z ręką w nocniku.

A może to nas zapali i będziemy pisać więcej? Zawsze przecież kryzys był naturalnym nawozem dla twórców.

Będziemy wchodzić na barykady i żartując, walczyć o Polskę (albo o hummus – bo wiadomo, że ONI będą chcieli go wymienić na masło)!

I zbierać się na tajnych występach za szafą u Twojej matki w Koszalinie. Tylko to też grozi miażdżycą.

Kurwa...

Nic nie wiem...

STRAMIK PISZE

Abelard, a miałeś tak kiedyś, że byłeś tak napruty, że tatuator odmówił Ci zrobienia tatuażu? Nie?! Wszystko przed Tobą. Zanim następnym razem zaczniesz fikać, przypomnij sobie o swojej karze. Ha, ha.

W piątek byłem z nowo poznaną dziewczyną na imprezie złożonej głównie z prawicowców.

> Padały tam dialogi w stylu:
> – Gazeta.pl w Ulubionych?!
> – Trzeba znać wroga, obserwuję też Twittera Lisa.
> – O kurwa!

Jeden typ miał koszulkę z Kaczyńskim i napisem „Stary, ale Jary". Inny z Orłem Białym i nazywał się Henryk Sienkiewicz. Lecz nie miał usposobienia pisarza. Puszczano disco polo, zdejmowano koszulki, śpiewano pieśni kibicowskie. Wypiłem pół litra wódki. Czarnej Żubrówki. Dobra. Polecam, Wojtek Sokół.

Wychodząc, opowiedziałem „żart". „Macie tak czasem, że kończycie na dzióbku Orła Białego i dochodzi do was, że jednak czegoś brakuje w waszym życiu?!".

Po czym uciekliśmy. Całowaliśmy się w parku. Później ona rzygała. Odwiozłem ją na chatę. Chwilę spałem w krzakach pod jej blokiem. Aż zaciągnęła mnie do środka. Nazajutrz w ogóle nie miałem kaca. Ostatnio nie miewam kaców. Czyżby dziadkowe geny dochodziły do głosu...

Dziadek nigdy nie miał kaca. Nigdy nie bolała go głowa po alkoholu. Miał ksywę „Elana nie do zdarcia". Niektórzy tak mają. Z tego, co wiem, Ty tak masz...

W każdym razie muszę znaleźć sobie normalną, spokojną dziewczynę. Spłodzić dwójkę dzieci. Kupić volvo. He, he.

Nie wkurwiaj się. Ja się przypierdalam z miłości.

STRAMIK PISZE

Odnoszę wrażenie, że ciągle za mało jest ludzi myślących. I ładnie składających zdania.

I ładnie składających zdania. Nie tylko wśród publiczności. Lecz przede wszystkim wśród komików. Brakuje jakiejś kultury literackiej, kultury słowa, inteligencji, najogólniej rzecz biorąc. Stąd moje zadowolenie, gdy od czasu do czasu przyjdzie taka wiadomość. Bo rzeczywiście, jak powiadasz, zdarza się to niezbyt często.

Ja kocham siebie. I nie mam problemów ze sobą. A jest mnóstwo ludzi, którym współczuję. Którzy nie mogą czy nie mogli wytrzymać sami ze sobą. Jak mój kolega Jakub, który zabił się w grudniu, dzień przed Wigilią. Miał osobowość borderline. Dokonywał aktów autoagresji. Był homoseksualistą. Ci ludzie wciąż nie mają łatwo w tym kraju. Mówiłem czasem, że chciałbym mieć takiego synka. Bardzo inteligentny typ. Miał talent do języków. Znał angielski, niemiecki, rosyjski, koreański. Pracował w Korei przez jakiś czas. Poświęciłem mu jeden tatuaż.

RIP.

Kocham siebie i kiedy mowa o miłości własnej, cytuję zazwyczaj Bukowskiego.

> jeśli masz zdolność kochania
> kochaj przede wszystkim siebie
> i zawsze bądź świadom możliwości
> kompletnej klęski
> czy jej powody
> wydają się słuszne czy nie

Wujek Stramik składa gratulacje z powodu pojawienia się na świecie Idy.

Podoba mi się to imię.

STRAWIK PISZE

Szczerze mówiąc, też nie wiem, co z tymi sądami. I „co z tą Polską". Od dawna nie śledzę newsów. Mam gdzieś politykę. Podobno jest dramat. Gadaliśmy wczoraj w nocy z jakimiś laskami. Jedna rzekomo znała się na prawie. Mówiła, że to rzeczywiście poważna sprawa.

Kutek, prawnik z wykształcenia, mówił, że co można zrobić? Zapalić świeczkę pod budynkiem sądu. To wszystko. Poparcie dla obecnej władzy wciąż jest wysokie. Nie dziwi mnie zatem, że tak rzadko otrzymuję ładnie napisane wiadomości odnośnie do mojej działalności blogowej.

To nie jest władza intelektualistów. Jeśli w chuj ludzi nadal ją popiera, oznacza to, że społeczeństwo zgłupiało.

Miejsce u matki za szafą zawsze się znajdzie. Będziemy robić tajne stand-upy dla garstki „intelektualistów". Chociaż w Koszalinie o taką publiczność może być trudno.

Hi, hi.

GIZA PISZE

Dziś rozmawiałem ze swoją babcią.

– Urodziła się już?

– Tak, babciu.

– I daliście jej to żydowskie imię?

Po pauzie.

– Ja tam nie mam nic przeciwko. To wasza córka.

Śmiesznie, bo „to żydowskie imię" zabrzmiało jak oblega. Właściwie było obelgą. I ona, i ja wiedzieliśmy, że to jest pojazd. I ona, i ja wiedzieliśmy, że do przymiotnika „żydowski" w tym kraju nie trzeba dodawać nic więcej.
Poczułem się jak na tej imprezie, o której pisałeś. I nie ma znaczenia, że „Ida" pochodzi z łaciny.
48.22 Mała jest. Niecałe 2,5 kilograma. Tak mówią lekarze. Że mała. Dla mnie idealna. Jak zmierzyć kilogramami miłość...
Śpi, je, sra.
Boże, ile bym dał za taki dzień.
Kiedy to piszę, prezes Kaczyński krzyczy w Sejmie do opozycji, że zamordowali mu brata, kanalie. Z kanaliami się zgadzam. Z mordowaniem – nie mam danych. Nie mam nawet do tego jakiegoś wyraźnego stosunku. Oni wszyscy są dla mnie pojebani. Słowa nic dla nich nie znaczą – porównania do Hitlera, slogany o „mordowaniu wolności" i „zdradzie stanu", „Targowica!", „Białoruś!", „ZOMO!". Byle głośniej, byle więcej... Bez propozycji i jasnych, konkretnych rozwiązań.
Mnie znieczulili.
Trochę jak dzieciak kąpiący się w morzu, który wygłupia się i krzyczy co jakiś czas: „Tonę! Tonę!". I ktoś mu trzeci raz zwraca uwagę, a on trzeci raz robi to samo. I za czwartym razem naprawdę idzie na dno.
I chuj.

GIŻA PISZE

Niech idzie. Może będzie dobrym przykładem.
Szkoda tylko, że ta banda ma realny wpływ na nasze życie. Niestety. Inaczej po prostu wystarczyłoby tego nie transmitować.
Kiedyś mówiłem ze sceny, że rozwiązaniem na te bolączki byłby wyborczy cenzus IQ. Rozwiązujesz test na inteligencję i wiedzę ogólną. I możesz głosować dopiero wtedy, jak zdobędziesz odpowiednią liczbę punktów. Potem chciałem to rozszerzyć na wszystkie inne dziedziny.
„Nie zdał pan, odcinamy gaz".
„No, niestety 0 punktów – nie mogę sprzedać panu chleba...".
Głupi ludzie pozbawieni wody, prądu, jedzenia powoli zaczęliby wymierać. A że byliby głupi, to nie potrafiliby tego ogarnąć. Watahy wałęsających się, wygłodzonych zombi. *Walking Dumb*. Szedłbyś obok dziecka, które jękiem błagałoby o chleb... A gdyby robiło ci się przykro, to zawsze miałbyś z tyłu głowy: „Tak trzeba. Ono jest tępe". 48.22
Jedno pokolenie by się przemęczyło i miało wyrzuty sumienia, ale może byłoby warto. Pytanie tylko: od ilu punktów byłoby zaliczenie? I czy ja bym się załapał? Bo po pierwszej fali na pewno przyszłaby druga. A potem trzecia. Bo przecież ciągle byliby ci najgłupsi.
Mówią, że lepiej być głupcem w kraju mędrców. E tam. Wolę mieć przeświadczenie, że to ja jestem ten bardziej kumaty, a wokoło są idioci. Mogę poczuć się lepiej. Patrzeć na innych z góry i zawsze zwalić na nich wszelkie swoje niepowodzenia i całe zło świata.

PS Ktoś mnie kiedyś zapytał, kto taki test miałby ułożyć. Myślałem o jakiejś Radzie Mędrców.

Ale dziś jedynym mędrcem, którego ludzie szanują, jest Yoda

– co może być jakimś pomysłem. Pytanie z szykiem przestawnym wyeliminowałoby pewnie na wejściu 40 procent chętnych.

STRAMIK PISZE

Już pisałem Ci w SMS-ie, że jeśli ta polityczna tragedia ma trwać, to chciałbym chociaż, żeby za jakiś czas ten karakan darł się w Sejmie: „Niszczyliście go, zamordowaliście. Jesteście smucikoniami!".

Przynajmniej miałbym jakiś wkład w to wszystko, co nas otacza.

Chociaż mnie to otacza mniej. Jestem z Carlinem, który miał wyjebane na wszystkich polityków i otwarcie ze sceny mówił, że nie głosuje. Już dawno udałem się na emigrację wewnętrzną – jeżeli dobrze pamiętam, to śladem Gombrowicza.

A nie wiem, czy dobrze pamiętam, bo z kraju literatury też wyemigrowałem na dobre. Jakieś dwa lata temu. I mam wyjebane. Są protesty w całym kraju. Masy się buntują.

48.23

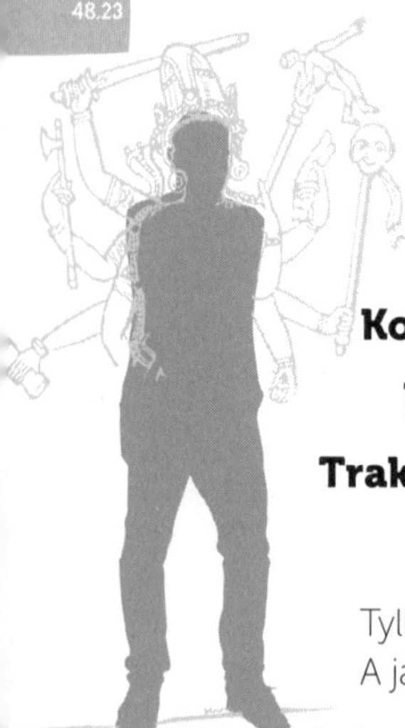

Byłem na kilka minut w Koszalinie, dzień po imprezie. Dziewczyna Darka szła na nią, on poszedł jako osoba towarzysząca. Po kilku minutach znudziło nas to zebranie polegające na skandowaniu haseł i mikroprzemówieniach jakichś nieznanych mi ludzi. Poszliśmy na frappé, później gin z tonikiem. Zmęczeni byliśmy. Wcześniej spędziliśmy kryształową noc z Banasiem.

Koszalin jest super.

Komicy pokochali to miasto.

Traktują je jak salon spa,

a raczej ćpa.

Tylko moja matka jęczy, że nie wracam na całe noce. A ja buduję siatkę kontaktów! Taka praca.

Z tą babcią to dobre. U mnie – mówię zresztą o tym w jednym materiale – matka, kiedy pierwszy raz zapuściłem brodę, powiedziała: „Wyglądasz jak Żyd!".

STRAWIK PISZE

Hitlerowska propaganda wciąż żyje w umysłach ludzkich. Więc trochę mnie nie dziwi, że teraz kolejny karakan święci w tym kraju tryumfy.

Wkurwili mnie przy okazji tej sprawy, w której był czarny protest. Jednak później pomyślałem sobie, że nawet ten kompromis aborcyjny jest nieludzki. Ale po co angażować się w sprawy publiczne w zjebanym kraju, który znacząco ogranicza swobody obywatelskie. Aborcja nielegalna, kryształy nielegalne...

Patrząc na te polskie mordy zakochane w Kaczyńskim czy na przykład Korwinie, czuję taką samą bezsilność jak w przypadku samobójstwa starego. Wtedy mogłem iść protestować! W 1998 roku. Sam pod koszaliński ratusz. Krzycząc: „Żądam delegalizacji śmierci!".

Jedyna sprawa, w której bym protestował. Tamten protest jednakowoż przegapiłem, odkryłem używki, zacząłem zamykać się do wewnątrz, znalazłem sposób na stłumienie emocji. Nadal specjalnie ich nie uruchamiam w życiu. 48.23

Pewien znajomy, który jakimś cudem przeżył wojnę na Bałkanach, opowiadał, dlaczego tam został. Mówił, że człowiek często w takich sytuacjach jest jak żaba. Gdy wrzucisz żabę do wrzątku, ona wyskoczy. Lecz kiedy wrzucisz ją do letniej wody i będziesz tę wodę stopniowo podgrzewał, aż do temperatury wrzenia, to będzie po żabie.

Jeszcze przez chwilę jestem w Koszalinie. Matka rozmawia przez telefon ze swoją siostrą i mówi: „Przed wojną też się tak kłócili, czytałam o tym".

Ja mam luz, w razie wojny wystarczy mi jedna ampułka cyjanku. Ty będziesz potrzebował już czterech...

Albo jebać ampułki, otworzę sobie żyły rozbitą butelką po wódce. Wzorem starego. Wszak niedaleko pada jabłko od jabłoni.

GIŻA PISZE

Nie mogę się oderwać od tej polityki.

Leżę w łóżku. Piszę do Ciebie. Wokół mnie śpią moje trzy kobiety. Gdyby te czterysta sześćdziesiąt osób gdzieś w Warszawie potrafiło się dogadać, byłbym szczęśliwy.

Ale nie jestem.

Cała ta sprawa gryzie mnie na tyle, że wczoraj rano zamieściłem na Facebooku posta (kiedyś rzucało się kamieniami w ZOMO albo drukowało ulotki, dziś zamieszcza się posta i udostępnia! Nie będę go tu przytaczał, ale krótko mówiąc, prosiłem w nim kogokolwiek wspierającego PiS o jasne i czytelne argumenty przemawiające za postępowaniem partii rządzącej. Tak, żeby rozwiać obawy (albo je potwierdzić). Post dotarł do ponad dwóch milionów osób. Był udostępniony pięć tysięcy razy. Pod nim oczywiście tysiąc komentarzy, z których tylko znikoma część miała sens, a tak naprawdę kilka osób próbowało celnie argumentować. Było też parę porad:

> „po prostu sie nie udzielaj o swoich prywatnych przemysleniach tylko dlatego ze jestes popularny i masz rzesze fanów i wiesz ze takim wpisem zrobisz gownoburze"
>
> „jak komuś nie pasuje Polska teraźniejsza partia to do niemiec droga wolna :D wasz kraj już na was czeka :D każdy Polak jest zadowolony ze nastaje teraz normalność"
>
> I kilka pomysłów na rozwiązanie problemu. Między innymi:
>
> „Rozjechac walcem to jebana klike SN"

Dramat.

GIZA PISZE

Rzeczywiście, to ja zachowałem się jak idiota. Sam się o to prosiłem. Sam wywołałem lawinę.

Gdybym czytał z uwagą Twoje mejle, nigdy by do tego nie doszło. Gdybym czytał Twoje mejle, pewnie skasowałbym profil na fejsie. Najwyraźniej nie czytałem. Trudno.

W całym tym oceanie zła rozbawiła mnie myśl, jak śmiesznie wyglądałaby tu literówka: „rozjechać walcem tą jebaną klikę *SNL*" – i widzę gościa, który nienawidzi *Saturday Night Live* i wszystkich twórców tego kultowego show. A Polski rząd próbuje przepchać ustawę, która rozbije *SNL* w drobny mak, bo wnerwia go, że nic w polskiej telewizji nie jest w stanie choćby zbliżyć się do takiego poziomu. I Ziobro, który ma na jej podstawie decydować o składzie *SNL-u*. Wtedy i Ty poszedłbyś protestować, he, he.

Może skoro demokracja dała władzę PiS-owi, to niech ją ten PiS ukatrupi. Demokracja nie jest dobrym systemem. Wiadomo, już Churchill i paru innych tak mówiło. Wolałbym, żeby rządziła nami światła mniejszość niż większość, która światła nigdy nie będzie. Bo co ja wiem o ekonomii, podatkach, sądownictwie, gospodarce wodnej itp.? Co wiem ja i co wiedzą ci wybrańcy narodu? Dlaczego sześć osób ma wiedzieć lepiej, jak kształtować budżet, niż jeden profesor ekonomii.

Aj, bo się wkurwiłem... A i tak cała ta rozprawa nie ma najmniejszego sensu. Żeby coś zmienić, trzeba by się temu oddać. Przez lata walczyć o głosy, zdobywać uznanie tej całej większości i niby dla niej, a tak naprawdę wbrew niej rozbijać kolejne bastiony. I potem przekazać władzę mądrym ludziom. Tylko gdzie ich znaleźć? Przecież skoro są mądrzy, to trzymają się od polityki z daleka.

Lepiej pić alkohol i pisać żarty. Choć jak sam widzisz, dziś łatwiej mi czynić to pierwsze. Zatem zdrowie i dobranoc!

STRAMIK PISZE

Pijesz alko, leżąc w łóżku z żoną i dwójką dzieci?! Zgłaszam Cię do Ośrodka Interwencji Kryzysowej! (Musiałem sprawdzić w necie, gdzie się zgłasza patologię).

Przyznaję Ci rację, gdyby chciano rozjebać *SNL*, wyszedłbym na ulicę i na przykład spalił koszaliński amfiteatr. Żeby już nigdy nie mógł się tam odbyć Kabareton. W akcie zemsty na polskiej rozrywce. W akcie zemsty dokonanej na wyrost. W akcie ostrzeżenia.

Ja mam to wszystko w dupie. Kiedyś ukułem taką teorię, że ludzie zaangażowani w życie publiczne mają za mało dramatów własnych, więc muszą sobie jakieś wyszukiwać w sferze, której poświęcone są serwisy informacyjne.

Z tego powodu podejrzewam, że pierdoli mnie to, bo przeżyłem jakieś swoje tragedie osobiste, rodzinne. Było ich kilka. One mnie w znacznej mierze ukształtowały, one sprawiają, że mam gdzieś Sąd Najwyższy. Bardziej martwi mnie sąd ostateczny...

Bredzę.

Piszę to w dniu, w którym Duda zawetował dwie z trzech ustaw, przeciwko którym protestowały naprawdę wyjebane tłumy. (To znaczy, że mamy wielu naprawdę szczęśliwych ludzi, którzy nieszczególnie zmagają się z własnymi demonami, zamiast tego walczą o demokrację).

Ten dzień został ochrzczony jednym z najciekawszych dni w polskiej polityce ever. Niby wszyscy są zdezorientowani. Protestujący mówili, że są skazani na porażkę, a tu proszę. Protestujący się cieszą, nieprotestujący się złoszczą. Część protestujących mówi, że to taka zagrywka Kaczyńskiego. Dajmy im coś, żeby się uspokoili, później znowu przypierdolimy.

Najbliżej mi do Carlina, który mówił, że wszystkie karty są już dawno rozdane, gra rozplanowana. Blisko mi też do

> wykładowców z polonistyki zajmujących się językiem, również mediów, w związku z tym dziennikarstwem i życiem politycznym.
>
> Z tego, co pamiętam, mówili, że politycy, którzy publicznie są skonfliktowani, chodzą razem na wódę. Podobnie jest z dziennikarzami.

Jeden z najciekawszych dni w polskiej polityce...

Dla mnie dzień jak co dzień. Wyspałem się w końcu po koszalińskim maratonie, którego zwieńczeniem było walenie grubych węgorzy mix klapy, czyli mieszanki mefedronu z kokainą. Bo „klapa" to mefedron.

Robiłem to między innymi z ludźmi, których „wychowała ulica". Uderzenie było tak mocne, że chodziłem po suficie jak Spider-Man – mój ulubiony komiksowy superbohater z dzieciństwa. Zatem spełniłem niejako marzenie z dzieciństwa.

Muszę unikać tych ludzi, tych substancji. Wrócić do większej kontroli. Co niniejszym zapowiadam. Oglądałem nawet na YT Roberta Rutkowskiego, znanego specjalistę od uzależnień, który sam kiedyś był wjebany w heroinę.

Okazuje się, że sięgamy po narkotyki (do których Rutkowski zalicza również chociażby alkohol) przede wszystkim po to, by poczuć się ponownie jak dziecko. Narkotyki wyostrzają bodźce, odczuwanie świata. Człowiek pod ich wpływem jest zdezorientowany.

Ponownie staje się dzieckiem, którym zakazano mu być. Te bodźce tam są, tylko przestaliśmy się nimi „jarać", kiedy ostatecznie zabito w nas dzieci. Trzeba na nowo nauczyć się upajać trzeźwością.

W dzieciństwie zakazywano nam wielu rzeczy kategorycznym, karcącym tonem, nazywano nas durniami, mnie matka nazywała „tępotą". Zresztą czasem do dzisiaj tak robi. Zamiast tego wszystkiego powinno się wyjaśniać świat i na przykład dziewczynkom mówić, że są mądre i piękne.

W przeciwnym wypadku te dziewczynki będą wchodzić w różne związki, instynktownie wyszukując typów podobnych do swojego pierwszego mężczyzny, czyli tatusia. Tacy mężczyźni jak tatuś nie utwierdzają dziewczynek w poczuciu ich własnej wartości.

Mimo to dziewczynki usilnie o akceptację zabiegają. Takie dziewczynki skazane są na powtarzającą się rozpacz, dopóki nie znajdą wreszcie kogoś przyzwoitego. Kogoś, kto powie im, że są mądre i piękne.

To są ciekawe rzeczy. Trochę zszedłem z tematu dragów, bo ile można.

Nigdy nie interesowałem się psychologią. Ale warto takie sprawy poznawać. Jeżeli o mnie chodzi, o wiele bardziej warto poznawać takie sprawy niż bawić się w poznawanie i komentowanie polityki.

48.25 Jednak przyznam, że choć tym się różnimy, to za to Cię szanuję.

Za to, że jesteś uwrażliwiony na polityczną chujnię i poświęcasz jej trochę czasu, chcesz ją komentować. Ci, którzy pierdolą, że komik jest od rozbawiania, niech się jarają Fluffym albo – na polskim gruncie – Lotkiem, z całym szacunkiem dla grubego.

Przecież obydwaj bardzo go lubimy. Tylko zawsze mnie wkurwia, jak już chce iść spać rano, a ja bym jeszcze posiedział. Zawsze bym jeszcze posiedział.

Noce spędzone w towarzystwie komików

to jedne z najlepszych nocy.

Komicy to jedni z najlepszych ludzi.

Może, gdyby komicy byli politykami, ten świat byłby lepszy? Chociaż wtedy cały urok komików mógłby prysnąć. Zobacz, co się stało z Kukizem, artystą, który został politykiem. Nie można na typa patrzeć.

STRAMIK PISZE

Niech komicy będą komikami. Takimi, jakimi chcą być. Smucącymi konia na swój sposób. A nie tylko rozbawiającymi. Przede wszystkim nie tylko rozbawiającymi. Nie wiem, czy w komikach nie jest najcenniejsze to, co niekomiczne.

Odwracając wątek, z tego samego względu nie lubię filmów komediowych. Komediowe elementy w rzeczach smutnych czy dramatycznych są dla mnie i (na szczęście) nie tylko dla mnie o niebo ciekawsze.

PS RIP Chester Bennington, wokalista Linkin Park. Nigdy szczególnie nie przepadałem za tym zespołem, bardziej przemawiały do mnie Limp Bizkit, Korn i System of a Down, ale ich muzyka była mimowolnym soundtrackiem do mojego życia w szkole średniej. Cały czas leciała na VIVIE.
Bennington mówił, że jego głowa to „zła dzielnica". Gdy zostaje sam, drugi, zły Chester chce go ściągnąć w dół. Dlatego musi jak najczęściej zadawać się z ludźmi, rozmawiać, tworzyć sztukę, budować relacje, być muzykiem, mężem, ojcem, przyjacielem.
Gość podobno był molestowany w dzieciństwie. Przez sześć lat. Robił to „przyjaciel" rodziny, który „opiekował się" nim pod nieobecność rodziców. Bennington powiesił się w dniu urodzin swojego przyjaciela Chrisa Cornella, który zrobił to samo dwa miesiące wcześniej.
Obydwaj zostawili na tej planecie żony i dzieci. Obydwaj lubili alkohol i narkotyki.
„Świat to jedno wielkie getto, kosmiczny rynsztok" – jak pięknie ujął rzecz Rust Cohle, jeden z głównych bohaterów *True Detective'a*. Szczęśliwie zostaliśmy od jego najgorszych przejawów uchronieni. Pozdro dla żony i dzieci od wujka Stramika.
PS2 Zwracam honor. Jacuś jednak czasem przyjebie mefedron. Z rzadka, bo z rzadka, lecz jednak. Skoro częstują... Nigdy nie wierz ćpunowi.

GIŻA PISZE

Czy ja wiem, czy komicy to jedni z najlepszych ludzi...?

Jesteśmy bandą egocentryków, często nieradzących sobie ze swoimi kompleksami, szukających ukojenia w aplauzie i uwielbieniu publiki. Jednocześnie dopierdalamy sobie na każdym kroku i patrzymy zawistnie na tych, którzy mają więcej widzów, więcej żartów i więcej jedzenia...

Ciągła walka między „sztuką" a komerchą.

Między żartem inteligentnym a hackowym. Między jazzem a disco polo. I przeświadczenie każdego o swojej wielkości i o tym, że jazz to on. Potem wspólne picie, przytulanie, zbijanie piątek, szczerych (?) wyznań i rano powrót do dźgania i wyrzygiwania. Są grupki, duety, tercety, które autentycznie się lubią, ale i tam panuje ciągła podświadoma walka o bycie ostatnim – kiedy ekipa ustala, że to Ty wejdziesz na scenę ostatni podczas całego wieczoru, wiesz, co to znaczy. Można sobie długo wyjaśniać zawiłości tych ustaleń, ale bycie ostatnim zawsze łechce (ciekawe, że w tej antyreligijnej branży tak sprawdza się biblijna zasada, bycia ostatnim). Ta ciągła i desperacka próba policzenia czegoś, co niepoliczalne, wszystkimi dostępnymi narzędziami: stażem, liczbą występów, wielkością sal, wyświetleniami i „łapkami w górę".

Tymczasem 95% Polaków nie ma pojęcia, co to jest stand-up.

Wojny planktonu. To jest dobry tytuł.

Na szczęście dam sobie rękę uciąć, że branże nauczycieli, kuśnierzy i kierowców autobusów też mają swoje śliskie gierki.

(Kiedyś dopisałbym tu zdanie: „Człowiek to jest dziwna bestia", ale cudownie wykasował mi je ze słownika Bartek Walos na moim roaście).

GIŻA PISZE

Mam wrażenie, że od jakiegoś czasu smucimy konia na tematy samobójstwa, narkotyków i polityki. Wiem, że to aktualnie całe nasze życie, he, he, ale dajmy już spokój. Po tym, jak kilka dni temu poprosiłem swojego kolegę ze studiów, który aktualnie jest posłem PiS-u, żeby w prywatnej wiadomości spróbował mi wytłumaczyć motywy działań swojej ukochanej partii, ale bez pierdolenia, tylko tak po ludzku (jak zwykł mi kiedyś tłumaczyć polityczne zawiłości między wykładami – on na politologii był z powołania, ja z miłości do żartów – miałem dzięki temu czas je pisać). Ale on się nie odezwał i dziś przeczytałem wywiad, w którym co prawda inteligentnie, ale jednak pierdoli – mam dość. Zamykam temat.

Jeśli wybuchnie wojna, to może pokuszę się o dwa zdania komentarza. „Niemcy są jak bumerang...". Chociaż nie sądzę, żeby to akurat Niemcy mieli nas zaatakować. Chyba że za kilka lat już jako Kalifat Brandenburski spróbują podbić ten „ostatni bastion chrześcijaństwa". Ale wtedy nasz rząd, stacjonujący na Jasnej Górze, przegłosuje ustawę, że żaden obcy nie może wejść na terytorium IV RP i chuja nam zrobią.

Słyszałeś o *punt gun*? To była trzymetrowa strzelba, która mogła zabić jednym strzałem i sto celów. Jechali na polowanie i po kilku godzinach zawijali tysiąc zastrzelonych kaczek. Była tak skuteczna, że jej zakazano. Ciekawi mnie dlaczego. Co sobie pomyśleli? Można jeździć i strzelać do zwierząt, ale bez przesady? Odstrzelić dziesięć kaczek przez cały dzień to spoko. Tropić, zmęczyć się, zgłodnieć i się wyszaleć. To jest męska przygoda! Zabijanie musi mieć w sobie tę sportową żyłkę. Tę niepewność, czy cel ucieknie i w co trafię. Pieprzyć *punt gun*! „Nie chcemy karmić Afryki, chcemy się bawić!".

GIŻA PISZE

Dziwne, że w dobie wirtualnej rzeczywistości są jeszcze ludzie, którzy potrzebują jeździć do lasu

i walić do zwierząt.

Mogą strzelać do hitlerowców, najeźdźców z kosmosu, wysadzać policyjne radiowozy i miotaczem ognia masakrować całe wioski, ale twardo stoją przy analogowej rozrywce.

Ja kocham gry komputerowe. Możesz być, kim chcesz. Robić to, na co masz ochotę. Może cię kupić Barcelona albo NASA wysłać na Księżyc. Zastanawiałem się, czy skoro my możemy w grach być herosami, bogaczami i właścicielami klubów piłkarskich, to czy arabscy szejkowie mają swoje wersje gier? I czy dla nich najlepsze są te, w których mierzą się z naszą rzeczywistością? *Poland 2017*. RPG. Jesteś emerytem. Musisz przeżyć za 1100 złotych. I nie możesz zacząć grzebać w śmietniku, jeśli wskaźnik godności masz ciągle na poziomie 20 procent. A jak pęka ci biodro, to czekasz rok na operację. I nie ma kodów.

Odkąd mam dzieci, wstrzymałem swoją karierę mordercy (przez względy czasowe, nie moralne), ale kiedyś potrafiłem spędzać całe godziny na „strzelankach". Kończyłem i wiedziałem, że po tej rzezi muchy bym nie skrzywdził. Ludzie tak mogliby się wyżywać. Kupujesz *Symulator Marszu Niepodległości* i za każde wykrzyczane antysemickie hasło i wyrwane drzewko masz dodatkowy punkt. Albo *Lewacka olimpiada*. Chodzisz Zandbergiem i dokarmiasz dzieci z Podkarpacia na czas albo podnosisz podatki najbogatszym – kto podniesie najwięcej, dostaje życie wieczne i mauzoleum w Moskwie. Wszyscy podniecaliby się przed komputerem, a na ulicy kłaniali się w pas.

Albo wchodzisz z kumplami do Sejmu, wyciągasz *punt guna*...

Sorry, nie mogłem się powstrzymać.

STRAMIK PISZE

Pomimo Twojego nieco krytycznego – acz ze wszech miar trafnego – opisu tej specyficznej grupy społecznej, jaką są komicy, i tak uważam, że to jedni z lepszych ludzi. Wszelkie ich wady świadczą o tym, że nie różnią się znacznie od tak zwanego przeciętnego człowieka. Nie różnią się także szczególnie od osób wykonujących inne zadania artystyczne. Mimo wszystko to ludzie, z którymi najlepiej zarywa się noce i długie godziny rozmawia o „życiu", cokolwiek rozumiemy pod tym pojęciem, o sztuce i innych właściwie zupełnie nieistotnych rzeczach.

Bo z komikami (oczywiście nie ze wszystkimi) można i o literaturze, i o cipsku. A na przykład z poetami już o cipsku nie pogadasz.

Poeci to hipsterzy kultury. Pretensjonalne smucikonie. Poza nielicznymi wyjątkami typu Świetlicki. Ale on sam bardziej przechyla się w stronę muzyki oraz muzyków. I to chyba w jego przypadku dobrze działa.

Dwie rzeczy odnośnie do tego arcyciekawego i w gruncie rzeczy gorzkiego opisu. Pamiętam scenę z filmu *Capote* z oscarową rolą nieżyjącego już Philipa Seymoura Hoffmana, którego zabrała heroina (narkotyki!). Na podstawie powieści przyjaciółki głównego i tytułowego bohatera nakręcono film. Podczas premierowego afterparty skwaszony Capote siedzi przy barze z kieliszkiem martini i już lekko napierdolony smęci zawistnie coś w rodzaju „z czego tu się cieszyć", zamiast radośnie celebrować sukces przyjaciółki.

Druga sprawa: przypomniał mi się zajebisty cytat z Huntera S. Thompsona, który pięknie opisał fach żurnalistyczny i samych żurnalistów, w tym siebie.

„Dziennikarstwo to nie zawód ani branża. To tylko mizerna szansa na zaistnienie dla popaprańców i odmieńców – fałszywe drzwi na zaplecze

> prawdziwego życia, obrzydliwa, zaszczana nora zabita dechami przez inspektorów budowlanych, ale dość głęboka, by każdy pijaczek mógł stoczyć się do niej z chodnika, żeby tam walić gruchę jak małpa w zoo".

Komicy są uzależnieni. Nie tylko od dragów. Śmiem twierdzić, że ich uzależnienie jest podobnej natury co uzależnienie celebrytów, którzy według wspominanego przeze mnie nieco wcześniej Roberta Rutkowskiego są uzależnieni od własnego wizerunku i adrenaliny. Tworzymy i budujemy fikcję na scenie, ale też poza nią. Fikcję, która ma źródło w rzeczywistości. Jednak w istocie nie jesteśmy tym, kim mówimy i piszemy, że jesteśmy. To wspaniała kreacja, w którą chcielibyśmy wierzyć i w którą chcielibyśmy, żeby inni wierzyli.

48.27 Inni wchodzą w tę grę, pewnie nie zawsze się nad tym zastanawiając, zatem i nam ta gra wydaje się warta świeczki. I gramy w to gówno. A kim naprawdę jesteśmy? Nie wiem. Może, jak powiada Thompson: popaprańcami i odmieńcami. Choć, z drugiej strony, natura „normalności" nie jest taka jasna i prosta. Najprościej uznać, że nie wiadomo.

Narkotyki, samobójstwo i polityka.

To też dobry tytuł.

Widzisz, jest na świecie narzędzie, które pozwala wybić tyle kaczek za jednym podejściem, a w Polsce nie ma skutecznego narzędzia, które pozwoliłoby wyeliminować **jedną, małą, szkodliwą kaczkę** z życia publicznego.

Też nie mogłem się powstrzymać. Już chyba rzadko Kaczyńskiego nazywa się „Kaczorem". Pamiętam, gdy jeszcze żył Lech Kaczyński i gdy jeszcze Jerzy Pilch był w pełni władz piśmienniczych i życiowych, wtedy tenże cudowny Jerzy Pilch nazywał

Jarosława i Lecha „Kaczorami". Kaczory to, Kaczory tamto. I pisał, że kiedy Kaczory są u władzy – jest to wymarzony czas dla artystów czy zawężając: komentatorów rzeczywistości.

Bo wiadomo, im chujowsza, bardziej popierdolona władza, tym więcej inspiracji. Przynajmniej do publicystki i felietonistyki, a w tej drugiej dziedzinie Pilch osiągnął niekwestionowane mistrzostwo.

Zandberga z Moskwą od razu byś łączył? Że lewactwo, to powinowactwo radzieckie? Czas skończyć z tymi skojarzeniami, Abelard! Zastanów się, po której jesteś stronie... (polityka!).

Ja zabiłem w sobie gracza. Konsola czy gry na komputerze zabrałyby mi większość czasu. Kiedyś miałem Xboxa, przez trzy miesiące. Siedziałem w domu i nakurwiałem w *GTA IV* i *Guitar Hero*. Dziewczyna przychodziła z pracy, przejebywała ze mną w gitarę i była zła. Wyzywała mnie od nierobów. Ciężki jest los artystów. Gitarowych. Jimi Hendrix musiał mieć przesrane. Chociaż nie interesowałem się nigdy jego życiem osobistym. W ogóle z muzyki to jestem kiepski. 48.27

Słucham pojedynczych rzeczy, tak jak mi wpadną przypadkiem na YT. Mam też jakiś bagaż z przeszłości. Hip-hopowo-rockowo-elektroniczny. WestBam był papieżem mojego pokolenia. Love Parade imprezą, na którą z utęsknieniem patrzyły nasze koszalińskie oczy. Lecz nigdy na nią nie pojechałem. Matka mi nie pozwoliła. Więc zabiłem w sobie paradowicza. Tak samo jak przed laty zabiłem w sobie miłośnika zwierząt. Gdy matka nie pozwoliła mi mieć pieska.

Dzisiaj jadę do Berlina. Właśnie dzisiaj. 27 lipca. Jadę sobie do Berlina. Parada była tam tydzień temu. To już nie ta parada. Matka wie o moim wyjeździe. I nie ma nic do gadania. To już nie ta matka. Teraz mogę robić, co chcę. Zobaczymy, co z tego będzie. Oby nie... Samobójstwo!!!

GIZA PISZE

Kiedy to piszę, mam nadzieję, że jeszcze żyjesz, he, he... (a raczej bez „he, he").

Uwielbiam Berlin. Byłem tam kilka razy. Raz na początku tego wieku (2002 czy 2003?). Pierwszy raz widziałem sklep typu Saturn. I pierwszy raz zostałem wzięty za złodzieja. Ochroniarz o aparycji młodego esesmana zobaczył mój niearyjski pysk i to wymalowane na nim zbyt wielkie podniecenie wydało mu się podejrzane, więc za mną ruszył. A ja po prostu pierwszy raz w życiu widziałem tyle płyt CD w jednym miejscu. Kupiłem jedną (soundtrack do *Fight Clubu* duetu Dust Brothers) i ukradłem siedem. Skoro i tak wziął mnie za złodzieja... Nieee... W życiu niczego nie ukradłem. Poza kilkoma giga filmów i MP3. Ciekawe, że kradzież muzyki wypalonej na plastikowym krążku nie mieści się w mojej głowie, ale już tej zapisywanej na dysku – luz. Może ten plastik wywołuje poczucie winy? Albo fakt, że ze sklepów kradnie patologia, a z sieci wszyscy? Nie, przecież nikt nie kradnie. Wszyscy „ściągają". Lepiej brzmi. I te tłumaczenia: „Gdyby płyty były tańsze...", „Gdyby ten serial był u nas...". Ale nie był. „Ale gdyby...".

Dlatego niech nam żyją Spotify i Netflix! Legalny dostęp do milionów piosenek i tysięcy filmów. Życia nie starczy, żeby to wchłonąć. A wszystko za jedyne 40 złotych miesięcznie! Polecam, Abelard Giza. (I tu by się przydało coś o prawdzie i dzieciństwie. I jakiś lukratywny kontrakt). Da się. Chociaż i tak kradną i kombinują, jak obejść. Złodziej zawsze będzie złodziejem.

I kebaby.
To mi się jeszcze kojarzy z Berlinem.
Jedliśmy kebaby.
Tylko.
Bo były dobre i tanie.
Szkoda, że nie ma takich żartów.
Dobrych i tanich.

Choć mam wrażenie, że to się wyklucza. Przynajmniej w ocenie komików.
Dobry i tani żart nie istnieje.
„Taniość" eliminuje „jakość".
Może być prosty dobry żart.
Może być lekki dobry żart.
Może być wulgarny dobry żart.
Ale tani dobry żart?
Żaden nie przychodzi mi do głowy.
Znasz taki?

Komicy podczas imprez mają tę nieznośną cechę, że ciągle są w pracy. I nie dlatego, że mówimy o stand-upie, bo myślę, że botanicy też pierdolą po alkoholu o chlorofilu i szyszkach. ale że gonimy za żartem. Każda anegdota na forum musi być śmieszna, a każda nieśmieszna musi być wyśmiana. Jeb, jeb, jeb! Pojedynek trwa, póki alkohol wszystkich nie rozproszy. Grupki i podgrupki najebanych ludzi już nie dbają o puenty i podprowadzenia. Wtedy wszystko normalnieje.

Jest czwarta nad ranem. Z głośników leci Czesław Niemen albo Todd Terje. Tak myślę. Bo o tej porze już śpię. U siebie w pokoju albo na stole w centrum imprezy. Dla mnie nie ma to znaczenia – ważne, żeby spać. Nadrabiam zaległości z domu. Ładuję akumulatory gdzie bądź. Nie mam daru przesiadywania do ósmej rano i udowadniania nocy, że nie istnieje. Nie mam kaca, ale też nie mam głowy do imprez.

Ciekawe, czy w towarzystwie botaników albo fizyków każda anegdota musi się kończyć jakimś naukowym stwierdzeniem...?

Ciekawe, kiedy na Netfliksa wejdzie nowy sezon *Broadchurch*...?

Ciekawe, czy żyjesz...?

GIZA PISZE

PS Ciekawe, że Chemical Brothers na samym początku działalności nazwali się Dust Brothers. Chcieli w ten sposób uhonorować starszych kolegów z Kalifornii, ale szybko zrezygnowali, bo DB zagrozili im pozwem. Ciekawe. CB chcieli być mili, a tu taka cegła. Ale też bym chyba tak zareagował, gdyby jakiś gość z Gorzowa nazwał się Abelard Giza. Poza tym DB też byli mili, bo nie złożyli pozwu, tylko postraszyli.

PS2 Ostatnie zdanie powinno być zapisane tak:
Poza tym DB
też byli mili,
bo nie złożyli pozwu,
tylko postraszyli.

PS3 Tego peesa dopisuję później. Dostałem SMS-a i wiem, że żyjesz. To znaczy, że żyłeś, kiedy pisałem tamto, bo teraz znowu
48.28 nie wiem. Nie spałeś pewnie już jakieś czterdzieści godzin. Liczę na szczegółową relację. Twój Berlin różni się od mojego. Mój wiązał się z Saturnem, a Twój najwyraźniej z całymi galaktykami...

STRAMIK PISZE

W filmie *Bogowie* grany przez Zamachowskiego dyrektor zabrzańskiego szpitala krzyczy najebany do Religi, granego przez Kota, chcąc przekonać Religę/Kota do podjęcia tam posady, że Zabrze jest piękne. Zabrze za chuja nie jest piękne.

Berlin jest autentycznie piękny.

PS
Oglądałem ten film na kompie, ściągnąłem z torrentów. Mam wyjebane. Nie czuję, żebym kogoś okradał. Nadal ściągam filmy i seriale. Nie wszystko jest na Netfliksie. Ogólnie nie widzę niczego złego nawet w klasycznej kradzieży.

Jeżeli ktoś okrada Saturna, bo musi, niech to robi. Saturn sobie poradzi. Człowiek okradający Saturna bez tej kradzieży możliwe, że nie. Że sobie nie poradzi. Może kiedyś wyjdzie na tak zwaną prostą. Jeśli nie, prędzej czy później trafi za kraty.

System potrafi dojechać każdego. No, pewnie prawie każdego. Niektórym się udaje. I też dobrze. A może źle. Nie wiem w sumie.

„Pierdolę system / W tym jestem mistrzem" – Wilku z pierwszej płyty *Molesty*. Którą też ukradłem.

He, he, żyję, żyję, jeszcze żyję...

Kurwa, za wcześnie na PS.

Jestem trochę zmęczony. I mam doła, bo Berlin za szybko się skończył. Zabawne, że wspominasz o *Fight Clubie*. Dzisiaj Marta napisała, że chce wytatuować sobie ostatnią scenę tego filmu. Jak stoją, łapią się za ręce i patrzą na eksplodujące biurowce.

Walę spojlerem. Chociaż walić to; jeżeli ktoś jeszcze nie widział *Fight Clubu*, powinien się zabić. Jak mój stary.

Pierwszego dnia i pierwszej nocy nie spałem. Byliśmy na imprezie, na którą trzeba było się przebrać. W klimacie niby mitologiczno-

-pogańskim, jakieś wianki na łbie, coś takiego, rogi, leśne stworzenia. *Sen nocy letniej* Szekspira.

Wiele osób i tak było prawie nagich. Kilka parkietów, różna muza, dużo dragów. Było miejsce, w którym ludzie się ruchali, na chwilę poszliśmy tam przyćpać i pierwszy raz widziałem, jak się ruchają, i to właściwie na moim ramieniu – było tam ciasno.

Pierwszą noc i pierwszy dzień po tej nocy nie spałem. Jadłem jakiegoś kebsona, chyba z syryjskiej knajpy, drugiego dnia zajebiste żarcie z libańskiej, pod wieczór kilka wspaniałych piw w urokliwym lokalu, w którym zatrudniają ładnych ludzi z różnych stron świata...

I cała przespana noc! Niesamowita regeneracja. Kolejny dzień to kiełbasa cielęca w takiej klasycznej, vintage'owej niemieckiej knajpie, bardzo długa wersja currywursta, spacer po mieście, pod wieczór zakupy w outlecie Zalando. Polecam w pizdu. Nabyłem dwie pary pięknych vansów, tanio. Krótka wędrówka na wschodnią stronę, parę kroków pod murem. Piwko nad kanałem, następnie kolacja w gruzińskiej restauracji.

Później znowu w miarę normalna noc. Poprzedzona obecnością w jednym z klubów jedynie do piątej.

Ostatniego dnia wizyta na tajskim targu. Supersprawa. Tajowie robią rzeczy u siebie w chacie i później co niedzielę sprzedają je w jednym z parków. Piłem też mleko prosto z kokosa. Również pierwszy raz w życiu (jak to ruchanie oglądane na żywo). No i co... Fajnie. Każdego wieczora jakieś dragi, lecz o wiele delikatniej niż pierwszego dnia/pierwszej nocy.

Nie zjadłem tylko burgera. Berlin również burgerami stoi. Ale jadłem poprzednim razem, jak byłem. Chyba trzy lata temu. Burgermeister.

STRAMIK PISZE

Kultowa buda ustawiona pod mostem czy wiaduktem (pod tym, na czym jeżdżą kolejki). Zrobiona w miejscu dawnego szaletu.

Dzisiaj to nadrobię. Koło mnie na Jeżycach znajduje się przyzwoita burgerownia. I tam jest taki dobry burger, już jakiś czas go nie jadłem. Z chorizo, czerwoną fasolą, nachosami, pikantnym majonezem i rukolą. Tylko powiem, żeby bez rukoli. Nie przepadam. Teraz to już powoli zanika, ale był czas, przynajmniej mam takie wrażenie, ogromnej mody na rukolę.

A to po prostu jakieś zielsko!

To chyba jakiś TANI żart!

Nie ma czegoś takiego jak tani i dobry żart.

Operowanie tanimi żartami wpisujemy w rejestr hackowości. Hack comedian to typ albo typiara idący/idąca na łatwiznę w celu zdobycia szybkiego poklasku widowni. Mogę podać kilka przykładów z rodzimego podwórka. Ale po co... Hacków też należy docenić. Bez zła nie byłoby dobra. Z drugiej strony przecież nie wierzę w jasny podział na dobro i zło. Inaczej miałbym coś przeciwko kradzieżom.

Właśnie ściągnąłem *Trainspotting 2*. Chociaż widziałem w kinie, trzasnę sobie jednakowoż raz jeszcze. W końcu jedynkę katowałem ze trzydzieści razy.

Może inaczej. Bez chujowości nie byłoby fajności.

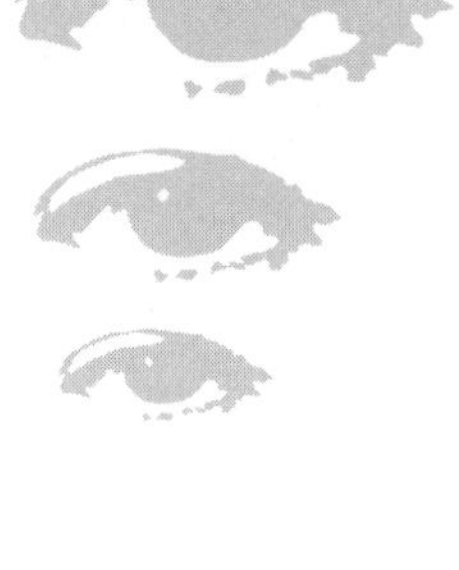

Bez Dana Browna
nie docenilibyśmy należycie
Gombrowicza.

Albo coś.

GIŻA PISZE

Pokłóciłem się z kilkoma osobami obserwującymi mój facebookowy profil. Doszło do tego, że napisałem jednemu gościowi, żeby cofnął mi swoje polubienie, bo „zrzygam się z bólu, mając świadomość, że mam tak tępych fanów". Zgodził się. Odlubił od razu. Aż go polubiłem.

Zaczęło się od udostępnienia dziewięciominutowego występu Rafała Rutkowskiego pod tytułem „Kto się boi gejów". No i wiadomo. Geje, aborcja, eutanazja, kara śmierci... Klasyczne polskie kłótnie o niczym. Każdy wie lepiej. Emocje, wściekłość, stereotypy i argumenty z dupy.

Pewnie bym to olał, ale do walki z „dewiantami" i „zwyrolami" jak zwykle rzucono dzieci. (Wiem, i tak mogłem to olać, ale czasem nie potrafię). No żeż, kurwa mać! Temat dotyczy dorosłych, świadomych ludzi, którzy chcą być razem i nagle wjeżdża koronne: „że nie powinni wychowywać dzieci!". Boże...

Po pierwsze, od bycia razem do wychowywania dzieci jest naprawdę długa droga. Nieważne, jakiej orientacji jesteś. Po drugie, nieważne, jakiej orientacji jesteś, i tak możesz być zjebem i krzywdzić dzieci. Czy staje ci na widok owłosionych łydek, czy tych gładko ogolonych, możesz przy okazji być popierdoleńcem, który bije dwumiesięczne niemowlę. Płeć, orientacja, wiara czy kolor skóry nie mają tu żadnego znaczenia. Źli i głupi ludzie są wszędzie. To przecież takie proste.

Odmawianie dwóm osobom
miłości jest podłe.
Ale odmawianie im jej okazywania
i celebrowania
jest chyba jeszcze gorsze.

(I nie chodzi mi tu o epatowanie seksualnością. Nie ma znaczenia, w jakiej konfiguracji płciowej i liczebnej ktoś liże się na ulicy. Jakoś mnie to nie jara i wolałbym nigdy nie strzepywać ze swojego ramienia ruchającej się pary). To jak wygrać milion w totka i nie móc dać znać o tym światu. „Bo to nienaturalne!". Nienaturalne jest też wygrywanie miliona na loterii, a nie widziałem nigdy protestów przeciw kolekturowym bogaczom. (Grupa wściekłych ludzi pod Sejmem z transparentami „Jebać chybił trafił!", hi, hi).

Plączę się, powtarzam, przeklinam, jestem zły.

Spałem dziś trzy godziny. Trzecią noc z rzędu. Kiedyś marudziłem, że jestem niewyspany, dopiero po sześciu. Jaki człowiek jest głupi i nie docenia tego, co ma. Może nie powinienem się wściekać nawet dziś. Może te trzy to raj przy kolejnych...

Całą noc próbowałem przetłumaczyć swojej dwutygodniowej córce, że powinna spać. Ale nie docierało. Ona jest tu nowa. Nie wie jeszcze, że świat to właściwie Berlin otoczony szambem. Ona się jara. Dla niej nasz przedpokój to multum możliwości. Rozumiem. Jestem zmęczony, ale to nie powinno jej powstrzymywać. Mnie mało co cieszy. Ona nie może uwierzyć, że koc może być miękki.

Gdzieś zatracamy tę radość. Szkoda...

GIZA PISZE

Geje powinni móc wychowywać dzieci. Dlatego, że jeśli są parą kochających się i szanujących ludzi, to te cechy powinni móc przekazać dalej. Nie każdy to potrafi. Każdy za to potrafi zrobić dziecko. I tu jest problem. Matka sprzedająca swoje dzieci za butelkę wódki (stara historia z Pruszcza i pewnie aktualna w wielu innych miejscowościach) bardziej mnie przeraża niż dwóch kumatych kochających się gości. „Będą gwałcić dzieci!". Mhm. To właśnie geje robią po pracy. Nawet nie gotują. Wracają do domów, siadają na swoich chorych, zboczonych sofach w kształcie penisów, zamawiają sushi albo burgery z poznańskich burgerowni i w takt przebojów Michaela Boltona gwałcą dzieci.

Geje powinni móc wychowywać dzieci jeszcze z drugiego powodu: żeby poczuć, jak to jest spać trzy godziny na dobę. Po kilku takich dniach nie chce się gwałcić nikogo. Zwłaszcza dzieci.

PS Nie dziwię się, że ludzie uważają, że homoseksualiści gwałcą dzieci. Skoro już i tak człowiek wierzy w żydowski spisek, wyższość białej rasy i życie wieczne, to reszta jakoś tak sama wchodzi. Z rozpędu.

STRAMIK PISZE

Geje, aborcja, eutanazja, kara śmierci. Same smakowitości.

Zgadzam się, że odmawianie dwóm osobom prawa do miłości jest podłe. Chociaż zawęziłbym ramy omawianego okrucieństwa. Odmawianie jednej osobie miłości również stanowi podłość. Kiedy ktoś, jakaś dziewczyna, odmawia mi miłości, uznaję ją za wyjątkowo podłą osobę.

Ale staram się nie irytować jak dziecko. Jakaś dziewczyna powiedziała mi kiedyś, że młody Stuhr przyznał się, iż kiedy był bardzo młodym Stuhrem, miał zwyczaj wkurwiać się na dziewczęta, które odmawiały mu seksu.

Dziecinada, lecz głęboko zakopana w patriarchalnej kulturze. Jak to?! Ona mi nie da? Mnie?! Wspaniałemu, zabawnemu, przystojnemu Stuhrowi czy innemu Stramikowi? No to teraz pojadę tej kurwie!

Jak dała, to kurwa; nie dała, tym bardziej kurwa.

Być kobietą oznacza przejebane. Z drugiej strony, poszerzając kwantyfikator: być człowiekiem oznacza przejebane.

Ty masz wielu analfabetycznych zwolenników, ponieważ jest ich po prostu dużo. Nieraz mówiłem, że nie da się czytać wielu komentarzy na Twoim fejsie. Roi się tam od najprostszych błędów i uchybień. Syntaktycznych, czyli składniowych, hi, hi.

A także ortograficznych, stylistycznych, fleksyjnych. Ludzie nie potrafią posługiwać się językiem. Co mnie wkurwia chyba bardziej niż zjebane poglądy.

Natomiast z gejostwem jestem za pan brat. Popieram. Włącznie z adopcją. Te downy pierdolone schematycznie postrzegają termin „natura", drąc japę, że coś jest „nienaturalne".

Człowiek jest częścią natury. Więc wszystko, co robi, jest naturalne. Człowiek to mrówka. Jeśli mrówka dokonuje aborcji, jest to naturalne. Jeżeli mrówka z kutasem czy waginą chce wraz z drugą mrówką z kutasem czy waginą wychowywać małą mrówkę, powinna mieć do tego prawo. Jest to jak najbardziej naturalne!

Z tego punktu widzenia wygrywanie miliona też jest naturalne.

Kultura jest naturalna.

48.31 Geje, aborcja, eutanazja, kara śmierci. Wszystko to jest naturalne. Idioci oddzielają kulturę od natury, bo tak im wpojono. Za mało przemyśliwują w życiu. Najczęściej gonią za milionem. Wszak nie wszyscy mogą go wygrać.

Także spałem dzisiaj tylko trzy godziny. Urządziliśmy sobie w Warszawie Biuro Komików. MDMA, piwka, dobre grono, wielogodzinne urzędowanie. Nie trzeba mieć dzieci, Abelard...

I nie każdy potrafi zrobić dziecko. Gej z gejem nie potrafią. Dlatego nie muszą dokonywać aborcji.

Pamiętasz wspaniałego Carlina: że katolicy, tak nienawidzący aborcji, zamiast atakować homoseksualistów, powinni się z nimi skumać. W końcu kto dokonuje mniej aborcji niż homoseksualiści?!

PS Muszę se obczaić dla beki te komentarze u Ciebie. To jutro. Jak się wyśpię i będę miał ochotę... Bowiem w ostatnich dniach mam wyrzyg na social media. Nie chce mi się wchodzić na fejsa. Mam wrażenie, że nie ma tam absolutnie niczego ciekawego.

GIŻA PISZE

Oko mi się klei i muszę iść spać. Domowe zajęcia pochłonęły mnie na tyle, że straciłem rachubę czasu. Zakładam, że kolejne 48 godzin upłynie za jakieś 90 minut. Chcę iść spać. A nie chcę się tatuować.

Przestraszyłem się, że wypadłem z gry. To się nazywa „tacierzyńskie" – i byłem na to gotowy, ale facebooki i instagramy non stop bombardują mnie informacjami o poczynaniach kolegów z branży. Ten zagrał tu, ten tam, a ci przyjechali do tych, a tamci do jeszcze innych. Występy, projekty, melanże, plenery, leżaki, pijaństwo, nowe bity, anegdoty... Kaśka pisze nowy program, Kacper napisał nowy program, Rafał testuje nowy program, Adam testuje nowy program... Ogólnopolski „work in progress". A ja?

48.32

Wszystko mnie omija. Mam wrażenie, że już nie wrócę. Że nie zdążę, że pociąg właśnie odjechał, kiedy ja przewijałem małą. I nie kieruje mną zazdrość, tylko ten dziwny strach. Nie kuszą fotografie (to słowo nie pasuje mi do Facebooka; tam nie ma fotografii, tam są focie i fotki) z afterów, tylko kolejne zdjęcia ze sceny. (Czy zauważyłeś, że komik z mikrofonem w dłoni na zdjęciach zawsze dobrze wygląda? Tak profesjonalnie. Nieważne, że właśnie sadzi jakiś bardzo zły żart. Migawka aparatu bardzo często potrafi zamienić go w Dave'a Chappelle'a).

A potem biorę oddech i wypieprzam z głowy te idiotyczne myśli. Co za bzdura. Naprawdę, choćby przez ułamek sekundy, wolałbym dziś stać nad brzegiem Wisły i trzymać w rękach mikrofon, zamiast swoją trzytygodniową córkę?

Mam w swoim życiu trzy osoby, które dają mi szczęście. Dwie z nich kochają mnie bezwarunkowo i dla nich „tata" po prostu jest supermanem. Trzecia kocha mnie pomimo – tych wszystkich chujowości, które regularnie uskuteczniam. Od obłego brzucha po zły gust i wybuchy złości.

GIZA PISZE

Miłość w obie strony daje absolutne spełnienie.

Nie ma nic ważniejszego. Jebać hajs i liczbę ludzi na plażówkach.

I wściekam się na siebie, że dałem się wciągnąć w tę grę. W ten wyścig. I uświadamiam sobie, że chociaż nie pracuję w korporacji i sam jestem sobie sterem, żeglarzem i okrętem, to mój najdłuższy urlop w ciągu ostatnich dziesięciu lat trwał pięć dni.

Zło.

Zły świat.

Zły system.

Albo ja.

48.32

Tak. Raczej zły ja. Powinienem to wiedzieć. To są tylko narzędzia. Mam mózg i palec. Potrafię wyłączyć Facebooka i telefon. Muszę chyba odstawić na moment ten cały Ważny Świat i skupić się na tym Najważniejszym.

Alkohol też muszę odstawić. Ale to już temat na innego mejla. Idę spać.

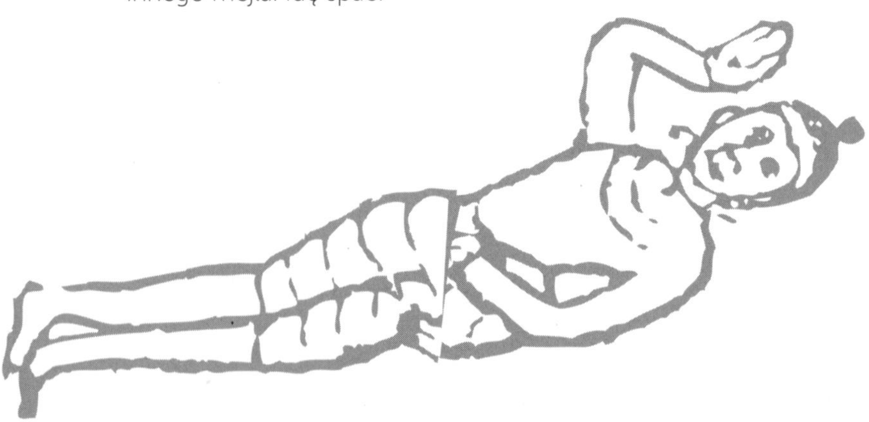

STRAMIK PISZE

A mi się zjebała pralka. Miałem ją od właścicieli mieszkania. Może jutro uda się pojechać z jednym z nich do jakiegoś komisu, który naprawia pralki. Podobno jak się nie da naprawić, to można kupić za 350 złotych pralkę, która podziała przez jakiś czas i kiedy się zjebie, to ten typ z komisu ją naprawi. Lub da jakąś w zamian. Też tymczasową.

Wszystko jest, kurwa, tymczasowe.

Prowadzę tymczasowe życie. Mieszkam w tymczasowym mieszkaniu. Spotykam jakieś tymczasowe pizdy. Tatuaże, których nie chcesz robić, również są tymczasowe. Przecież zaraz umrę. Za kilkadziesiąt, może kilka lat. Może nawet dzisiaj.

Jak pokrzykiwał Al Pacino w *Gorączce* do kogoś, kto nie chciał wyjawić informacji ze strachu przed likwidacją przez przedstawicieli przestępczego półświatka: „Możesz zginąć, wyprowadzając psa!".

Popek zapytał mnie niedawno, jak brać narkotyki i mieć poukładane życie. Nie da się. Kiedyś będzie trzeba z tym skończyć. Albo umrzeć niepoukładanym. Popek odpowiedział, że nie chce umierać. Ja na to, że kiedyś będzie trzeba!

Jestem na tymczasowym detoksie.

Co najmniej do września piwko jakieś sobie trzasnę. Czy innego drinka. To wszystko.

Ale tak chciałem. Wszystko robić tymczasowo. Mieć wyjebane.

Pojawił się stand-up. Mocno mnie wciągnął. To życie. Także znamionowane tymczasowością.

Ulotna sztuka. Najlepiej doświadczać jej na żywo. Chociaż nie do końca. Nie dla znawców. Wśród publiczności jest ich garstka. Kropla w morzu. Chciałoby się to robić dla nich. Często z ich zdaniem liczymy się najbardziej. I jak tu mieć wyjebane...

48.33 Znasz to uczucie? Zniknąć. Rozpłynąć się w powietrzu. Nikt nie miałby większego żalu. Nie ma ludzi niezastąpionych. W stand-upie. W życiu. Tymczasowym. Czy bardziej zakorzenionym. Jedyny problem, że nie można być na własnym pogrzebie. Śledzić widowiska. Zobaczyć, kto najbardziej rozpacza. I czy w ogóle ktokolwiek.

Wiesz, że jak chciałem zrezygnować ze stand-upu, to zacząłem pisać „wiersze". Teraz nie chcę rezygnować ze stand-upu, lecz gdy tak piszesz o zdjęciach: gdzie kto jest. Kto gdzie imprezuje etc. Czuję w sobie jakieś zobojętnienie. Kocham to gówno. Ale odkąd pamiętam, mam przed nosem coś w rodzaju szyby czy ściany.

Coś, co oddziela mnie od świata i nie pozwala być kimś do końca rozemocjonowanym, podekscytowanym wydarzeniami. Również stand-upowymi. Może znowu zacznę pisać „wiersze". Tymczasem wkleję tutaj jeden z tamtych. Pasuje do tej nocy. Jest pełnia, a ja bezgłośnie wyję. Moje życie to bezgłośne wycie.

KSIĘŻYC

Ubóstwiam grzechy główne. Wszystkie są spoko. Poza chciwością. No kurwa. Nie każdy może sobie pozwolić na bycie Janem Kulczykiem. Czy Grażyną Kulczykową. Czy Sebastianem Kulczykiem. Czy Dominiką Kulczyk-Lubomirską. Czy innym masonem.

Szkoda, że nie każdy może sobie pozwolić na komfort swobodnego popełniania grzechów głównych. Na przykład księżyc. Cały czas ktoś na niego patrzy. Ateizm nie daje księżycowi szczególnego wytchnienia.

Biedny, przygaszony bęcwał. Błąka się po niebie blady z samotności. Nie ma nikogo, kto mógłby go przytulić, dotknąć w odpowiednim miejscu, żeby poczuł się choć odrobinę lepiej. Przecież Bóg tego nie zrobi. Bóg nikomu nie daje szczególnego wytchnienia.

Nawet Janowi Kulczykowi. Czy Grażynie Kulczykowej. Czy Sebastianowi Kulczykowi. Czy Dominice Kulczyk-Lubomirskiej. Czy innemu masonowi.

GIZA PISZE

Też kiedyś pisałem wiersze.

Dawno temu. Bardzo dawno.

Miałem siedem lat. Pamiętam pierwszy.

> LAS
> Szumiał las i grał las na liliowych dzwonkach.
> I drzewa szumiały i ptaki śpiewały.

I drugi:

> WYCINANKA
> Nożyczki i kolorowy papier.
> Ciach, ciach i wycinanka gotowa.

Byłem z nich tak dumny, że spisałem na kartce, którą złożyłem na pół, i tak wydany „tomik" zaniosłem swojej nauczycielce.

48.34 **Nigdy nie pisałem do szuflady.
A szkoda. Czasem powinienem.**

W twórczości piękne jest to, z jakim zaangażowaniem i pasją coś kreujesz, dajesz z siebie wszystko i w pewnym momencie wydaje ci się to naprawdę całkiem dobre. A potem – godzinę, miesiąc, a czasem i lata później – widzisz, ile temu czemuś brakowało, żeby chociaż nie było złe.

Mówi się, że twórca nigdy nie będzie zadowolony ze swojego dzieła. Coś w tym jest, ale powinno się też umieć docenić okres, w którym to powstało, jakiś szczegół, który mimo wszystko jest nadal na całkiem dobrym poziomie. Słowo, gest, błysk w oku. Coś, co ujawnia potencjał tamtego ciebie. Coś, co pozwala siebie nie znienawidzić.

Obłędne poprawianie też nie pomaga. Znam ludzi, którzy dzieło swojego życia tworzą latami. Dekady zaklęci są w jednej historii. Ciągle dłubią ten sam temat. Szaleńcy, którzy nigdy nie poczują satysfakcji. A dobrze jest poczuć satysfakcję. Choćby przez chwilę. Choćby przez ten ułamek sekundy, kiedy kłaniasz się na końcu i słyszysz brawa. Jak w seksie. Dobrze jest kończyć dobrze.

Ale są też tacy, którzy we wszystkim, co robią, znajdują tylko zajebistość. Pokazują ci coś tylko dlatego, żebyś ich pochwalił. Odporni na krytykę. W ten zły sposób. Oni każdy aspekt swojego działania traktują jak zwycięstwo. Wiecznie uśmiechnięci, wyprostowani, z dumą oglądający swoje nagrania sprzed lat, ciągle w białych skarpetach i zielonych marynarkach. Brr...

Im jestem starszy, tym większą zyskuję świadomość. To blokuje mnie w pracy. Myślałem, że będzie pomagać, ale nie. Widzę największych w branży i zastanawiam się, co ja w ogóle robię na scenie. Boski, pierwszy po powrocie, wspominany już przez nas special Dave'a Chappelle'a wgniótł wszystkich w fotel. Zbliżyć się do tego? To się wydaje niemożliwe. To inna galaktyka. 48.34

Każdy pisany teraz przeze mnie bit to chłystek.

Ostatnio odkryłem Richarda Pryora. Oczywiście znałem go wcześniej i jako najlepszy komik wszech czasów (tak zadecydowała grupa ludzi z Comedy Central – tego amerykańskiego, więc luz) nie mógł mi przecież umknąć, ale dopiero teraz pochyliłem się uważniej nad jego twórczością i życiem (Netflix, *bitch*!).

Mistrz!

Programy nagrane na przełomie lat siedemdziesiątych i osiemdziesiątych nadal mają w sobie energię, którą chcesz oglądać. Po tych prawie czterdziestu latach zestarzało się tylko kilka tematów. Sposób prowadzenia opowieści, odgrywanie, podawanie żartów i improwizacja z widownią – genialne! Byłem zachwycony i jednocześnie przerażony. Co zrobić, żeby ktoś, kto widział Pryora, Burra czy Stanhope'a, nie wyszedł z mojego występu po dwóch minutach...

GIZA PISZE

Jebać.

Trzeba działać, pisać, uczyć się i stawiać jakieś fundamenty, bo nawet jeśli nie my, to być może goście po nas będą prezentować światowy poziom. Może my jesteśmy tylko glebą, na której wyrośnie ziarno. My odpowiadamy za infrastrukturę, nawiązanie kontaktu z widzem i mediami. Tylko zakorzeniamy gatunek, a pierwszym komikiem w Polsce będzie Mateusz, który dziś grzebie w piasku na jednym z gorzowskich osiedli.

Chcielibyśmy dużo.

Ja bym chciał. Żeby komików szanowano. Żeby zajmowali się nami jak w Stanach. Żeby zapraszano nas do telewizji, kiedy trzeba skomentować jakieś ważne, bieżące wydarzenie. Żeby oddano czterdzieści pięć minut w *prime timie* i żeby cała Polska mogła oglądać co wtorek o 20.00 *Strefę Gizy* w TVN. Żebym dostał zaproszenie do prowadzenia Orłów, żeby Certina odezwała się z propozycją reklamy zegarków i nikt nie miałby problemu, że zegarek za 100 tysięcy reklamuje gość od śmiechu. Żebym musiał wszystkim odmówić, tłumacząc się brakiem czasu, bo kręcę własny serial dla Netfliksa.

Chciałbym.

Uwielbiam odmawiać ważnym skurwielom, którzy mają wrażenie, że za trochę hajsu i obietnicę popularności mogą cię kupić i władować w ten swój plastikowy świat, w którym jesteś maleńkim trybikiem, i kiedy przestaniesz robić, co chcą, jednym pstryknięciem zrzucają cię w niebyt. Chciałbym, żeby musieli się ze mną liczyć. Chciałbym być tak zajebisty.

Ile razy słyszałem rozmowy rozgoryczonych komików narzekających na telewizję i cały ten medialny kocioł, że nas nie chcą, że czemu w Polsce nie zatrudnia się stand-uperów do filmów czy seriali...

GIŻA PISZE

Odpowiedź jest prosta. Wystarczy obejrzeć kilka wykonów przeciętnych komików amerykańskich (którzy też jeszcze nie mają własnych programów), a potem najlepszych z nas.

Jesteśmy niegotowi.

Nie potrafimy jeszcze pisać pod telewizję. Nie potrafimy ustawić głosu, nie mamy dykcji, która jest jakimś minimum przy pracy z kamerą.

Ostatnia Gala Stand-upu wyglądała imponująco. Dźwięk, światło, tysiące ludzi w ogromnych halach. Śmiech przez bite dwie i pół godziny. Moc! Cokolwiek by mówić o takich spędach i przy całej miłości do klubów na sto pięćdziesiąt osób – było dobrze. Dopiero teraz, po latach działania, potrafimy powoli zająć scenę. Na inne pola potrzeba czasu, doświadczenia i samozaparcia. I kogoś, kto obdarzy nas zaufaniem. Że potrafimy. Że w Polsce też da się napisać dobry program komediowy do telewizji (właściwie do sieci, telewizja umiera – jupi!). A że nie mamy pięćdziesięciu lat tradycji* i ekip piszących ze składami liczącymi po dwadzieścia osób**? Na to trzeba czasu i cierpliwości. I pokory. Żeby jak najszybciej stwierdzić, że można lepiej. Bez białych skarpet.

* Chodzi mi o te rodzaje programów, które znamy z zachodnich stacji, a nie na przykład o Kabaret Starszych Panów mający zupełnie inną dynamikę i poetykę, i który, choć szanuję, nigdy nie był dla mnie wyrocznią.

** Tam ekipa złożona z dwudziestu osób pisze jeden program, a u nas jeden człowiek pisze dwadzieścia programów.

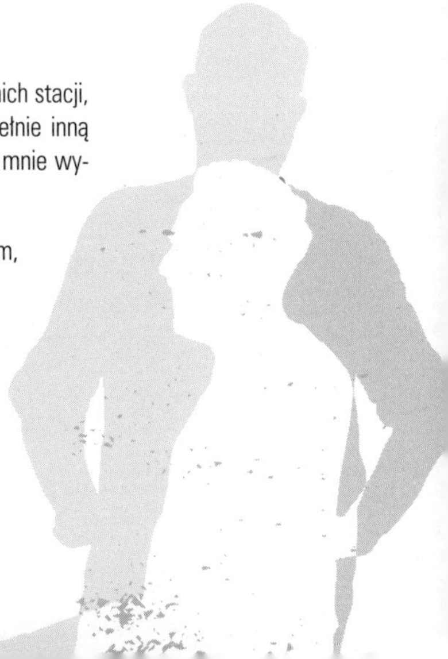

STRAMIK PISZE

Wspomniany Dave Chappelle powiedział ostatnio w programie Stephena Colberta, że Trump jest złym didżejem na dobrej imprezie! Czyż to nie cudowne?!

Ten sam Chappelle w niejednym wywiadzie mówił, że kocha swoje żarty i jest swoim ulubionym komikiem. Zastrzegł jednocześnie, że wielu komików myśli o sobie właśnie w ten sposób. Z czym bezsprzecznie się zgadzam. To jest przekleństwo jednostkowej świadomości, pierdolone ego.

„Komicy to egomaniacy" – tak powiadał, zdaje się, Marc Maron.

Pewnego razu postawiłem na blogu taką tezę, że wszyscy, którzy obecnie działamy w Polsce, jesteśmy bękartami stand-upu, a prawdziwe dzieci stand-upu dopiero nadejdą. Będą to osoby wychowane na polskim stand-upie. My nie mieliśmy takiego szczęścia.

Ja stand-up poznałem dopiero w 2010 roku. Nie miałem okazji zaczynać w wieku czternastu lat – jak Chappelle, który teraz obchodzi trzydziestolecie działalności. Dwa lata po tym, jak poznałem stand-up, ośmieliłem się zacząć. Miałem wtedy lat dwadzieścia dziewięć.

Dopiero te dzieci stand-upu będą prawdziwymi kocurami.

Chociaż to tylko teza. Może nie będą. Jednak wszystko wskazuje na to, że scena się rozwija. Jest coraz więcej różnorodności stylistycznej etc.

Nie może to pójść w złym kierunku. Bylebyśmy nie byli zbyt łasi na pieniążki. Bo one potrafią wszystko zniszczyć, oznaczają przecież łatwe rozwiązania.

Cytując tym razem Ciebie: „Tanie żarty przynoszą drogie życie".

Czy jakoś tak.

Ale myślę, że jest kilku prawdziwych idealistów, dla których wprawdzie pieniążki są ważne, jednak to scena (jej rozwój, działanie na niej, kombinowanie, eksperymenty, dbanie o społeczność stand-upową) znajduje się na pierwszym miejscu.

Trochę smucisz konia z tym niezadowoleniem. Dla mnie jesteś akurat przykładem typa, któremu wszystko przeważnie wychodzi.

Naprędce dodałem „przeważnie", bo gdzieś w trakcie kreślenia wyrazu „typa" przypomniała mi się pewna pełnometrażowa produkcja filmowa!!!

Ja jestem z kolei przykładem typa, któremu mało co wychodzi, a jak już coś się uda, to ma przy tym setki tysięcy wątpliwości.

Najnowsza rzecz: dałem dupy z tym tekstem, nie wyrobiłem się z napisaniem go na czas. A czasu miałem wystarczająco. Kilkanaście luźnych godzin. I zapomniałem.

Nawet planowałem, że napiszę go wtedy i wtedy, później jakieś rzeczy wydarzyły się w moim życiu prywatnym i trochę przez to tekst wyleciał mi z głowy.

Głupia sprawa, biorąc pod uwagę akcje, które wcześniej podejmowałem, żeby zdążyć. Tak często jest. Nawet w filmach czy serialach (pewnie głównie w filmach czy serialach nasza świadomość ma skłonność do usensowniania rzeczywistości chcemy oswajać chaos, nadając mu pozory porządku, traktujemy życie jak spójną, niepozbawioną sensu opowieść, podczas gdy to wszystko nie ma absolutnie żadnego sensu ani celu).

Dwa przykłady. Już wszystko było dobrze, przy tym sporo ekwilibrystyki, aby się udało. Jednakże wystarczyła chwila nieuwagi, drobne zlekceważenie z pozoru nieistotnego urażonego idioty z przeszłości, by przerwać żywot, który zdawał się wjeżdżać na właściwe tory. Przypomnij sobie, jak skończył się film *Życie Carlita*.

Wiem, że nie widziałeś do końca trzeciego sezonu *Fargo*. Mimo wszystko polecam. Jest tam taki cudny fragment o bezpośredniej przyczynie wybuchu pierwszej wojny światowej.

Pierwsza wojna światowa wybuchła przez kanapkę...

Po nieudanym zamachu na arcyksięcia Ferdynanda w Sarajewie
48.35 jego przyszły zabójca wybrał się do mięsnego, żeby zjeść kanapkę. Pod sklep podjechało auto arcyksięcia. Zamachowiec drugiej okazji już nie zmarnował.

Leżąc na kacu, jakieś dwie godziny przed upływem terminu, przypomniałem sobie.

Kurwa!!! Miałem napisać tekst! Lecz nie dałem rady wstać. Zrezygnowałem, wiedząc, że jestem jedną karę do przodu. Możesz teraz anulować swoją i będziemy kwita. Nie musisz robić dziary.

Albo...

Możesz wymyślić dla mnie jakąś karę. Zachować swoją. I trzepnąć sobie dziarę.

Wybieraj.

PS

W dodatku wszystko mnie napierdalało po tym crossficie. Do teraz napierdala...

GIZA PISZE

Jakoś zaczyna mi się układać w głowie pomysł na tatuaż w ramach tej kary, którą mi wymyśliłeś. Coraz mniej w nim Stramika, coraz więcej Idy i Mii. Zaczekam.

Co do wątpliwości – stąd mój poprzedni mejl. Też zawsze mam ich wiele w głowie. A że wychodzi – dziękuję. Może to właśnie przez nie.
I czy piszę stand-up, czy reżyseruję *Swing* (nazwijmy rzeczy po imieniu, by ostrzec czytelnika, he, he), zawsze próbuję to robić na 100 procent. Z miłości do pracy i z szacunku do widza. Dopiero z czasem łapię dystans i widzę, ile spierdoliłem. Tylko że o ile z materiałem stand-upowym możesz pracować cały czas – zmieniać, ścinać, dodawać i kleić – o tyle z filmem sprawa jest nad wyraz skomplikowana.
Po pierwsze, trzeba mieć jakieś pojęcie techniczne. Nagrany materiał to tylko element całości. To tylko jeden z etapów. Tak naprawdę film powstaje na montażu. Kiedy jesteś gościem znikąd i uczysz się tego na podstawie własnych błędów, to albo jesteś Quentinem, albo potrzebujesz lat i wielu prób na ogarnięcie tematu. A Quentin jest jeden. 48.36
W stand-upie łatwiej wejść na znośny dla widza poziom. Jeśli masz charyzmę, to braki w dykcji czy oświetleniu łatwiej zostaną ci wybaczone. A ekran jest bezwzględny.
Jeszcze inna ważna różnica – stand-up jest tani. Film wymaga inwestycji. A budżet to straszny skurwiel. Wiecznie za mały. W głowie miałeś płonące miasto. Stać cię na płonącą szopę. Nakręciłeś tylko płonące okna, a na montażu okazuje się, że masz tylko kawałek tlącej się framugi. Kompromisy na każdym kroku. Oczywiście im więcej wiesz, tym lepiej się przygotujesz i tym mniej będzie później niespodzianek. Ale fakapów nie da się uniknąć.
Myślałem, że tylko amatorzy wbiegają na ulicę i kręcą coś na nielegalu, nim przejedzie kolejny samochód, a profesjonaliści tę ulicę zamykają. A potem słyszałem, jak Alejandro González

GIZA PISZE

Iñárritu kręcił *Babel* – hollywoodzką produkcję z Bradem Pittem i Cate Blanchett – i w Tokio potrzebowali ujęcia właśnie na ulicy. A że nie dostali zezwolenia na jej zablokowanie (co jak się o tym pomyśli, w Tokio wydaje się dość oczywiste), to zrobili to jak ja w *Wożonku* na gdańskim Przymorzu piętnaście lat temu.
Ciekawe, że cokolwiek zrobisz, niezależnie od tego, jaki będziesz miał budżet i przygody na planie – widzów zawsze interesuje tylko efekt. Czasem rok albo dwa twojej pracy ludzie po seansie podsumowują krótkim: „chujnia" albo – i to jest chyba jeszcze gorsze – „łe".
Takie święte prawo widza.
Sam tak robię.

48.36

Niedużo mądrzejszy, zesrany ze strachu, ale znowu pełen werwy i podniecenia, ponownie wsiadam do tego autobusu. Już za niecały tydzień. 20 sierpnia ruszamy ze zdjęciami do *Kryzysu*. Nie będę się tu rozpisywał na temat fabuły i samego projektu, bo przecież wiesz, czytałeś scenariusz (ba, grasz w tym!), a jeśli ktoś śledzi tę naszą korespondencję, to też prawdopodobnie dotarł już do tych czterech odcinków, do których aktualnie się przymierzamy (czuję się dziwnie, pisząc do ludzi w przyszłości). Wierzę, że są gotowe i już hulają po sieci („hulają" jest zbyt na wyrost, bo fabuła tu raczej niszowa, dla fanów stand-upu, może komików).
Boję się strasznie. Poswingowe demony wracają. Na scenie od 2013 roku zrobiłem postęp, choćby przez samą praktykę, ale do pracy z kamerą nie było zbyt wielu okazji. Niby świadomość i doświadczenie większe,

GIZA PISZE

ale... Już samo to, że chcę zrobić polską wersję *Louiego*, skazuje na porażkę. *Louie* jest genialny i mało co w światowej telewizji może się z nim równać. Poza tym polskie wersje czegoś są zawsze złe. Zawsze.
Z drugiej strony świat przecież nie wybuchnie. Jak się inspirować, to najlepszymi.
Poza tym w polskim stand-upie pojawiły się sceny, kluby, grupy, imprezy cykliczne. To może czas na zabawę kolejnym elementem tej kultury? Przecież za oceanem seriale pisane przez komików o komikach są na porządku dziennym.
Pierwsze koty za płoty.

Uwielbiam taką interdyscyplinarność. Nie ma miejsca na nudę i rutynę. Oczywiście, gdyby się skupić na jednym, dużo szybciej można osiągnąć zadowalający poziom, ale właśnie pisaliśmy o zadowoleniu i o tym, że i tak prawie nigdy się go nie osiągnie. Więc walić to.
Czas zakasać rękawy.
Zobaczymy, co będzie.

PS Czytające to sukinsyny już wiedzą, jak wyszło. Zazdroszczę!

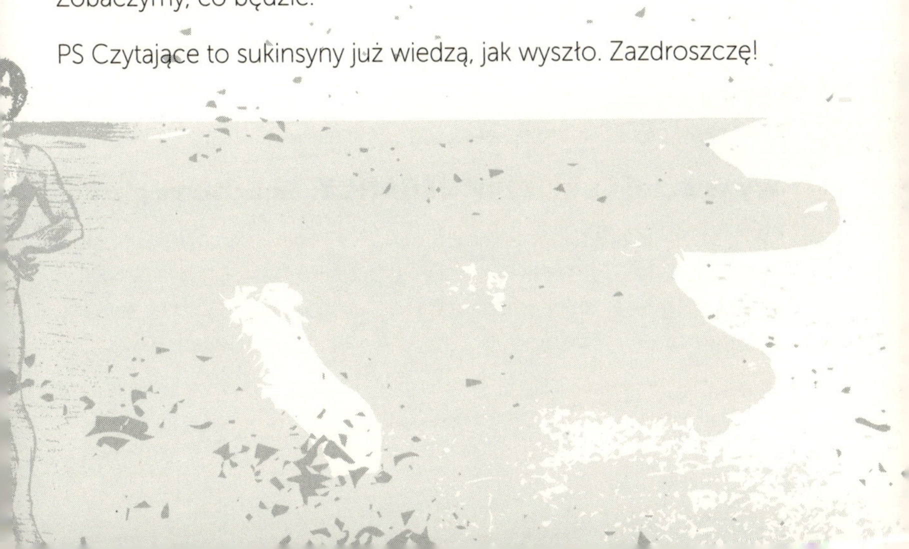

STRAMIK PISZE

Naprawdę wierzę w *Kryzys*; dobrze i lekko napisane, z wyczuciem komediowym. Ciekawe właśnie, czy będzie interesujący dla niedzielnych fanów stand-upu. (Bo o ludziach, którzy mają stand-up kompletnie w dupie, w ogóle nie myślę). Podejrzewam, że może być dzięki igraniu z wizerunkami komików, nabudowywaniu nowych postaci na tym, a co już zostało zbudowane, a co nie zawsze – i to fascynujące – stanowią tak zwaną PRAWDĘ o nich.
Czyli ten aspekt, który dobitnie działa w przypadku *Louiego* i innych, mu podobnych produkcji.
Tylko właśnie cholera wie, jak to wszystko wyjdzie w tzw. PRANIU.

48.37

Gram w tym, „jaram się", a jednocześnie myślę sobie, że nie mam zbyt dużego doświadczenia w graniu. Robię to na scenie, też igram ze swoim wizerunkiem, tworzę się niejako od nowa, zawsze nieco odbiegając od tej PRAWDY o sobie, czymkolwiek by ona była.

Najlepiej w tym przypadku być sobą-nie-sobą. A zatem budować, trochę tak, jak to się robi na scenie – być tym, kim inni myślą, że się jest. Wmawiać ludziom (i trochę sobie) dalej, że jest się tym, kim się zaczęło wmawiać ludziom (i trochę sobie), wchodząc na scenę. Łatwo powiedzieć. W zasadzie trudno, gdyż to zdanie nieco zagmatwane, ale wiesz, o co mi chodzi.

Wy też wiecie. Ludzie to czytający. Co więcej, jak mówisz, oni rzeczywiście już wiedzą, co z tego wyszło.

Wy wiecie! Sukinsyny. JEBAŃCY. Smucikonie pierdolone.

Film to rzeczywiście wielowarstwowa, niewiarygodnie trudna materia. Bardzo podziwiam reżyserów, tym bardziej osoby w rodzaju Tarantino, które kreślą całą wizję produkcji, łącznie ze scenariuszem. Wieloaspektowa robota dla prawdziwych wizjonerów.

Przy czym zabawne, iż w przypadku filmów rzeczy są inne, niż mogą się wydawać. Kiedyś pracowałem w gazecie festiwalowej, która działała przy koszalińskim festiwalu debiutów Młodzi i Film. Jakiś typ, mocno wkręcony w biznes kinematograficzny, powiedział mi, że na przykład Konrad Niewolski, reżyser *Symetrii*, był kompletnie nieudacznym reżyserem i praktycznie cały film zrobił za niego operator.

Montaż – jak powiadasz – jest bardzo ważny. Patrz: motyw z wersjami reżyserskimi filmów, często lepszymi od wersji producenckich. Nie tylko zresztą decyduje montaż. Są jeszcze interesy wytwórni, niekompatybilne z aspiracjami twórców.

Z ostatnich przykładów można przywołać chociażby *Suicide Squad*. Bardzo liczyłem na ten film. Mający przedstawić zbiór antybohaterów, zbrodniarzy, którzy na zlecenie rządu mieli walczyć z jeszcze większymi niż oni złoczyńcami. To miał być mroczny, smutny film na podstawie komiksu. W tym tonie był pierwszy trailer. Niestety wytwórnia zdecydowała się obniżyć kategorię wiekową, żeby trafić do większej publiczności i zarobić więcej hajsu.
Ostatecznie zrobiono z tego kolorowe, chaotyczne gówno, przemontowano, dodano jakieś głupie wstawki. Wycięto mnóstwo scen z Jokerem. Szkoda.

Z dawniejszych przykładów, Chappelle opowiadał o swoich *Żółtodziobach*, że to był popierdolony, mocny i jednocześnie w dobrym tonie śmieszny scenariusz. Zrobiono z tego jednak przeznaczony dla dzieciaków film o jaraniu zioła.
(Wracając – tak na marginesie – do Niewolskiego. Nie tylko w filmie bywają takie rzeczy. Według

niepotwierdzonych do końca źródeł, żona Władimira Nabokowa generowała znaczne fragmenty jego książek. Ciekawa rzecz. Zwłaszcza w przypadku twórcy uchodzącego za literackiego geniusza).

Na szczęście *Kryzys* jest robiony bez możnych świata filmowego nad głową. Przez co jedyne ograniczenia to te natury finansowej.

Na szczęście II nie potrzeba chyba na tę produkcję milionów...

Louiego rzeczywiście nic nie przebije. Po nim zaczęły powstawać podobne produkcje. Na przykład *Maron*, o którym sam Maron mówił, że to taki „not-Louie".

Ostatnio świetny *Crashing*.

Ale chuj tam. Nie ma się co przejmować. Róbmy swoje, działajmy. Dziarajmy się, Abelard.

Ja sobie maluję na skórze rzeczy związane z moim życiorysem, jego etapami, działalnością stand-upową czy szerzej (zahaczając o tę interdyscyplinarność komediową i nie tylko) artystyczną. Każda dziara coś znaczy.
Powoli staję się niczym ten typ z superfilmu *Memento*, który co chwilę wszystko zapominał i dziarał sobie wskazówki odnośnie do siebie i swojego położenia.
Pierdolić brednie w stylu: „Przecież to na całe życie".

Posługując się słowami poety:

„Wnet i tak zginiemy w zupie".

GIZA PISZE

Wczoraj Daria opowiedziała mi o pewnej rodzinie.
Matka od lat opiekuje się dwoma synami – już dorosłymi. Obaj chorują na porażenie mózgowe, jej mąż ma zaawansowaną cukrzycę, a córka – ich jedyna nadzieja – zmarła. Jakieś straszne kombo. Pani Grażyna myślała o samobójstwie, ale ostatecznie stwierdziła, że przecież nie może zostawić reszty na pastwę tak okrutnego losu.
Oceniaj, jak chcesz, ale mam wrażenie, że przy pani Grażynie Hiob to jakaś niemożebna cipa.

Tego samego dnia my narzekaliśmy na naszą pierwszą czwórkową wyprawę do Gdyni. Na obiad w drogiej knajpie, na dwa auta, z dwiema zdrowymi, cudownymi córami. „Że się tak zasapaliśmy...".

Choćby partia Razem i Jezus Chrystus połączyli swe siły, to i tak nie będzie równości na tym świecie. I nie o równości chcę tu rozprawiać, ale o pytaniu, które zadała moja ukochana żona: czy nie warto zagrać w reklamie i przekazać tak udręczonym ludziom jakiejś sensownej sumy, żeby pomóc. Żeby święta matka Grażyna z Kalkuty kawę w spokoju mogła wypić. Jedną chociaż. Wiadomo, że nie każdej Grażynie pomożesz, bo jest ich wkoło milion. Ale skoro już o tej jednej wiesz...? 48.38

I zacząłem się zastanawiać.
Nienawidzę reklam. Pieniądze, które za nimi stoją, zawsze wydawały mi się obślizgłe i śmierdzące. *Pecunia non olet*. Starożytne pierdolenie.

Mam wrażenie, że jeśli komik mówi, że poleca ten i ten majonez, to automatycznie traci też wiarygodność, kiedy próbuje rozprawić się z niesprawiedliwością społeczną albo jakimś poważnym problemem.

Ale...

GIŻA PISZE

Skoro za dzień pracy można przytulić kilkadziesiąt, jak nie kilkaset tysięcy złotych... I skoro w zamian za publiczne stwierdzenie, że „czekolada z okienkiem jest boska" (bo czy nie jest?), można odmienić czyjś los?

Bill Hicks mówił o zaprzedawaniu duszy diabłu.

Sam ileś razy zaprzedałem ją redaktorom z TV. Przez lata w takim układzie czułem się jak więzienny cwel. Potem nauczyłem się to wykorzystywać. Ze wzrostem swojej pozycji na rynku mogłem coraz lepiej kontrolować stawki, warunki i częstotliwość szołbizowego dymanka. Przyjąłem to jako oczywisty element mojego zawodowego życia. Nadal uwierał – ale rzadziej.
Właściwie o tym zapomniałem.

Tak jak świat zapomina.
48.38 Weźmy na przykład pierwszy odcinek genialnego serialu *Black Mirror*.
Jak po roku ludzie patrzyli na swojego premiera? [uwaga: spoiler]
Świat zapomina.
Ja prawie zapomniałem o Sokołowym dezodorancie, a przecież mówiliśmy o tym kilka mejli wcześniej (no i sam przyznałeś, że to była dobra reklama).

I czy jest różnica między majonezem, czekoladą z okienkiem a Lexusem...?

Śmieszne jest to nasze teoretyzowanie. I taka kategoryczność w osądach i podejmowaniu decyzji.
Ale czemu nie, bawmy się!
Zagrałbyś w reklamie? W jakiej? Jaki produkt – oprócz używek – mógłby reklamować Jacek Stramik?

PS „Kryształy – *connecting people*!".

STRAWIK PISZE

Ostatnio Marta (wiesz która) opowiadała mi o swoim marzeniu: wspólnie z Markiem, swoim przyjacielem (i właściwie takim przyszywanym bratem), po śmierci ich rodziców chcieliby zatrudnić pielęgniarki, które podawałyby im heroinę, aż umrą.

Jako człowiek, z którego zdaniem (o dziwo) kilka osób w rodzimym „biznesie" się liczy, mówię Ci: bierz reklamę. I zapytuję: czyżby przychodziły jakieś intratne oferty?

Warto, zwłaszcza w dobrym celu.

Popieram.

Ja w życiu najbardziej lubię sranie, ćpanie, pisanie, stand-up, jedzenie, seks. Mniej więcej w tej kolejności. Na pewno seks na końcu. Nigdy nie był dla mnie priorytetem. Jak wspominałem kilka wiadomości temu, przeważnie spotykają mnie na tym tle jakieś niezręczności.

48.39

Muszę mieć osobę, której ufam. Przy której czuję się bezpiecznie i komfortowo. Inaczej w ogóle zanika mi libido, mam problemy ze wzwodem.

Czyżbym był kobietą?

A zatem: papier toaletowy; narkotyków reklamować nie można, więc ewentualnie jakiś alkohol; na reklamę pisania i stand-upu nie mam pomysłów; żarcie też nie za bardzo wiem jakie (lubię śniadania i restauracje), do tego jakieś prezerwatywy czy akcesoria seksualne.

Podam Ci przykłady ze Stanów. Marc Maron w swoim podcaście reklamuje na przykład sklep internetowy z różnymi zabawkami do wykorzystania w sypialni.

Norm Macdonald u siebie z kolei poleca jakieś aplikacje do czytania prasy.

Spoko.

Mediów nauczyłeś się używać. Tak jak zalecali nawet najwięksi buntownicy. W tym właśnie Hicks, który do większości występów telewizyjnych musiał wybierać swój najłagodniejszy materiał. Używał tego, by zachęcić ludzi do zapoznawania się z jego twórczością klubową, pozbawioną telewizyjnego spętania nakazami i zakazami.

Przykład filmowy: Steven Soderbergh kręci te czysto komercyjne filmy *Ocean's Eleven* i inne, żeby zarobić na bardziej „ambitne" projekty, do których dokłada.

Jest mnóstwo innych przykładów, które można mnożyć. Ale w tej chwili jestem nieco zmęczony. Nie pytaj o powód. Zresztą doskonale go znasz...

Na koniec chcę tylko potwierdzić. Bawmy się, zarabiajmy. Wykorzystujmy pieniądze w dobrych celach. Nawet jeśli jednym z nich miałoby być utrzymanie własnego komfortu psychicznego (i nie chodzi w tym momencie akurat o używki, tylko o jakiś spokój, który pozwala myśleć, że nie skończymy pod mostem).

Moja ostateczna odpowiedź: papier toaletowy.

GIZA PISZE

Żaden kontrakt reklamowy się nie szykuje. Nie ustawia się do mnie kolejka firm z propozycjami biznesowymi. Pytałem, by zostawić sobie w głowie otwartą furtkę. Żeby nie przegapić okazji i z samego założenia nie wetować takiej opcji.
Zobaczymy. Mam glejt od Stramika. To się faktycznie liczy w tej branży.
Ale raczej nie będę kojarzył się reklamodawcom z sukcesem i mocą. Myślę, że prędzej zobaczysz mnie w reklamie Lotka albo Grubego Wioora – którym kibicuję. Jak wszystkim. Jakikolwiek sukces (również ten komercyjny) jednego komika to w jakimś sensie sukces całej branży.

Tak jak się spodziewałem, prędzej czy później musiał się między nami pojawić temat srania. I dobrze. Byłoby nienaturalne, gdybyśmy go pominęli.
Również w moim panteonie przyjemności czynność ta jest w ścisłej czołówce. Nawet poświęciłem jej dość spory fragment w swoim najnowszym programie. 48.40
Ciekawe, kiedy wyjdę z nim na scenę. Już się nie mogę doczekać.
Jest czwarta z minutami. 20 sierpnia. Za kilka godzin jadę na plan *Kryzysu*.
Ida ma miesiąc. Każda ostatnia noc to jakieś cztery godziny snu. Wstaję, żeby zdążyć. Lubię pracować. Bardzo.
To jest dobry rok. Wrzuciłem *Proteusa* do sieci. We wrześniu wrzucę *Ludzie trzymajcie kapelusze*. W tym czasie będę montował *Kryzys* i dojeżdżał na plan filmu, który powstanie na bazie scenariusza, w którym maczałem paluchy. Cały czas piszę nowy program, którego tytuł chyba będę musiał wymyślić sam, bo Mia tym razem zaproponowała nazwę: *Superczpisy*.
No nie wiem...
Dzieje się.

Ciekaaaaaaaaaaaaaaaaaaaaaaaaaaaaa

GIŻA PISZE

Aktualizacja.
Zasnąłem, pisząc tamto.
21 sierpnia. Jesteśmy po dwóch dniach zdjęciowych do *Kryzysu*.
Godzina 22.01. Oko mi się zamyka. Trzeba spać.
Dlatego bardzo krótki raport.
Zdjęcia planowo zaczynamy i planowo kończymy. W kinie mikrobudżetowym (bo niskobudżetowe to pewnie jakiś milion) to sukces. Nikt na nikogo nie krzyczy, wszyscy zaangażowani na sto dziesięć procent. Atmosfera super.

Jak wyniki? Nie wiem. Jestem bardzo ciekaw. Boję się najbardziej o siebie. Reszcie ufam, lubię i szanuję. A wiesz, jak to jest z tą sympatią. Każdy, kogo nią darzysz, zyskuje kredyt, który czasem skrzętnie wykorzystuje na scenie. Gra zły set, a Ty i tak znajdziesz zawsze coś, co uznasz za warte uwagi. „No stary, świetne sznurówki! Idźmy się napić!". Przyjaciołom wybacza się więcej. A jeśli ktoś nas irytuje, musi przejść przez zasieki wątpliwości, żeby chociaż zwrócić na siebie uwagę.

Kryzys muszę pociągnąć sobą, a nigdy nie robiłem jeszcze nic po obu stronach kamery.
To na pewno duża lekcja. Czy ją odrobię? Czy cokolwiek z niej wyciągnę? Czy to się da oglądać? Nie wiem... Chcę, żeby tak było.
I chcę spać.
Dobranoc.

STRAMIK PISZE

Pełna zgoda. Przyjaciołom wybacza się więcej. A propos. Widziałeś Grubego Wioora „Zaczynam rozumieć", w którym mówi m.in. o rzucaniu „Murzynce" i „Murzyniątkom" kiełbasy za głowę w Dubaju?

„Tak jak czasem rzucamy psu!".

I ludzie, kurwa, klaszczą zachwyceni!
To z pewnością ci sami ludzie, którzy zabili Jezusa i spowodowali Holocaust.

Nie chcę mieć z nimi nic do czynienia. Nie chcę, żeby tacy ludzie wypowiadali się na temat stand-upu czy sztuki. Bo dla mnie to już sztuką nie jest.

Trzeba zdać sobie sprawę z tego, że w Polsce mamy obecnie mnóstwo osób o poglądach prawicowych, konserwatywnych etc. Tych, które nie dostrzegają niczego odrażającego w prezydencie Trumpie. Ci ludzie będą z Paczesiem.

Zgroza.

PS

Teraz mam przerwę w pisaniu bloga (jakoś mi się nie chce tego robić; w dodatku zobacz, jakie niewesołe diagnozy musiałbym stawiać), to przynajmniej tutaj mogę się wyżyć.

GIZA PISZE

A ja chyba nie mam problemu z takimi żartami: rasistowskimi, szowinistycznymi, antysemickimi czy anty-Gizowymi. Mam problem ze słabymi. Jak mnie rozbawi żart rasistowski, to się zaśmieję.
I tyle. Nie pójdę wieszać żadnego Somalijczyka.
Ty masz luz, żeby drwić z uczuć religijnych – ktoś inny może drzeć łacha z praw człowieka... Pewnie widzisz różnicę („religia to gówno!"), ale ja nie bardzo.

Żart zawsze kogoś zaboli.

Ale kiedy jest dobry, a Ty umiesz myśleć, to boli mniej i więcej mu wybaczasz. Jak kumplowi na scenie.
A czy jest dobry, czy nie, to już jest rozmowa o gustach? Wolisz pomidorową czy szczawiową? „Jebać pomidorową! Wszystkie prostaki, które lubią makaron, powinny umrzeć!". „Jajko w zupie?
48.42 Żenada!". E tam, szkoda czasu.

Nadal trzymam kciuki za wszystkich. Zwłaszcza za kumpli. Ich lubię.

Nie lubię szczawiowej.

Gdyby szczawiowa miała zniknąć z powierzchni ziemi, pewnie bym nawet nie zauważył.

Właściwie nie zauważyłbym pewnie niczego, co wydarzyłoby się w tym tygodniu. Bo kręcimy. Papież mógłby napaść na Rosję. Sam. Wysmarowany dżemem. Nie zorientowałbym się. Od rana do nocy z bandą zajebistych ludzi robimy serial.
To brzmi dumnie. Strach zniknął. Teraz jest tylko plan zdjęciowy. Prawie nie śpię, ale jaram się okrutnie. Gdyby nie to, że wczoraj

miałem sceny z innymi komikami (i to, że odbieram od Ciebie SMS-y raz na dobę), nie wiedziałbym, co takiego strasznego na swoim Facebooku napisał Cejrowski. A napisał, że w Polsce jest dwóch stand-uperów. Bałtroczyk i on. A cała reszta to nieśmieszni i wulgarni uzurpatorzy.
No. I co?
W środowisku zawrzało.
Jezus Maria... Kogo to, kurwa, obchodzi, co napisał Cejrowski!?
Czy widzowie stand-upowi, którzy do tej pory przychodzili na nasze występy, przestaną?
Czy Piotr Bałtroczyk nie zaśnie teraz, podniecony tym wyróżnieniem?
Czy może boli nas prawda? Jedna z tysiąca prawd na temat tego, co robimy.
Kilka lat temu zaprosiliśmy Łonę do jury stand-upowego festiwalu i on odmówił. Wtedy mnie zabolało. Pomyślałem: szkoda wielka, że ten inteligentny kumaty gość ze świetnym poczuciem humoru mówi, że stand-up to nie jego bajka.
Ale dziś...
Szósty dzień zdjęciowy!

PS Do jutra, widzimy się na planie!

STRAMIK PISZE

Nie ma czegoś takiego, jak dobry żart **rasistowski**, Abelard!

To tak, jak powiedzieć, że jestem fanem piosenek disco polo, o ile są dobre!

Jest dobry żart zabawiający się społecznym postrzeganiem rasizmu na przykład. Pisałem już o Sarah Silverman, która robiła swego czasu takie rzeczy wcieleniowo, trochę udając durną Amerykankę. Mówiła chociażby, że według niej Jezusa zabili... czarni.

Etc.

Albo, nawet znajdę Ci w oryginale: „I dated a guy who was half-black, but he dumped me because I'm such a loser. Wow,
48.43 I shouldn't say things like that, I'm such a pessimist... he's actually half-white".

Przy tego rodzaju żartach ważna jest intencja mówiącego. Chociaż jakość także. Prawdziwie rasistowskie rzeczy są proste, by nie rzec – prostackie.

A wiesz, na czym polega różnica między drwieniem z religii a drwieniem z koloru skóry? Jest bardzo prosta. Religię sobie wybieramy, możemy ją odrzucić, kroczenie z nią przez życie to wybór, według mnie niezbyt mądry. Z kolei rasy nie wybieramy.

Chyba że jesteśmy Michaelami Jacksonami.

U podstaw drwienia z religii stoi ateizm. U podstaw drwienia z rasy – rasizm. Z ateizmu nigdy nie wynikły żadne dziejowe tragedie. Z rasizmu: a i owszem.

Nie można powiedzieć, że środowisko oburzyło się na słowa Cejrowskiego.

STRAMIK PISZE

Na forum dyskusyjnym, na którym głównie wypowiadają się open-micerzy, wywiązała się raczej dyskusja, której najgorętszym elementem była zaczepka Czarka Jurkiewicza, piętnującego Rafała Paczesia.

Pacześ odpowiedział dosyć agresywnie. Ku uciesze obserwujących. Pierwsza jawna eskalacja jakiegoś konflikciku w „środowisku".

Jebać to „środowisko". Ja mam kilka osób, którym ufam. To wystarczy. Są nawet funkcje rodzinne. Błażej to chrześniaczek, Kołecki – synek, Boras – wujek Kołeckiego. Do tego jeszcze kilka osób. Jest ich niewiele.

> Ogólnie chyba w Polsce jest ciągle niewielu stand-uperów.
> A stand-uperek to już jak na lekarstwo.
> Właściwie ile ich jest?
> Wymień wszystkie polskie stand-uperki.
> Pacześ na to pytanie odpowiedziałby milczeniem. Albo jebnął coś seksistowskiego.

48.43

(Właśnie jadę pociągiem do Gdańska na Twój plan. Spoko pociąg, klimatyzacja, dużo miejsca na nogi. Pewnie nie byłoby takich pociągów, gdyby myślenie, że „Murzyni" są podludźmi, było oficjalnie akceptowalne. Chyba że w III Rzeszy, która – gdyby Hitler wygrał wojnę – funkcjonowałaby jak w zegarku. Lecz bez różnic rasowych, zlikwidowanych za sprawą masowych mordów).

GIZA PISZE

Samochodem jedzie Murzyn i Meksykanin.
Kto prowadzi auto?
Policjant.

Co to jest: czterech Murzynów na plantacji bawełny?
Stare, dobre czasy.

O.
To mówisz, że nie ma rasistowskich kawałów? Moim zdaniem te dwa są rasistowskie. Wykorzystują i pogłębiają stereotypy.
No i?
Zaśmiałem się.
Nie żebym się kulał ze śmiechu czy bawił lepiej niż na Stanhopie – na którym byliśmy razem. Ale konstrukcja mnie zaskoczyła i spowodowała uniesienie kącika ust. Czy to znaczy, że chcę teraz zmasakrować jakiegoś obcokrajowca, albo uważam, że biała
48.44 rasa jest lepsza? A może jestem idiotą i prostakiem? Może...

Często żart to wyolbrzymienie. Od banałów rekwizytowych w rodzaju wielkich nożyczek u fryzjera po piętrowy, metaforyczny żart z zawsze hałaśliwego zabierania śmieci (w pierwszej scenie bodajże drugiego sezonu *Louiego* śmieciarze najpierw jak zwykle hałasują pod oknem, ładując śmieci, kiedy C.K. śpi, potem zaczynają się rzucać kubłami, a na końcu hałaśliwie wskakują mu przez okno do mieszkania i rozpieprzają cały pokój).
Stereotypy to też jakiś zbiór wyolbrzymień, skojarzeń i uproszczeń.
Czy nie to właśnie wykorzystujemy do budowania żartów?
Uogólnienia są złe, jeśli wypowiadamy je na poważnie. Kiedy na przykład naprawdę myślisz, że wszyscy księża to pedofile (co sądzisz, Jacku?).

GIŻA PISZE

Ale:

a) skądś one się biorą (czy krąży gdzieś stereotyp o tym, że Norwegowie to gorący kochankowie, a Niemcy to naród leniwy? Na pewno istnieje jakiś Olaf, który potrafi doprowadzić do ekstazy nie jeden fiord, ale mimo wszystko „gorący kochanek" kojarzy się z Włochem lub Hiszpanem. Co jest pewnie krzywdzące dla Olafa, ale GENERALNIE rzecz biorąc...

b) jak bardzo trzeba być głupim, żeby myśleć, że WSZYSCY Cyganie kradną albo wszyscy członkowie ZOMO byli podli. Czytałem ostatnio historię esesmana z Auschwitz, który uratował wiele osób, a był tym, kim był, bo bał się jechać na front i robił wszystko, żeby przeczekać wojenną zawieruchę w ciepłym i suchym miejscu (dziwne to przymiotniki w zestawieniu z Auschwitz, ale w porównaniu z okopami...).

Tak jak wspomniałeś – kluczem jest intencja. Co żartujący ma na myśli? Ja nie wiem. Nie jestem w stanie wejść w mózg żadnego komika. Może typ mówi światłe, feministyczne rzeczy, a potem napierdala w domu żonę? Czy tu intencje są spoko?

Moją intencją w bicie o Żydach było zupełnie co innego, niż potem czytałem w komentarzach.

Tak czy inaczej... To wciąż są tylko żarty.
Tylko żarty.
Nie sądzę, żeby to żarty kierowały kimś, kto kogoś pobił, okradł, zgwałcił i opluł.
Musisz mieć w sobie coś zepsutego, żeby zrobić krzywdę drugiej osobie.
Musisz być smutny, samotny, niewykształcony, zły, niewyspany albo po prostu głupi...

STRAMIK PISZE

Chyba się nie rozumiemy. Być może problem wynika z nomenklatury.
Nie pochwalam żartów rasistowskich, które mają na celu pokazanie, że osoba o odmiennym kolorze skóry jest gorsza, a opowiadający jest lepszy.

Pochwalam żarty zabawiające się społecznym postrzeganiem rasizmu.

O, i teraz dotarłem u Ciebie do zdania: „Uogólnienia są złe, jeśli wypowiadamy je na poważnie".

I to jest też klucz do naszego wzajemnego zrozumienia. Ważne, kto mówi i jak mówi oraz do kogo. Czy będą to wyborcy Trumpa, czy obamowcy.

48.45

Jeśli ci pierwsi, to można jebać proste rzeczy o Murzynach i bawełnie. Niczym Daniec o Whitney Houston. Do polactwa wierzącego, że Polska to coś więcej niż po prostu jeden z krajów świata. Jeżeli ci drudzy, to można nieco bardziej pobawić się niuansami.

Ja nie lubię stereotypów, dlatego unikam mówienia „my chłopacy, wy dziewczyny, my Polacy, wy Niemcy". Dla mnie istnieje człowiek, w całej swojej chujowości! Rodzaj ludzki, który zasługuje na pogardę!!! Czy biały, czy czarny, czy żółty, czy brązowy.

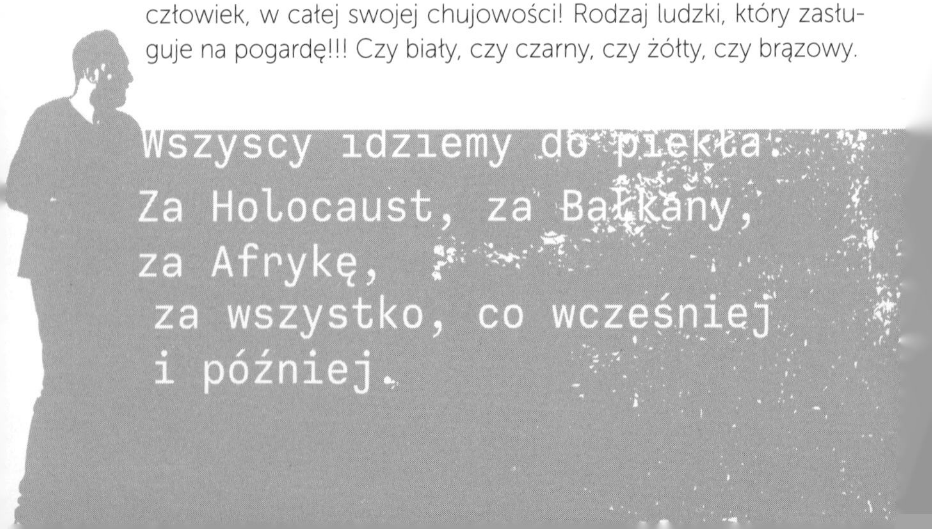

GIZA PISZE

Hmm... Chyba nadal nie kumam...
Już nie wiem, co to żart rasistowski.

Przecież jadących samochodem Cygana czy Murzyna ze wspomnianego dowcipu możemy interpretować dwojako. Albo jako wykorzystanie stereotypów i ich rozpowszechnianie, albo jako zabawę nimi. Takie wykorzystanie stereotypów jest śmieszne. Przynajmniej dla mnie. I nie prowadzi do niczego złego.

Mnie dziś – jak już kiedyś mówiłem ze sceny – bolą czyny, a nie słowa. Czyli wracamy do tego, kto żartuje, w jakim kontekście i czy żart jest słaby, czy nie. I do kogo on trafia. A nad tym nie ma kontroli.
Wrzuciłem wczoraj kawałek o uchodźcach. Wychodzi na to, że jestem anty. I prawa strona odżyła, bo już prawie straciła we mnie wiarę. A ja mówię tam tylko o tym, że grupa ludzi, która próbuję się u nas zatrzymać, powinna się zacząć wewnętrznie kontrolować. Bez tego wszelkie regul...

Po co właściwie to tłumaczę. Powiedziałem, co powiedziałem. Wyrzuciłem to w przestrzeń i straciłem nad tym kontrolę. Każdy zinterpretuje to po swojemu. Zgodnie ze sobą, ze swoim doświadczeniem i światopoglądem.

Lubię pluralizm. Mam luz, żeby na weselu skakać do disco polo.

GIZA PISZE

A może dla dobra stand-upu warto walczyć o jego czystość? O tylko jeden słuszny kierunek. Eliminować wszystko, co niezgodne z linią Rady Komików. I za rok zrobić „noc długich noży".

Zamknęliśmy wczoraj główny etap zdjęć do *Kryzysu*. Zostało nam jedno ujęcie na Mariusza Kałamagę – który zgodził się wystąpić. Gra siebie zakochanego w telewizyjnych show. Czyli właściwie nic nie gra. Szacunek za dystans. Ludzie telewizji nie lubią niczego, co psuje ich idealny obraz. Na szczęście Mariusz ma jeszcze w sobie nieobsiane cekinami pole w serduchu i do gwiazd przez duże „gie" trochę mu brakuje. A umówmy się –

zdecydowana większość telewizyjnego firmamentu to gwiazdy przez naprawdę duże „gie". Duże i rzadkie „gie".

48.46

Dlatego odechciało mi się robić roastów w telewizji.
Kiedy dowiaduję się z pierwszej ręki, że większość osób postrzegana jako wyluzowane i obrazoburcze okazuje się pizdami z bólem dupy większym niż ego Edyty Górniak, to tracę wiarę w to, że możemy kiedyś choćby otrzeć się o rozrywkę zza oceanu.

Chciałem jakoś spuentować, ale spojrzałem na zegarek i muszę iść.

PS A dobry kawałek disco polo to *Jesteś szalona*. Według mnie. Fajnie huśta nogą.

STRAMIK PISZE

Ja natomiast reaguję tak, jak nakazuje mi moja lewackość, czyli zbiór określonych wartości. Wśród nich nakaz nieponiżania osób o odmiennym kolorze skóry. A żarty rasistowskie to właśnie mają na celu. Takie mam wrażenie. Taka jest moja optyka.

Też jestem za pluralizmem. Dlatego na scenie koszalińskiej, którą współtworzę, występowali, występują i będą występować ludzie z różnych obozów. Niedawno występował tam również Rafał P. Kiedy przedstawiał fragment o Dubaju, żartowałem, że zaraz zgłoszę jego i ludzi, którzy się z tego śmieją, do Ośrodka Monitorowania Zachowań Rasistowskich i Ksenofobicznych.

Co do polskich gwiazd, ale również tak zwanych zwykłych ludzi z tego kraju: na bazie obserwacji i doświadczeń mogę stwierdzić, że ten osławiony „dystans", zarówno u większości celebrytów, jak i niecelebrytów, nie istnieje.

Weźmy chociażby Kubę Wojewódzkiego jawnie wkurwiającego się na swoich hejterów. Weźmy Filipa Chajzera. Weźmy – jak powiadam – większość naburmuszonych, napompowanych balonów z pierwszych stron gazet czy głównych stron portali plotkarskich.

Chuj z nimi.

Ja lubię, jak Zenon Martyniuk śpiewa z raperem Sobotą u wspomnianego Wojewódzkiego. Jest to śmieszne i jakoś też buja nogą i głową. Bardzo fajnie się to naśladuje.

Życie to są chwile, chwileee,
Tak ulotne jak motyleeee,
A zegarrr daje znak,
Nie zatrzymasz go i tak

Tupiesz nóżką w każdy weekend
Jesteś ostrym zawodnikiem
Masz technikę na panienki
Puszczasz im moje piosenki

Na na na na na na naaaa!

GIZA PISZE

Twoje pobudki rozumiem. Są szlachetne.
Ja w sobie mam chyba mniej ciśnienia na działania, kiedy wiem, że to żarty albo przynajmniej teksty w intencji żartów podane podczas wieczoru komediowego.
A może po prostu jestem niewrażliwym chujkiem.

Mam wrażenie, że im więcej gadamy o żartach i komedii, tym mniej jest jej w nas.
Mysz, która w *Kryzysie* jest swego rodzaju puentą pierwszych czterech odcinków (pozwolę sobie nawiązać, bo pewnie – taką mam nadzieję – już można *Kryzys* w internecie obejrzeć), mówi o tym, że żartowanie powinno być przyjemnością, zabawą, radością... Czymś pozytywnym.
Komicy w swoich zakulisowych rozmowach, w analizach i tym ciągłym smuceniu konia (dziękujemy Tobie, Jacku, i Łukaszowi – gangsterowi z Rzepina – za to wyrażenie!) niszczą tę aurę. Niszczą źródło, z którego bije komedia.

48.48

Ja wiem, że żart właściwie zawsze wypływa ze smutku i tragedii.

(w końcu ktoś mądry powiedział kiedyś, że komedia to tragedia plus czas – nie mam głowy do cytatów – może Woody Allen?), ale to, że staje się żartem, zawdzięczamy właśnie tej magicznej lekkości, z którą to, co boli, przekuwamy w to, co daje śmiech.
Nawet Ty, Mroczny Rycerzu Stand-upu (to określenie już na szczęście do Ciebie nie pasuje), postać pełna goryczy, ironii, sarkazmu, bólu i wkurwu, w momencie żartowania stajesz się wróżką.
Ten błysk w oku, satysfakcja z dobrego konstruktu, z trafnej metafory, idealnego przełożenia... Ten moment jest pełen mocy.

Nie mówię, żeby o tym w ogóle nie rozmawiać. Nie da się. Przecież komedia jest naszym tlenem i paliwem. Ale ciągłe

maglowanie żartów, bo ten słaby, ten agresywny, ten był, ten...
Jak łatwo jest oceniać.
Jak trudno znaleźć oryginalny premis.

Jedziemy jutro z Kacprem do Warszawy.
Pojutrze gramy w filmie.
W takim normalnym. Dorosłym, he, he. Z budżetem powyżej miliona. Producenci (między innymi *Planety Singli*, czyli poważni gracze) mówią, że to mały budżet, ale dla mnie brzmi profesjonalnie.
Już od ponad roku jesteśmy związani z tą produkcją. Jej zaczątkiem był szkic serialu, który nam wpadł do głowy w czasie jednej z tras. Sama idea serialu nie przeszła, ale postać Juliusza – głównego bohatera – spodobała się Michałowi i Radkowi na tyle, że padł pomysł stworzenia fabuły. Powstał cały zespół scenariuszowy, który pracował kilkanaście miesięcy. Sporo. Ale już jutro ruszają zdjęcia. Na ekranie pojawią się między innymi: Mecwaldowski, Rutkowski, Peszek, Stuhr, Materna... No i Ruciński z Gizą.
Nie piszę tego, żeby się chwalić (może troszkę).
Piszę, bo mam wrażenie, że ten projekt daje szansę wsadzenia stopy w drzwi do kolejnej przestrzeni, którą na Zachodzie komicy już dawno zagospodarowali. Tam – jak już chyba wspominaliśmy – droga kariery prowadzi z klubów do telewizji i filmu. U nas kilka osób ze środowiska kabaretowego zrobiło taki ruch, ale nie na taką skalę i z taką siłą. Ciągle głównie kojarzą się z kabaretem.

Tak samo dobrą robotę robi *Sierpień* Antka. Parafrazując opis: pięćdziesięciominutowy komediowy zapis jego walki z guzem mózgu. Dobry materiał, którym zainteresowały się media mainstreamowe. Nie znoszę ich, ale doceniam siłę oddziaływania. Poza tym działa to też prestiżowo.

Fajnie, kiedy słyszymy, że fanami stand-upu są Wojewódzki, Soyka, Woronowicz czy Dwa Sławy... To marki, które warto mieć po swojej stronie.

Co nie zmienia mojego podejścia, że stand-up to przede wszystkim kluby. Najlepiej takie na sto pięćdziesiąt czy dwieście osób. Wtedy jest szansa na więź z widzem i klimat.

Takie eskapady do mainstreamu czy na wielkie hale raz na jakiś czas są miłe, ale głównie po to, żeby pokazać siłę. Że stoi za nami spora rzesza ludzi. Poza tym granie dla pięciu tysięcy osób to też wyjątkowe przeżycie – wiesz przecież, miałeś świetny występ w Hali Stulecia we Wrocławiu.
Cudowny komentarz czytałem na profilu facebookowym jednej z warszawskich dziennikarek, która wybrała się na Torwar, na Galę Stand-up Comedy. Wrzuciła zdjęcie pełnej widowni. Ktoś zapytał: „Co to?". A inna „ważna" pani napisała: „Jakaś gala ludzi, których nie znamy".
A tydzień wcześniej występowała tam topowa polska wokalistka i sprzedała jedną trzecią tego co stand-up. Albo spieprzyła promocję, albo my nie jesteśmy już tak bardzo niszowi.

STRAMIK PISZE

A mnie się podoba, że to jest takie wieczne smucenie konia. Ta komedia. Że to nie jest przyjemność, tylko jakiś rodzaj męki mentalnej. Czy to nie nadaje temu wszystkiemu jakiejś ponurej wagi?

Jak pisał Kundera – lekkie życie jest nieznośne. Smutek, tragedia. Te rzeczy są cenne. Inaczej bylibyśmy bezmyślnymi taboretami. Wiecznie uśmiechniętymi, słuchającymi disco polo.

I sobie tak rozmawiamy dużo na afterach. Zaangażowani czarodzieje. W biurach komików przyjmujemy interesantów od 23 do 6 rano. Chwilę się prześpimy i lecimy dalej. Smucić konia.

Oczywiście ten smutek, ta męka, to wszystko jest lekko symulowane.

Ze mnie jest taki mroczny rycerz

jak, nie przymierzając,

z Trumpa dobry samarytanin.

Raczej jestem pogodną osobą. Teoretykiem smutku. Filozofem tego stanu. Nie praktykiem. Myślę, że nigdy nie czułem prawdziwego smutku. Nie tak jak niektórzy ludzie, którzy wiecznie padają pod naporem własnego, często chujowego, nastroju. Nigdy nie jestem ani szczególnie wesoły, ani jakoś bardzo smutny.

A kiedy Ty będziesz w Warszawie? Bo my dzisiaj tam gramy *Kryształowe Noce*. A to może po prostu do Ciebie zadzwonię...?

Ty wiecznie smucisz konia z tym, że na Zachodzie komicy... Spokojnie. Wszystko w swoim czasie.

Ostatnio widziałem rozmowę Norma Macdonalda z Jerrym Seinfeldem. I Seinfeld mówił, że przeważnie stand-uperzy są chujowymi aktorami, bo ich priorytetem jest scena – to ją najbardziej kochają. Więc jak zbombią w jakiejś roli, to mają gdzie wracać. Natomiast aktorzy – od ich dobrej roboty zależy ich byt. Mają tylko to, więc muszą być zajebiści w tym, co robią.

Norm poczynił spostrzeżenie, że Seinfeld sam grał w tym swoim hitowym serialu, a w reszcie ról obsadził profesjonalnych aktorów. Dlatego między innymi serial okazał się sukcesem. Obydwaj zgodzili się, że to sprytne.

48.49 I bardzo to kumam. Też tak mam. Granie w *Kryzysie* to fajna przygoda. Lecz na razie mój maks „aktorski" to granie siebie. Najchętniej w naturalnej, odbiegającej od scenariusza rozmowie z Tobą. Na tym backstage'u w Sopocie. Inne sceny to konieczność dostosowania emocji do tekstu. Ja raczej nie mam emocji.

Przeważnie nie jestem ani szczególnie wesoły...

Ja nigdy nawet nie byłem mocno wkurwiony. Raczej duszę w sobie to wszystko.

Fajnie wyskoczyć do hali pięć tysięcy osób. I fajnie jest też zarobić dużo pieniędzy, żeby później móc sobie spokojnie grać w pięknych i urokliwych klubikach.

Zmęczony jestem. Nie wyspałem się. Trochę posiedzieliśmy, nieco popiliśmy. Ale nie przyćpałem wczoraj w Lublinie. Lokalni strasznie zapraszali i zachęcali. Na szczęście Jasiek z Zalewem mocno pilnowali. Bez sensu byłoby przyjebać jakiś mefedron na początku sześciodniowej trasy.

GIŻA PISZE

Wiem. Smęcę. Róbmy swoje, a co ma się wydarzyć, wydarzy się prędzej czy później.

Pamiętam, jak kilka lat temu siedziałem z Kacprem i Kaśką w garderobie mojego ukochanego klubu Mjazzga w Elblągu i byłem zły. Wiedziałem, że robimy coś fajnego, i marzyłem, żeby naszą robotę chciało oglądać więcej osób. Żeby stand-up nie był niszowy. Wtedy klub był pełen – sto osób, ale kilka dni wcześniej w Radomiu obejrzało nas jakieś trzydzieści.

To był ten czas, że na początku występu tłumaczyliśmy, że to nie będzie kabaret. I że możemy przeklinać.

Nazwaliśmy się „Stand-up Bez Cenzury". Zło. Masło maślane.

Ale zrobiliśmy to świadomie. Żeby ostrzec, naprowadzić. Zwłaszcza że ludzie przychodzili wtedy głównie na mnie z Limo i Kaśkę, którą też kojarzyli z kabaretonów.

W tym roku w tydzień na Gali obejrzało nas prawie dwadzieścia pięć tysięcy ludzi. Coś drgnęło.

Wczoraj produkowałem się przed kamerą w prawdziwym filmie. Poprawka: w profesjonalnym, o! Bez sensu pisać „prawdziwym" – to dyskredytuje to, co robię z przyjaciółmi.

A tak naprawdę to, co robimy my, wcale tak bardzo nie różni się od tego, co widziałem wczoraj. Mają tu oczywiście więcej sprzętu, więcej ludzi i więcej kawy, ale główne działania są takie same w obu przypadkach. Ktoś gra, ktoś to kręci, ktoś oświetla, jeszcze ktoś inny nagrywa dźwięk. Nawet problemy mają podobne – opóźnienia, lecące samoloty (to zmora dźwiękowa) czy blokowanie i przepuszczanie samochodów niezwiązanych z filmem – bo nie ma wystarczającego budżetu, żeby zamknąć całą ulicę.

GIZA PISZE

To ciekawe, że nigdy nie ma wystarczającego budżetu.

Zawsze jest za mało.

Czy masz dziesięć tysięcy,

sto, czy milion.

Zawsze brakuje.

Mają tu wszystko. Kilkadziesiąt osób na planie, światła, podglądy, masa busów, przyczep itp. I oczywiście barobus, który jest restauracją na kółkach. A i tak co jakiś czas słyszę: „żeby ten budżet był większy".
U nas ekipa składała się z pięciu osób, często maksymalnie dwójka aktorów, a kierownik planu był też rekwizytorem, klapsiarzem i barobusem właśnie. I potrafił wyczarować nagle w środku lasu całą górę kanapek i ciepłe parówki. Mistrz. Co by to było, gdyby budżet był większy!

48.50

Ale jedna rzecz mnie tutaj rozwaliła.
Nagrywaliśmy scenę pogrzebu. Ja i Kacper wcieliliśmy się w grabarzy. Przygoda. Miałem wąsa i alkoholową opuchliznę. Tak będę wyglądał, jak jeszcze chwilę posiedzę w naszej branży.
Mikroepizody bez żadnego znaczenia. Jeśli to wyleci na montażu, to się nie zdziwię. Zwłaszcza że scena, którą pisaliśmy, w naszych głowach była pogodowym i bagiennym armagedonem. Przeprawą konduktu przez rzeki błota... Z rzek błota została kałuża, z armagedonu mżawka – i to tylko dzięki uprzejmości Matki Natury/Ojca Niebieskiego. Wiadomo – budżet. Okazuje się, że scena z błotem i deszczem w zawodowym kinie jest równie droga jak scena pościgu, strzelaniny czy bitwy morskiej.
Trudno.
Lepsza sytuacja. Za kondukt robili statyści. Dwadzieścia osób. W różnym wieku. Przeważnie starsi. Statystowali od rana.

GIZA PISZE

Przyszedł czas na obiad. I zobaczyłem, że oni mają swój oddzielny namiocik i swój garnek z zupą (smacznym kremem pomidorowym). I tyle. Nie wchodzili do barobusa, nie dostali sałatek, kotleta czy ciasta. To wszystko było dostępne tylko dla ekipy i aktorów. Statyści nie mogli zająć nawet ostatnich wolnych siedzeń. Zapytałem, czy mogę im coś wynieść, i dowiedziałem się, że nie bardzo.

Kumasz?

W barobusie było wszystko. Oprócz Rosy Parks. I wszystkich rozbawiło moje oburzenie. Nawet statystów. „Po prostu tak jest". Na każdym planie.

Ten wczorajszy wcale nie był taki ciężki. Słyszałem o akcji kręcenia w basenie. Kiedy po kilku godzinach skończyła się statystom woda w szklankach udająca drinki, kazali im je napełniać wodą, w której siedzieli. A po zdjęciach nawet nie miał ich kto wysuszyć. I za taki dzień dostajesz często parę dych – i gar zupy. Bo kotlet jest dla rasy panów. 48.50

Wczoraj zjadłem ich zupę. Kotlet by mi stanął w gardle.

Dziwne to.

Mam nadzieję, że dziś będą sceny bez statystów, bo umrę z głodu. A nie stać mnie na bycie Gandhim.

Ja bym walczył inaczej. Jakbym był statystą, tobym się wkurwił. Założył jakiś związek zawodowy. Byłbym Wałęsą statystów. Pewnie byśmy zastrajkowali. Chciałbym zobaczyć filmy bez statystów. Bitwy na trzech aktorów, panikę w mieście i uciekający tłum dwóch osób... Pusty tramwaj w tle. Puste ulice.

Rewolucje zaczynają się od małych rzeczy.
Kotlet jest wystarczającym powodem.

STRAMIK PISZE

Jeszcze chwilę w naszej branży i też będę miał wąsa.
Już dzisiaj mam małego, jestem piąty dzień w trasie. Piszę to rano w lokalu w Grodzisku.
Nie wiem, kiedy się wyśpię. Może dzisiaj w nocy? Po Radomiu. Mam nocleg w ładnym hotelu w Warszawie. Albo dopiero 24 czy 25 września. Jak skończę rekordową w historii swoich działań dziesięciodniową trasę. Prawdopodobnie wrócę z niej w trumnie.

Z ogromnym, sumiastym wąsem.

Ten tekst natomiast będzie najkrótszym w historii naszego projektu.
Muszę go zaraz wysłać, żeby nie przekroczyć czasu.
Żebyś zrobił sobie dziarę.
Z imionami córek.
W które zainwestujesz 500 tysięcy złotych.
Później one kopną Cię w dupę. Oleją.
Później umrzesz.
Ja umrę.
Wszyscy umrzemy.
One umrą.
I nie ma to żadnego znaczenia.
Bo nie ma Boga.
Nie ma piekła.
Nie ma duszy.
Jedyne, co zostanie, to może ta książka.
Nie wiadomo, czy będzie dobra.
Ale trzeba próbować nowych rzeczy.

A słyszałeś o polskim *SNL-u*?

Podobno kupiono licencję oryginalnego programu. Wojtuś Pięta mi mówił – startuje tam na scenarzystę.

STRAMIK PISZE

Prawdopodobnie będzie to robił TVN.
Te gagatki.
I będzie tam jakiś typ z Paranienormalnych.
Ten gagatek.
Hi, hi.
To by się zgadzało. Na pewno pamiętasz przecież nasze pokraczne próby zrobienia czegoś dla nich. Zakończone niechęcią do tej plastikowej stacji.

Miałem kończyć i nie mogę skończyć.

Zatem kończę, bez mocnego zakończenia.

Tak po prostu.

Mam jeszcze dziesięć minut na wysłanie tego tekstu. Dam radę.

Cześć.

GIŻA PISZE

Uwielbiam to. Te Twoje utyskiwania na dzieci.
Sam to dziś robiłem przez kilka godzin, kiedy chciałem usiąść do programu i nie mogłem, bo jedna chciała kolorować, a druga... nawet nie wiem.

Ma niecałe dwa miesiące i trzy funkcje. Śpi, je i wydala. Właściwie ostatnio włączyła czwartą: uśmiech.

To coś, co dzieciom w jej wieku daje możliwość przeżycia. Uśmiech.
Kiedy jesteś niewyspany, wyjęty z normalnego trybu życia, wyjęty
48.52 z siebie i oddany całkowicie trybowi, jaki ona narzuca, i co półtorej minuty masz ochotę mordować, nagle ten magiczny grymas twarzy wynagradza wszystkie niedogodności. Odchodzi wszystko, co złe. Zostaje tylko czysta miłość i radość.
I naprawdę tak jest.
Ida ma w sobie magię.
Byłem w różnych miejscach, oglądałem Discovery... Nie ma na świecie piękniejszego widoku niż uśmiech dziecka. I chuj. Niech się pod tym podpisze Paulo Coelho.

Wyobrażam sobie, że tak mogą działać kryształy.
Tak musi być też później. Kiedy wychodzą z domu i zostawiają cię w tej splądrowanej przestrzeni. Kiedy za tobą dymi jeszcze lej po bombie, a Ty już tylko widzisz je szczęśliwe i gotowe do drogi (czy kiedykolwiek można być gotowym?).
Uśmiechają się i wiesz, że było warto. Kto w tym momencie ma w głowie te pięćset tysięcy? Poza tym... Na co innego miałbym je wydać?

GIZA PISZE

Ty możesz myśleć o wyjebanej kolekcji butów, wycieczce do Grecji albo dziewięćdziesięcioprocentowej kokainie.
No i pięknie. Nie będę Ci smucił konia, że w Grecji możesz się spiec, a od kokainy umrzeć (albo odwrotnie).

Dziś czytałem, że Adam Sandler pokazał córkom swój film i po dwudziestu minutach prosiły go, żeby wyłączył. Były zażenowane.
To musi być cios.
Z drugiej strony – mądre osóbki.
Adam Sandler musi być odważny, żeby komukolwiek pokazywać swoje filmy. Ba, musi dostawać naprawdę duże pieniądze, żeby po takiej recenzji nadal je robić. Ale jego stać i na dzieci, i na kokainę.

Piszę nowy program. Właściwie kończę.
Piszę według siebie. Zawsze tak robiłem. Jeśli udawało mi się wskoczyć na tory komercji, to nigdy dlatego, że robiłem coś pod publikę. Z dumą mogę stwierdzić, że przez te osiemnaście lat bycia na scenie nigdy nie zrobiłem czegoś, bo wiedziałem, że „widzom się spodoba".
Jakoś tak to się zgrywało, że mój bieżący pomysł i gust pokrywały się z tym, co myślał widz. Nie robiłem nic pod publiczkę. Ja byłem publiczką, he, he.
Przez lata słyszałem, że jest dobrze. Moi bliscy mówili mi, że się rozwijam. Że ciągle robię krok naprzód. Nie miałem chyba jeszcze nigdy takiego prawdziwego tąpnięcia. Nie przeżyłem nigdy takiej gehenny jak na przykład Ty z elżbietańską. Nie miałem bombingu, nie chciałem zbiec ze sceny. Czasem oczywiście było ciężej, ale to były raczej wypadki przy pracy, z których potrafiłem czerpać siłę i naukę.
No bo co nam tu pozostaje? Netflix, YouTube, Chris Rock w Londynie i własna chujowość. I czasem szczere rozmowy po alkoholu w Biurze Komików. Ale tych jest najmniej.

Jaram się znowu, ale ta gładkość jest podejrzana.
Czy naprawdę muszę zaliczyć porządną glebę, żeby stać się mocniejszym? Przecież im człowiek starszy, tym potłuczenia groźniejsze. Może wystarczy doświadczenie w omijaniu dziur i pułapek. W końcu po latach wchodzi się chyba na taki poziom, że mimo wszystko jest okej.

Jezu... Właśnie oczyma wyobraźni zobaczyłem Jana Pietrzaka. Kurwa mać!

I do tego presja.
Bo trzeba pokazać sobie, Tobie, branży, widzom, trzeba zarobić na chleb i trzeba się utrzymać przynajmniej na powierzchni tego naszego oceanu komediowego, który jest coraz bardziej wzburzony i coraz głębszy.

Zawsze tak smucę przed premierą, ale myślałem, że im dłużej będę w tym siedział, tym będzie prościej. A teraz czuję się jak uczniak. Jak wtedy, w styczniu 1999 roku, kiedy zrobiłem pierwszy krok w kierunku rozśmieszania innych. Mnogość myśli, ciekawość, energia i wiara w siebie, ale też brak świadomości, jak jestem słaby, wyrzuciły mnie przed publiczność. I tak zostało.
Tylko dziś wiary mniej, ciekawość na wpół zaspokojona, liczba myśli – zwłaszcza tych sensownych – skromniejsza, a świadomość zdecydowanie większa... Również tego, że musi nadejść kres – jak u każdego.
A ja nie chcę.
Chcę jeszcze długie lata „napierdalać sukces", cytując kolegę Popka. (Piotra z Bydgoszczy, komika. Gdybym miał cytować Popka pieśniarza, musiałbym sobie najpierw odgryźć głowę).

PS Sandler podobno nie imprezuje, nie ćpa, nie romansuje. Nie wychodzi z domu po 21.30.
Czyli niestety nie grozi nam przedawkowanie przez niego czegokolwiek.

STRAMIK PISZE

A ja nie mam nic do dzieci! Tak sobie żartuję tylko.

Przecież lubię dzieci.
One lubią mnie.
Wydaje mi się, że jestem trochę jednym z nich.
Widzą swojego i do mnie lgną.

Bardzo wolno dojrzewam w życiu, jeszcze stand-up wjechał mi z takim niekonwencjonalnym życiem i podejściem do niego. Jako jego treść, sens i styl. Idealnie. W doskonałym wieku. Tuż przed trzydziestką.

Komicy często zdają się nie mieć wieku. Jak Norm Macdonald. Czy Artie Lange. Widać, że można z nimi rozmawiać o wszystkim. W najbardziej popierdolony czy „odjechany" sposób, nie do zaakceptowania przez „normalnie" egzystujących ludzi. I to oni często będą inicjować gadkę. A wchodzą przecież w wiek, który wkrótce będziemy mogli nazwać „podeszłym".

48.53

Słucha się ich jak dorosłe, bardzo inteligentne i na wskroś zabawne, dziwne, duże, pomarszczone dzieci.

Same dzieci natomiast mogą być, mówiąc brzydko, „przydatne". Louis C.K. mówił coś takiego, że dzieci ustawiły mu trochę priorytety. Również w działaniach komediowych. Zobaczył, że teraz ma dla kogo działać. Dlatego założył sobie cele, które udaje mu się realizować.

Ja żyję trochę bez celu. Pewnie dlatego będę opieszały w tworzeniu swojej pierwszej, pełnoprawnej godziny. Swojego „programu".

Ale też nie będę na siłę płodził dziecka, żeby wszystko przyspieszyć. To by było dopiero dziecinne.
Nie wydaje mi się, żebyś musiał zaliczyć glebę. Są różne drogi. Nie wydaje mi się też, że ja muszę zaliczyć bycie ojcem.

Chociaż może Ty musisz zaliczyć glebę, a ja bycie ojcem. Żeby wszystko jeszcze bardziej się rozwijało. Jednak wątpię. Na pewno w tym momencie bycie ojcem byłoby dla mnie glebą.

Akurat teraz dobrze mi się żyje. A do dwudziestego dziewiątego, trzydziestego czy nawet trzydziestego pierwszego roku życia nie było aż tak dobrze. Od mniej więcej dwóch lat jest mi dobrze. Jeszcze trochę... Mam jeszcze czas na dorosłe życie.

Pilcha bym chciał zacytować. Ale nie pamiętam, jak to dokładnie szło.

„Miałem wtedy czterdzieści lat i już wiedziałem, kim chcę być, jak dorosnę" – jakoś tak mniej więcej.

PS
Komedia to ucieczka przed błędem, niebezpieczeństwem, dochodzenie do dobrych rzeczy po omacku i ze strachem – w taki też MNIEJ WIĘCEJ sposób definiował tę dziedzinę Conan O'Brien.

Albo jako naprawianie błędów. Czy jakoś tak.

W ten sposób działa też Louie. Z tego, co mówi przynajmniej. Jebnie na początek coś, co wszystkich „zmrozi", i później stara się naprawić to dobrymi rzeczami. Albo wyjdzie średnio przygotowany i podczas występu doszlifuje materiał, bo najbardziej motywujący jest strach przed porażką i ośmieszeniem. W ten sposób doprowadza się w działaniu do rzeczy imponujących.

GIZA PISZE

Wszystkiego najlepszego, Drogi Jacku!

REGULARNIE ROZPRAWIAMY TU O TWOIM SAMOBÓJSTWIE, TO NAPISZMY CHOĆ DWA ZDANIA O URODZINACH.

Cieszę się, że były. Cieszę się z ich podwójności – że były koszalińskie i te gdańsko-brzeskie. Nie wiem, z których bardziej, wszak bez pierwszych nie byłoby drugich, ale bez drugich nie byłoby Ciebie.
Dziś świętujemy rocznicę tych pierwszych. I to hucznie. W Starogardzie Gdańskim.
Będziemy oglądać prawdziwy stand-up. Samego Wojciecha Cejrowskiego obejrzymy.
Bilety już do lodówki magnesem przyczepione. Czekają.
Ja czekam. Przepełniony ciekawością i podnieceniem. Zawsze chciałem obejrzeć komika o odmiennych poglądach politycznych. Czy możliwe, żebym się uśmiechnął? Nie sądzę, by pojawiły się żarty rodem z gazetek czy portali narodowych. Wierzę w coś więcej. Cejrowskiego nie lubię, ale uważam za jedynego przedstawiciela prawej strony sceny, który może zaimponować mi charyzmą, szybkością, bezpośredniością oraz intelektem. Może robić dobry stand-up. Może sprytnie skonstruuje jakiś rasistowski żart albo antylewacką dykteryjkę. Może... Nie wiem. Może będzie pierdolił o Chile.
Dowiemy się w następnym mejlu.
(Fajna ta zabawa czasem. Czytający dowie się za półtorej minuty tego, na co ja czekam piętnaście godzin).
No i wieczorem, jak zjedziemy do bazy, pęknie pewnie symboliczna śliwka!

Symboliczna, bo za dobę wsiadamy do samolotu. Trzeba mieć siły na cztery dni w Anglii.

GIŻA PISZE

Mamy tour. Super! Czuję, że będzie dobrze.
Byłem tam już kilka razy – i z Limem, i ze stand-upem. Polonia jest naprawdę spragniona polskich artystów. Jest bardzo żywiołowa, żeby nie powiedzieć – dzika. Albo żeby właśnie powiedzieć. Nic w tym obraźliwego. W zeszłym roku na Gali Stand-upu w Londynie właściwie nie czuło się różnicy między reakcjami na Lotka i na Karola Kopca. Każdy przyjmowany był wręcz ekstatycznie.
Poza tym – angielskie piwko! Cudnie. Uwielbiam!
Jedyne, co delikatnie napawa mnie lękiem, to fakt, że powinienem przyswoić prawie cztery strony tekstu, a angielskie piwko niespecjalnie w tym pomoże. Chcę przetestować kawałek na naszą poznańską imprezę. O dziwkach napisałem. Cztery strony o seksie. Nigdy nawet pół nie miałem. Ciekawe, jak to zażre. Dowiemy się za godzin czterdzieści. Albo za jakieś trzy strony.

48.54 Zdrówko!

STRAMIK PISZE

Cejrowski był bardzo średni. Bredził o damskiej torebce (temat przerabiany 3000000000000000 razy), o sraniu w dżungli, że pozycję trzeba przyjąć specyficzną, o papryczce amazońskiej, że piecze nie dwa, ale trzy razy, przez kutasa też, o Słupsku, że z dupą przy ścianie trzeba było tam występować.

O kobiecie, że ma stać w kuchni i robić pulpeta mężczyźnie, o Indianach, którzy stanowią koło zapasowe dla białych (chyba **dla Ciebie, Cejrowski, Ty gagatku;** już mnie trochę ponosi, bo nie jestem trzeźwy o 3.44 w Cambridge po dobrym graniu), o repatriacjach, że jeszcze Niemcy się do „nas" zgłoszą po „naszych" kiboli. Bo będą musieli zrobić porządek z tymi „ciapatymi twarzami".

Cejrowski jest bardzo mocno średni komediowo, ma długie przestoje bez reakcji publiczności, pokazuje zdjęcia z podróży, posługując się przy tym humorem koszarowym. Ja lubię wulgarne rzeczy, lecz z jakąś przewrotką. A to jest wujek, który drze ryja przy stole. 48.55

SZCZĘŚĆ BOŻE!
SZCZĘŚĆ BOŻE!
SZCZĘŚĆ BOŻE!

Już zamknij mordę. Wiesz, ile osób, dobrych osób, musiało cierpieć przez takiego typa? Przez typa pozbawionego wrażliwości, wyczucia, otwartości na inność, odmienność. Brakuje Ci prawdziwych mężczyzn dzisiaj, Ty bosonogi, łysiejący gagatku? O poglądach ciosanych z kociewskiego kociołka z rosołem czy innego bigosu? Po co Ci to, Wojtek?
Po co ta nienawiść, dlaczego mówisz o telefonach „gejfony"?
Czy ludzie nie mogą uprawiać seksu tak, jak chcą?

Na przykład mężczyzna z mężczyzną czy kobieta z kobietą? Ty gagatku, Ty! Wieśniacki, zaściankowy, polski gagatku!

Przez takich ograniczonych idiotów muszę nie lubić tego kraju. A lubię pisać, posługiwać się tym językiem. Składać te zdania. Nawet kiedy muszę to robić pod wpływem znacznej ilości alkoholu.

Dzisiaj największą nagrodą był typ, który po zrobieniu sobie z nami zdjęć szepnął mi do ucha: „Potrzebujesz czegoś?".

Powiedziałem, że nie – jest trasa. I taka jest prawda. Profeska, nie ma ćpania, muszą być dobre występy.

Lecz wierz mi, wierzcie mi, bo ja wierzę sobie – czuję się dobrze bez dragów. Choć nie ćpam trzy tygodnie (bardzo krótko, ale naprawdę ostatni czas był mocno przesadzony).

Ale serio. Przez takich gagatków. To przez nich wszystko. Ten świat.

Przecież po co mi to. Żeby poczuć się lepiej. Troszeczkę. W rzeczywistości złożonej z indywiduów, z którymi nie chce się mieć nic do czynienia. I oni w większości tworzą tę rzeczywistość.

Dlatego mam ogromną ochotę przyćpać.

GIZA PISZE

Piszę z tyłu busa, którym pędzimy do Bristolu.
Trzeci dzień trasy w UK.
Zerkam. Raz na Ciebie, podnieconego światem Instagrama, do którego wreszcie namówiła Cię Kaśka (i dobrze, nie jestem za jakimś nadmiernym obnażaniem się w mediach społecznościowych, ale dziś warto mieć kontakt ze swoim widzem, budować swoją ekipę na różnych polach). A raz na drogę. Szarość i pochmurność. I ten ruch w drugą stronę. Nie mogę się przyzwyczaić. Mam wrażenie, że ludzie spierdalają stamtąd, dokąd my jedziemy.

Dobra trasa.
Ludzie kochani, szaleni i wygłodniali. Polonia przywitała nas godnie. Jakbyśmy na osiołkach wjeżdżali. Było pięknie w Cambridge i Birmingham. Dziś też tak będzie.
A potem noc, piwo, fish & chips i whisky z colą. I tabuny roznegliżowanych Angielek na zatłoczonych ulicach. Trzęsące się z zimna, podpite, stojące w kolejkach do klubów obiekty seksualne. Wkoło nich mnóstwo wyczesanych, wypachnionych chłopców w obcisłych spodniach z wkurwem w oczach. Muzyka, światła, tłok, testosteron, ferrari i selekcja. Do klubów, do łóżka, do życia... Mojej nikt by tam nie przeszedł.
Nie dziwię się, że są ludzie, którzy chcą wysadzić albo rozjechać ciężarówkami całą Europę Zachodnią.
Byliśmy wczoraj w centrum Babilonu.
Jedynym problemem tych ludzi było to, kto komu i w co wetknie kutasa.
Nad tym głowili się przez całą tę szaloną noc.

A z drugiej strony: czy to źle? Czy świat nie byłby lepszy, gdyby tylko to nam zaprzątało głowę? Gdyby głównym zmartwieniem ludzkości było to, czy i do którego klubu nas wpuszczą? Gdyby uchodźcy wściekali się, że mają złe buty, a nie dziurawe łodzie?

W ocenie Cejrowskiego się nie różnimy.
Stracił w moich oczach. Nie sądziłem, że będzie to możliwe. Ta jego wyższość nad każdym, kto jest inny, bardzo mnie drażni. Wszyscy powinniśmy tylko chodzić boso, pić yerbę i klęczeć w kościele. Przez prawie dwie godziny nie powiedział nic, co mogłoby skłonić mnie do pozytywnego rozpatrzenia jego wizji świata. Chociaż przez moment.

Jego wizja świata jest prosta. Dojebać Innym.

Cieszę się, że nie wrzucił nas do jednego kubła wraz ze sobą. A żal mi Bałtroczyka.
Piotrka lubię. Nie lubię tego, że opowiada nie swoje żarty, ale
48.56 cenię i szanuję jego otwartość, mądrość i dojrzałość. On nie ma kompleksów. Ludzie bez kompleksów wiedzą, że nie muszą się bać Innych.

Ja się boję Takich Samych. Zaprogramowanych. Idących w jednym kierunku. Siedzących i ryczących na Cejrowskim czy Wyrwigroszu...

Oho, zaczynam czuć się lepszy.
To może skończę na dziś.

Właśnie wjeżdżamy do Bristolu.
Idziemy oglądać Banksy'ego.

STRAMIK PISZE

Ja piszę, siedząc u Ciebie w chacie. Jak myjesz dupę w kiblu obok.

Było super. Publiczność znakomita. Natomiast wczoraj w Gdańsku wręcz przeciwnie. Nie lubię zwalać na publikę, ale wisiał tam w powietrzu jakiś kwas. Na starej elżbietańskiej było lepiej niż w Parlamencie.

Z okazji występu, który sprowadził mnie trochę na ziemię (ostatnio było chyba zbyt dużo bardzo udanych), wymyśliłem rym:

Ja jestem wujek Stramik
Moje żarty są jak dynamit
Może wczoraj była trochę zima
Ale to nie do końca moja wina
Zawsze...
Do złej gry najlepsza mina.

Natomiast Cejrowski za sprawą swojego występu pokazał, że jest oderwany od rzeczywistości.
Taki człowiek mówi, że w Polsce stand-uperzy to nieśmieszni i wulgarni uzurpatorzy. A ja mówię:

Ja jestem wujek Stramik
Moje żarty są jak dynamit
Cejrowski to bezczelny uzurpator
A w stand-upie wręcz amator.

Do książek! Do nauki! Ktoś, kto chce pouczać innych – o świecie, o Polsce, o stand-upie – powinien najpierw sam, używając angielskiego idiomu: odrobić pracę domową.

W przeciwnym wypadku bredzi w sposób trudny do zniesienia.

WC też udowodnił tezę, że prawicowcy nie są zabawni. Za to należy mu podziękować.

Panie Wojtku, niech pan dalej robi robotę w ten sam kiepski sposób.

Polski stand-up bardzo Panu dziękuje.
Buziaczki i ukłony.

GIZA PISZE

Ostatni mejl tylko potwierdził, że poprzedni pisałeś pod wpływem. Ileż można o Cejrowskim, smucikoniu pierdolony! Mówiłem, że mam go gdzieś, a niestety liczba słów, które mu poświęciliśmy, zdaje się temu zaprzeczać.
O... znowu to samo.

Ale jest jeszcze jedna rzecz, która wpadła mi à propos rasizmu w żartach.
Wiemy, że takie żarty są dla wybranych. I wiemy też, że jeśli ktoś nie kuma, że to żart, i słyszy to ze sceny, to w głowie może pojawić mu się myśl (może to za mocne słowo), że jest na to przyzwolenie. Wiemy też, że na występach pojawiają się różni ludzie. I nie ma szans, żeby sto procent załapało wszystko tak, jak chcemy. Czy w takim razie nie powinniśmy jednak powstrzymywać się od takich żartów?

Ale czy w ten sposób nie poddawalibyśmy się jakiejś wewnętrznej cenzurze? Czy naszym zadaniem nie jest po prostu konstruowanie żartów, puent, myśli i podawanie ich podczas występów? A to, czy ktoś je przyswoi, czy się wyrzyga – to już nie nasza sprawa. To znaczy może nawet i nasza, tylko średnio mamy na ten odbiór wpływ.
Wszyscy marzymy o inteligentnym widzu. I czujemy, że przynajmniej w większości tacy są, ci nasi milusińscy, ale... Wiadomo. Zawsze może trafić się idiota, który wróci do domu i uderzy swoją żonę. Nawet bez szczególnego powodu... Bo ja zażartowałem, bo mu zakazałem, bo się cieszył, bo się nie cieszył i nie śmiał tyle, ile chciał...

Jak z piciem.
Pijemy, bo było dobrze, bo było niedobrze, bo stres, bo chill, bo impreza, bo dawno nie, bo jak tak można o suchym, bo przecież tylko jeden drink...

I tak jakoś samo idzie. A że to słabe, to zawsze szukamy wytłumaczenia.

A potem znowu piszemy o Cejrowskim...

STRAMIK PISZE

Ja jestem siódmy dzień w trasie i nic mi się nie chce. Gadać z nikim, pisać o żartach rasistowskich czy jakichkolwiek; o Cejrowskim tym bardziej. Okazuje się, że nie pamiętam tamtego tekstu, który napisałem po pijaku. Dlatego faktycznie bez sensu wracałem do tego ga... Do Cejrowskiego.

Potrzebuję jednego dnia odpoczynku od wszystkiego, przede wszystkim od ludzi. Nawet tych, których darzę sympatią.

Zostały jeszcze cztery dni grania (w Koszalinie sprzedały się dwa wydarzenia).

Później się zabiję. Albo po prostu odpocznę. Już nie mam mózgu.

Ale przynajmniej fajnie jest bez dragów. Lepiej się czuję. Mam taką ambicję, żeby w niedzielę w Poznaniu też nie przyćpać i utrzymać się w czystości jak najdłużej.

Nawet już tak wstępnie uzgodniłem. Powiedziałem o tym Jaśkowi, który jako były napierdalacz wszystkiego wspiera takie akcje.

A pokusa, wiadomo, jest ogromna. Poznań będzie zwieńczeniem dziewięcio- czy dziesięciodniowej trasy. Zależy, jak to liczyć w sumie. Nie chce mi się rachować...

I nie chce mi się już pisać. Idę coś opierdolić i na występ. Dzisiaj Gdynia.

Chromolić Cejrowskiego (nie pamiętam, czy już to pisałem). Chromolić rasistów. Chromolić stand-up.

Stand-up może nie do końca. Po powrocie do miejsca pomieszkiwania i kilkudniowym odpoczynku pewnie zaraz zatęsknię za sceną. Bardzo dobrze. Nie wyobrażam sobie lepszego życia.

Chromolić Cejrowskiego... A nie... To już pisałem. Przed chwilą nawet.

GIŻA PISZE

A ja za to jestem wygłodniały sceny.
Te trzy dni w Anglii tylko zaostrzyły apetyt.
Program napisałem. Czy się sprawdzi? Zobaczymy. W poniedziałek test. Mój *Work in progress*. Nie umiem już cykać tak po pięć minut na open-mike'ach. Właściwie nigdy nie umiałem.
Raz byłem na open-mike'u w krakowskim Artefakcie. To był spontan. Dość wcześnie grałem firmę, więc miałem wolny wieczór aż do przyjazdu pociągu. I zobaczyłem na Facebooku, że Comedy Lab robi imprezę. Fajnie było wyskoczyć jako niespodzianka.

Od zawsze testuję w ten sam sposób całość. Dla zaufanej grupy ludzi. Widownia mała, najbliższa, najbardziej szczera. Zaczęliśmy to robić jeszcze za czasów kabaretu Limo.
W kabarecie nie ma instytucji open-mike, więc radziliśmy sobie
48.60 w taki sposób. Spraszając przyjaciół i wysłuchując potem ich komentarzy. I oczywiście oglądając nagranie. Zawsze nagrywam te występy. Te i kolejnych dziesięć. Wtedy materiał się najintensywniej zmienia.
Potem to już tylko szlifowanie.

Siedemnaście dni. Tyle byłem najdłużej w trasie. Bez przerwy.
Po tamtym październiku powiedziałem sobie – nigdy więcej! W pewnym momencie to już nawet nie ma sensu. Dla mnie każda trasa dłuższa niż trzy dni to już jest męczarnia. Tęsknię za domem, mam dość hoteli i imprez.

Ostatnie trzy miesiące funkcjonowania Limo to było jakieś sześćdziesiąt występów. Chcieliśmy zjechać całą Polskę i pożegnać się ze wszystkimi.
Udało się. Co więcej, tamta trasa była bardzo dobra. I pod względem zawodowym, i towarzyskim. Spędziliśmy ze sobą masę czasu. Normalnie by nas to zmęczyło, ale wtedy każdy miał w głowie, że to koniec i że trzeba wycisnąć z tego, co się da.

GIZA PISZE

Inaczej jest się w trasie, w której wiesz, że stawiasz kropkę nad „i". Dużo wzruszeń i wspomnień.

Ech...

Dużo wtedy zarobiłem. Przez tamte siedemnaście dni.
Ty też pewnie teraz całkiem ładną sumę przytulisz. Kupisz nowe buty, weźmiesz Matkę na makaron za 45 złotych i może odłożysz na „Heinza" dla przyszłej żony (hi, hi).
Pieniążki są dobre. Można się dzięki nim wyluzować. Jak się ma pieniążki, to nie trzeba za nimi biegać. Można pisać, czytać i oglądać. I zjeść lepszy makaron.
To miłe. Ale też jakże zgubne...

Kiedy ludzie Cię chcą i wierzysz, że to może być Twoje pięć minut, wchodzisz w cug.
„Jezu, to moja szansa!".
Wyobraź sobie, że dowiadujesz się, że możesz zapełnić dziesiątki, jeśli nie setki sal w Polsce – każdą na pięćset albo tysiąc osób... I możesz spłacić kredyt, wziąć większy, kupić droższy makaron, na występy jeździć własnym pociągiem albo kupić Matce Koszalin...
Ty byś pewnie tego nie zrobił. Wierzę w to. Ale znam wiele osób, które się w czymś takim zagubiły.

Mocniej, kurwa, więcej, kurwa, wyświetlenia, sprzedaż.
Większość po dwóch latach do grobu wpędzi melanż.

Jak rapuje Paluch.

Może lubią ten tryb życia. Może kochają życie na walizkach i w busie, może budują za ten hajs sierocińce... Nie mnie oceniać. Ale kiedy patrzę na Jacka Stramika – tak różnego ode mnie, a jednak połączonego w bólu długiej trasy – to potwierdza mi się tylko to,

że dwadzieścia pięć dni

w miesiącu poza domem

to coś nienaturalnego.

Nie jest łatwo podjąć decyzję o ograniczeniu dni wyjazdowych. Nie jest łatwo powiedzieć strumieniowi pieniędzy i alkoholu: „Już wystarczy!".
Przecież nigdy nie wystarczy.
Z drugiej strony chyba nie ma innego wyjścia. Musisz się odciąć,

zresetować i znowu naładować. Zatęsknić.

Jezu, jak ja tęsknię..

STRAMIK PISZE

Chciałbym odpisać coś konstruktywnego. Ale nasza pimpowska impreza wyszła tak znakomicie, że grzechem byłoby jej nieoblanie. Dziś cymbał napierdala mnie kosmicznie.

Bardzo śmieszne słowo ten „cymbał". Niestety zapomniane. Na szczęście Jasiek za sprawą jednego ze swoich bitów przywraca je polszczyźnie.

Właściwie to jeszcze jestem wstawiony.

Ty – jak to się często zdarza – zasnąłeś w knajpie. Dobrze, że Cię odwieźli. Troskliwi chłopcy.

Ja (między innymi) na chwilę zakochałem się w dziewczynie didżeja. Kolczyki w twarzy, a wśród zainteresowań amerykańscy seryjni mordercy. A że trochę wiem na ten temat, to bardzo miło i długo się rozmawiało.

Niektórzy chłopcy się naćpali – ja natomiast obserwowałem to wszystko z boku. Trzymam się mojego postanowienia o niećpaniu. Wiesz, że jestem uparty. Gdybym nie był, to dzisiaj nawet byśmy nie rozmawiali.

Jakiś czas temu postanowiłem też, że mnie po dwóch latach do grobu nie wpędzi melanż.
Na razie idę coś zjeść. Umówiłem się z kimś tam. Na pewno nie z tym, kto lubi Heinza. Ona była u mnie dzisiaj trochę wcześniej.

Prezent z UK bardzo przypadł jej do gustu.

No nic. Bardziej konstruktywny będę w następnym tekście.

Tymczasem żegnam się słowami rapera księdza
Jakuba Bartczaka:
Niech będzie pochwalony Jezus Chrystus!
Spoko luz, no to już, no to ciach, bez kitu.

GIŻA PISZE

To ja dziś krótko.

Jestem po teście nowego programu. Nie jest tak, jak bym chciał. Nigdy nie jest, ale w tym przypadku wyszło jeszcze słabiej. Stra-
48.62 ciłem dystans i być może liczba projektów mnie przygniotła. Nie
wiem.

Próbuję się nie powtarzać ani tu, ani w *Kryzysie*, ani w materiale. Ale może się nie da. Ile może taki gość jak ja wytworzyć kreatywnych rozwiązań? A może sobie ten kryzys wykrakałem. Termos nie mógł być, a zawsze był. Może podświadomie nie chciał mi powiedzieć tego, co w pierwszej scenie serialu, he, he. Może oczekiwania mam większe... Zawsze są duże. Dużo za duże. W teorii wszyscy wiemy, jak napisać dobry program, opieprzamy i oceniamy innych komików. Jedziemy Louisa C.K., że coś mu ten nowy program nie poszedł (po drugim obejrzeniu bardziej doceniam ten jego *2017*), a potem przychodzi zderzenie z rzeczywistością. Potem my zabieramy głos...

Od dwóch dni poprawiam i zmieniam. Wierzę, że będzie lepiej. Ale dawno się tak nie zakopałem. To co? Dwa słowa o strzelaniu?

PS Jadę na montaż pierwszego odcinka.

STRAWIK PISZE

Louis C.K. mówił, że najlepsze w swojej ocenie rzeczy robił, kiedy rozpraszało go jak najmniej projektów.

Chcesz być dobry w stand-upie, rób tylko stand-up. Tak mówił.

Ciekawa rzecz, że kryzys można samemu sobie wykrakać. Niewykluczone. Z czegoś się pomysł na ten serial jednak narodził. Z jak najbardziej realnych lęków.

Jeśli chodzi o mnie – nigdy za dużo przerywników poświęconych używkom. Oddają one prawdziwy stan rzeczy. Niczym owe lęki stanowią integralny element egzystencji „artysty" scenicznego.

Choć mam pokusę rzucić to wszystko w diabły (używki, nie scenę), niczym przed laty Marc Maron czy nawet Dave Attell, który poświęcił się całkowicie pracy i smuceniu konia. (Ci dwaj „artyści" to chyba największe smucikonie w amerykańskim stand-upie. Wiecznie na coś narzekają i zrzędzą. Jednak to narzekanie i zrzędzenie jest wielce urokliwe).

Na pewno nie jest tak, że człowiek o zdrowych zmysłach krytykuje Louisa C.K. za jego nowy special. Jednakże bierzemy przecież pod uwagę jego wcześniejsze dokonania, którymi sam sobie podniósł poprzeczkę niewiarygodnie wysoko.

Muszę przyznać, że co jakiś czas wracam do bitów z *2017*. Z niemałym zadowoleniem. Lubię patrzeć na tego człowieka na scenie. Tak samo jak na Dave'a Chappelle'a. Przykład dwóch jego nowych speciali jest przecież dobitny. Są świetne. Ale Dave Chappelle robił przez ostatnie lata wyłącznie stand-up. I to w ukryciu. Jeździł po całych Stanach, po małych klubach, pracując nad materiałem.

Teraz moja obawa. Nie wiem, czy rytm rokrocznego wypuszczania nowego materiału nas nie zabije. Carlinowi udało się tylko kilka razy. Louis C.K. już odpuścił. Wspomniany Attell jeździ z tymi samymi żartami przez wiele lat. Coś tam przerabia, coś dopisuje. Marc Maron też nigdy nie wypuszczał zbyt często nowych rzeczy. Bardzo pracowity Doug Stanhope również nie wydaje nowej rzeczy w każdym kolejnym roku swojej działalności.

To jest jakaś aberracja, mówiąc szczerze. Ktoś w Polsce usłyszał o Louiem – bardzo pracowitym, ambitnym rudzielcu, który co roku wydaje nowy special. Trochę mit, którego nawet najsprawniej funkcjonujące umysły nie będą w stanie wprowadzić w życie.

Andy Kindler, naczelny krytyk amerykańskiego stand-upu, już kilka lat temu pojechał Louiemu, że przegiął z tym pierdoleniem o nowym specialu w każdym roku. Większość komików robi coś raz na kilka lat. I bardzo długo pracuje nad materiałem.

Jeśli o mnie chodzi, niektóre rzeczy sprzed dwóch materiałów nabierają jakiegoś blasku kiedy od czasu do czasu wplatam je w bieżący materiał.

Lecz wiadomo – kraj jest mniejszy, oczekiwania rosną. Zobaczymy, jak będzie.

Jeśli nie zginę w kolejnej strzelaninie (nie ma o czym mówić, jakiś nawalony „dopkami" olbrzym robił tu u mnie na dzielnicy, na Jeżycach, rozjebundę, kilka radiowozów, kilka strzałów i paralizator – to wszystko było potrzebne, żeby go spacyfikować; część akcji odbywała się pod moimi oknami), to zobaczę i ja.

GIZA PISZE

Rozmawiałem kiedyś z Biszem – moim ulubionym raperem – i okazało się, że obaj mamy podobnie: cykl twórczy to jakieś półtora do dwóch lat. Tak mniej więcej miałem z kabaretem, tak mam teraz. To znaczy miałem, bo *NR 3* (tak będzie nazywał się mój nowy program, o ile nie zemrze w fazie testów) powstał jedenaście miesięcy po *Kapeluszach*. Nie wiem, dlaczego tak szybko... Może dlatego, że *Kapelusze* poruszają kilka tematów odnoszących się do mojego domowego/politycznego „tu i teraz". I kiedy mówię o nich, mam wrażenie, że powoli zaczynam kłamać. Że to już nieaktualne. Że jeszcze chwila i będę zupełnie niewiarygodny.

Myślę, że z technicznego punktu widzenia komik w mojej bieżącej sytuacji zawodowej mógłby sobie pozwolić na takie właśnie dwa lata jeżdżenia po Polsce z tym samym materiałem. O ile nie zaczyna czuć, że kłamie, he, he.

Nie wiem, co mnie podkusiło.
I nosi mnie okrutnie.
Chcę na scenę!
Jutro wbijam.
Test numer 2.
Pierwszy nie poszedł tak, jak bym chciał. Byłem skacowany po Poznaniu i chyba trochę chciałem być kimś, kim nie jestem. Miałem w sobie dużo „cynizmu". Chyba za dużo, skoro ta uwaga się powtarzała. I to wśród bliskich mi ludzi. Miałem wrażenie, jakby spod czaszki wylało mi się całe zło, które w sobie hodowałem. Niestety nie wylało się nawet w twórczy sposób. Brzmiało to tak, jakbym z jednej strony chciał wszystkich wymordować,

a z drugiej – jakby nic nie miało sensu. A to przecież nie jest koncert życzeń, tylko program komediowy. Ludzie powinni się śmiać. Mimo wszystko.

Ubrałem to teraz w inną energię. Bity w przeważającej części zostały, ale są podane trochę inaczej. I doszły dwa nowe. W mojej głowie brzmią dobrze. Ale moja głowa jest bastionem niewyspania, więc nie ma co zakładać.
Niepotrzebnie to wszystko piszę.
Wyjdę i zagram. Jak będzie okazja – pewnie najbliższa 25 października – to obejrzysz.
Machniesz ręką, wypijemy śliwkę, i tyle. Tak zazwyczaj robią komicy po obejrzeniu innych. Mało który potrafi naprawdę zaimponować drugiemu. Częściej imponują wyniki – te magiczne liczby, o których już kiedyś pisałem. Czasem docenimy tylko jakiś kawałek bitu, żart albo strój sceniczny. „I jak ci się podobało?". „Zajebista koszula, stary!".

Ale czy to ważne?
To miłe. Tylko tyle. A może nie tylko.

Komik jest narcyzem.
Kochamy się.
Kochamy, kiedy nas kochają.

Widzowie, środowisko, przypadkowo napotkane niewiasty... Ilu z nas zaczęło to wszystko robić, żeby nas ktoś pokochał? Kobieta, klasa, miasto Koszalin...
Jak patrzę na wszystkich, to jest z nas niezła grupa popaprańców. Bardzo rzadko trafia się ktoś bez jakichś upośledzeń społecznych...
Kraina wariatów. Cudownych i pięknych. Ale jednak.
Może dlatego większość komików nie wierzy w Boga.
Nie wierzą, że może być ktoś bardziej zajebisty od nich.

STRAMIK PISZE

Ja tak pierdolę, a sam wymyśliłem sobie *Arbuza i kobietę* i chyba po pół roku już nie chciało mi się tego mówić. Wymyśliłem *Smucikonia* i grając go, włączałem do niego po dwa teksty z *Arbuza* i ze dwa z poprzedniego, nienazwanego, materiału.

Nadal będę utrzymywał, że rok na nowy materiał to jakaś aberracja w skali świata. Ale jednocześnie sam będę starał się grać w tę grę.

Problem polega na tym, że czasem nawet stary tekst, odkopany i przedstawiony w nowym kontekście, może przynieść radość. Nie tylko nam. Więc dlaczego do czegoś nie wrócić, nie pomyśleć nad tym, kiedy troszeczkę dojrzeliśmy.

Drugi problem polega na tym, że nawet w *Talking Funny* kozacy typu Chris Rock i Louis C.K. mówili o konieczności częstego zmieniania materiału. Co zostało z ich kozaczenia? Szło to jakoś tak: 48.65

> „Zawsze patrzyłem na Woody'ego Allena, który każdego roku musi wypuścić nowy film. Mam tak samo".
>
> „George Carlin mnie tego nauczył, nowy rok to nowy materiał".

Pierwszy cytat (niedokładny, przytaczany z głowy; „z głowy, czyli z niczego" – jak to się kiedyś mówiło) należy do Chrisa Rocka, drugi (również niedokładny) z Louisa C.K.

Gdzie są te ich speciale wydawane co roku? Przeglądam sieć, dyskografię obydwu artystów i jakoś nie mogę się dokopać.

Została kozackość i dziwne założenie, że co chwilę trzeba zmieniać materiał. Założenie, które zostało bardzo poważnie potraktowane w kraju nad Wisłą. Zobaczymy, do czego ta aberracja, która na gruncie polskim przyjęła się dobrze, tylko dlatego że mamy zbyt małą wiedzę (i kraj), żeby patrzeć na te deklaracje z przymrużeniem oka.

Gdybyśmy mieli większą wiedzę o stand-upie, tobyśmy wiedzieli, że nowy rok, nowy special to tempo wręcz wyśmiewane w Stanach i zbyt szaleńcze nawet dla twórców i chwilowych apologetów tych założeń.

25 października, powiadasz... No tak, w Koszalinie na testach zobaczę, czy nie jesteś zbyt cyniczny. Nie możesz być. Twoja domena to życzliwość. Bądź życzliwym, acz bezlitosnym i prześmiewczym obserwatorem świata i człowieka. Cynizm zostaw innym.

Choć – posługując się wielce wyświechtanym już cytatem ze wspomnianego Carlina (tym razem zdaje się, że dokładnym): „cynik to rozczarowany idealista".

Jednak nie, sprawdziłem szybko. To idzie tak: „We wnętrzu każdego cynika mieszka rozczarowany idealista"...

GIZA PISZE

Dziś czwarty test. Wracam do gry.
Odrzuciłem cynizm. Faktycznie był nie mój. Nawet gdybym bardzo chciał być kimś innym i pisał pod „niego", to na scenie wyłazi wszystko.
Po pierwszym dołku i panice napisałem chyba najśmieszniejszy monolog z całości. Ciebie będzie bawił mniej, bo o dzieciach... Energia mi wróciła. I wczoraj dopisałem końcówkę, która mi się podoba. I znowu nie kończę jakimś mocnym uderzeniem, tylko jakoś tak... jak lubię.
To chyba kluczowe. Żeby robić tak, jak się lubi. Zgodnie ze sobą. Nie na siłę.

Jezu, jakbym ciągle siedział w auli Technikum Łączności.
Właśnie stamtąd wróciłem. Miałem spotkanie z „młodzieżą". Byłem klasycznym znanym ryjem opowiadającym młodym ludziom, jak „osiągnąć sukces".

Co to jest „sukces"?

OK. Może to, że nie muszę występować w KFC, jeśli nie mam na to ochoty?

Powiedziałem, że muszą kochać to, co robią, mieć pokorę i cierpliwość.

I szczęście.
Tak myślę.

Tylko czy takie spotkania nie są bez sensu?

Przecież bez tego łutu szczęścia mogą sobie pracę i pokorę wsadzić w dupę. Jeśli kilka okoliczności nie przetnie się w idealnym czasie i miejscu, to na zawsze pozostaną w mroku przeciętności. A tego nie chcą. Przyszli przecież, żeby dowiedzieć się, jak osiągnąć sukces (albo nie być na lekcjach – a to też przecież taki mały sukces).

Czy nie bardziej sensowne byłoby spotkanie z życiowym przegranym?
Żeby przegrać, nie trzeba szczęścia. Żeby przegrać, nie trzeba też pecha. Pech to tylko tłumaczenie tych, którzy się pogubili. Jak nie idzie, to zawsze szukamy czegoś, na co możemy zwalić winę. Na pecha, na układ, na Żydów i masonów. Nawet słownictwo dobieramy tak, żeby być jak najdalej od porażki. „Trochę mi się zaspało". „Się zepsuło". Nikt nie mówi, że mu się „wygrało".

„Dziś kolejna odsłona naszych spotkań *Jak nie sięgnąć dna*. Dziś pan Krzysztof!".
Gość wygląda podle. Rozbiegany wzrok, trzęsące się ręce. Płytki oddech. Wrak.
Jest tam tylko dla butelki wódki, którą dostanie, jak już będzie po wszystkim.

Obok na ekranie wyświetla się prezentacja z jego życia. Każde zdjęcie to jakiś dramat. On dość bełkotliwie opowiada o swoich błędach. Zażenowanie i wstyd mieszają się z alkoholowym głodem. Wszyscy notują. Błąd za błędem.
Takiego gościa warto posłuchać.
Kto chce dzień w dzień budzić się we własnych wymiocinach...
Kto poza komikiem...?

STRAMIK PISZE

Znowu z tymi dziećmi. Ja je lubię. Nawet pisałem ostatnio. Tacy ludzie, co udają, że nienawidzą dzieci, sami są jak dzieci. Na przykład komicy liżący jajca Stewartowi Lee, udający mizantropów, a łaszący się o lajki i popularność w stopniu wręcz rzygownym.

Hastagrak antonisyrakdabrowski.

Wszyscy jesteśmy hipokrytami.

Ale niektórzy z nas szczególnymi.

Czas mnie goni, zostało mi kilka minut, zabrałem się dobrze, odpowiednio wcześniej, do pisania tego tekstu, lecz wciągnęło mnie wybieranie wycieczek na wrzesień. (Znowu zabiorę gdzieś matkę: na Bałkany, bo tęskni za Grecją; jednak czasem warto mieć dzieci).

Dobry pomysł – spotkanie z żulem. Może wykorzystaj w materiale...

Cieszę się, że wszystko zaczyna grać. Niebezpieczeństwo to jednak najlepszy bodziec.

A ja nie chcę się budzić we własnych rzygowinach. Zdałem sobie sprawę, że od 15. roku życia ciągle chleję i trzaskam dragi, chcę w ten sposób coś zagłuszyć. Właściwie nie wiem, kim jestem.

Teraz nie mam ochoty na używki.

Odstawiłem dragi i alkohol. Na poważnie. Zaraz zostanę członkiem jakiejś sekty. Albo jej założycielem.

I co mi zrobicie? Pijusy i ćpuny jebane?!

Nie chodziło mi o to, że nie lubisz dzieci, tylko – niezależnie od tego, czy się je darzy sympatią, czy nie – słuchanie o dzieciach siłą rzeczy bardziej interesuje i bawi rodziców. I co ciekawe, jeśli mówimy o ich porażkach czy ciężkich chwilach, to reszta chce słuchać. Jeśli mówimy o sukcesach – raczej zostajemy z tym sami.

Komik zazwyczaj jest gościem, który upadla się przed widownią.

Opowiada o swoich słabościach, o żenujących sytuacjach ze swojego życia (albo życia swoich znajomych, które to sytuacje kradnie i opowiada jako swoje). Widz wtedy czuje się lepszy (czy nie za to właśnie płaci?) i może się bezkarnie śmiać.
Jak wielka jest nasza potrzeba akceptacji, jeśli dla śmiechu potrafimy wyciągać najgorsze brudy ze swojego życia?

48.68

Oczywiście to wszystko jest umowne. Widzowi ma się wydawać, że komik jest pizdą. Ale tak naprawdę to „strefa kontrolowanego zgniotu". To my panujemy nad sytuacją.
Chyba że nie.
Chyba że tak się nam tylko wydaje...

Żyjemy w pięknym momencie. Wszystko w naszej branży się dopiero rodzi, a my mamy szczęście, że możemy to obserwować.
Obejrzałem wczoraj pilotażowy odcinek *Michał Leja Show*. *Late-night talk-show* bez budżetu i armii ludzi w tle. *Conana* pisze dwudziestu scenarzystów. I każdy pewnie lepszy od najlepszych komików u nas.
Leja robi to sam. Co prawda był tylko jeden segment – rozmowa z gościem (Piotrek Szumowski) – ale była ciekawa, luźna, z kilkoma świetnymi komentarzami (bardzo ładny kawałek o rasizmie). Wiem, że Michał chce to rozwijać. Ale jest sam, ma dziecko i zero złotych na dekoracje. Nie będzie to proste.

I szczerze mówiąc, bardziej mi się to podobało niż wszystko, co widziałem w telewizji. Było żywe. Prowadzący nawiązał dialog z gościem i obaj stworzyli coś fajnego. Nie rywalizowali. Nie silili się na nic.
Trzymam kciuki, bo wiem, jak trudno zrobić coś samemu i bez wagonu złota.

Lubię też inne formy, które promują komików i wsadzają ich w pozasceniczne okoliczności. Na przykład podcast Gawła *Nagrałeś to?*.
Feliga jest tam raczej białą kartą, na której maluje gość. Kiedyś mnie to drażniło, ale potem doceniłem formę, którą wybrał. Że nie ma tam starć, zaciętych dyskusji i agresji. Gaweł daje czas i potrafi pokierować rozmową. Na pierwszym planie jest komik. Feliga zaprasza wszystkich. Bez żadnego klucza i wzoru. Zadaje im często podobne pytania, a oni mają okazję opowiedzieć o sobie. Czasem przez te dwie godziny jestem w stanie poznać człowieka lepiej niż przez kilka lat widywania się na występach.

Rodzi się powolutku jakaś kultura związana ze stand-upem. Nie tylko materiał opowiadany ze sceny albo przez YouTube'a.
Bardzo bym chciał, żeby *Kryzys*, czyli polska wersja *Louiego*, też był jej sensownym elementem. (Zastanawiałem się, jak sprawić, żeby nazywanie go „polską wersją *Louiego*" było informacją, że świadomie idziemy drogą wytyczoną przez najlepszych i że będziemy nią dreptać, póki nie odnajdziemy swojej. Ale żeby to wyrażenie nie było interpretowane jako próba dorównania oryginałowi. I po chwili uświadomiłem sobie, że nie ma takiej obawy. Przymiotnik „polska" wszystko załatwia).

Lubię też Twojego bloga. To ważny element tej branżowej układanki. Zaczepny, skurwysyński, siejący popłoch i/lub ferment w środowisku.
Pewnie łatwiej mi go cenić i lubić, bo nigdy nie dostałem na nim wpierdolu.

Może dlatego, że tyle rozmawiamy i wszystko prostujemy na żywo. Poza tym umiesz na tyle sprawiedliwie oceniać, że z tego, co kojarzę, to nawet ci, którym dopiekłeś, potem zbijali Ci piątkę. A i sobie wbijasz regularnie szpilę (chociaż obaj wiemy, że wbić sobie to coś innego niż czytać czyjąś opinię – to też „strefa kontrolowanego zgniotu").

Tak czy inaczej – nie zarzucaj.

Znajdź tę wycieczkę na wrzesień i wracaj do klawiatury.

STRAMIK PISZE

Komik, o którym piszesz, to, zdaje się, tylko jeden rodzaj komika. Przecież komik to też człowiek, który stroi miny, naśladuje głosy. Zabiera publiczność w świat abstrakcji. Gada o polityce. Posługując się pacynkami, komentuje kwestie społeczno-kulturowe. Czy również polityczne.

Rozpierdala arbuzy wielkim młotem.

Udaje Michaela Jacksona (co by było, gdyby Jackson był alfonsem – widziałeś *Def Comedy Jam 25* na Netfliksie i kawałek Chrisa Tuckera o tym właśnie?).

Komik to również Bill Hicks, od którego – na co zwracał uwagę Doug Stanhope – nie sposób było się dowiedzieć, czy ma aktualnie dziewczynę, jaka jest, jak się z nią żyje. Ani słowa o rodzinie. Taki był Hicks, przynajmniej w późniejszej fazie działalności.

Podobnie Carlin. Czy u nas chociażby Kacper Ruciński. Przynajmniej do tej pory. Przynajmniej we wczesnej fazie działalności.

Żadnych obaw, frustracji, słabości, żenujących sytuacji z życia osobistego.

Bez przywłaszczania sobie cudzych przygód czy zdarzeń.

Czasem dzieje się wręcz odwrotnie. Z tymi przygodami. Nie że komuś się coś przydarzyło i komik to bierze jako swoje. *À rebours*. Ten akurat jeden typ komika, o którym piszesz, czyli Louie, miał taki fragment o tym, jak bardzo przyzwyczajamy się do rzeczy cudownych, do jakich jeszcze przed chwilą nie mieliśmy dostępu. Mówi o kolesiu, który wkurwiał się, że nie ma Wi-Fi w samolocie, mimo że o możliwości skorzystania z Wi-Fi dowiedział się kilka minut wcześniej, dopiero po znalezieniu się na pokładzie. Zamiast cieszyć się, że siedzi w fotelu w niebie, to narzekał.

W rozmowie z Conanem wyjaśnia, że to on się tak wkurwiał, a nie żaden koleś.

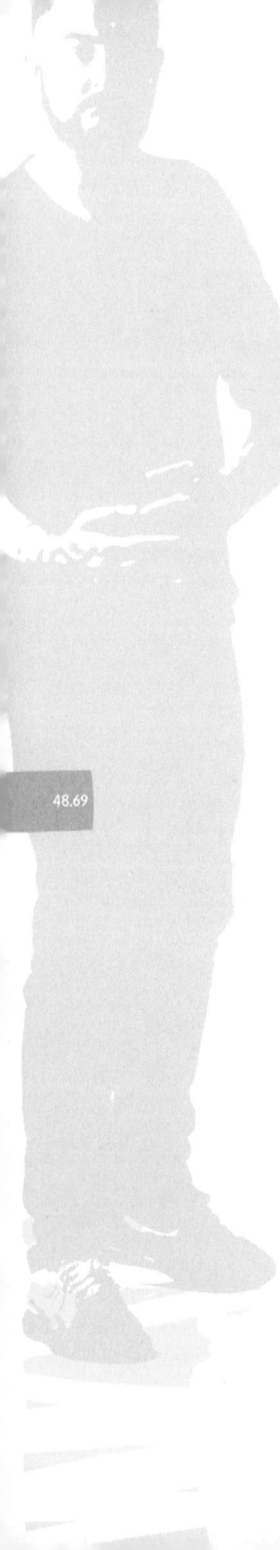

STRAMIK PISZE

48.69

Komik to istota niejednorodna. Komik nie jest jedną osobą. Komik ma wiele twarzy. Zupełnie jak człowiek. Ja często mówię, że jestem wieloma osobami. Właściwie nie wiem, kim jestem. Może, jak wspomniałem w poprzednim mejlu, czas odstawienia używek na dłuższą chwilę (albo najlepiej: na zawsze) przyniesie mi jakieś odpowiedzi.

Może zobaczę w sobie tego Leję. Mój problem polega na tym, że ja jednak średnio lubię oglądać stand-up czy produkcje komediowe w języku polskim. Po co to robić? Skoro oferta z Zachodu jest tak ogromna. I nawet na nią nie starcza czasu. Poza tym mam okazję wszystkich oglądać, słuchać na żywo. Podczas prowadzenia imprez, występowania.

Drugi mój problem polega na tym, że nie jestem wielkim fanem amerykańskich late-nightów. Oglądam je sobie na wyrywki. W ogóle średnio lubię produkcje *stricte* komediowe. Co innego podcasty. lubię posłuchać o życiu, najlepiej jakichś smutków. O problemach psychologicznych z ludźmi. Bo z czym innym mogą być problemy? Z pastą do zębów? I tutaj zarówno amerykańskie, jak i Feligowe odcinki wielce mi pasują. Najlepiej jeszcze, jak mówią o stand-upie, o kulisach, o scenach, o miastach. Przygodach. I nie starają się być na siłę śmieszni.

Kryzys z zainteresowaniem obczaję. Nie tylko dlatego, że brałem w nim udział. To wręcz powinien być dla mnie czynnik odstraszający. Bo ja nie lubię oglądać rzeczy ze sobą. Netfliksa ze sobą do dzisiaj nie obejrzałem. YouTube'y ze sobą – tylko fragmentami, w całości nie zdzierżę. Niektórzy tak mają.

My Polacy tak mamy. Lubimy niskie kurwy!

Codziennie niskie kurwy!

Ja akurat wolę wysokie. Kobiety w sensie że. Ceny też. Nie chcę być Polakiem. „Zabić wszystkich Polaków" – jak w każdej homilii powtarzał największy z nich, mianowicie Jan Paweł II.
Nie żebym się porównywał... (Takiej frazy używa czasem Jerzy Pilch: nie żebym się porównywał, ale Iwaszkiewicz coś tam, coś tam...).
Zatem nie żebym się porównywał, ale Johnny Depp kiedyś powiedział, że stara się nie oglądać filmów, w których zagrał. Nie lubi.

W każdym razie niech wszyscy działają jak najprężniej. Oczywiście. Rozwijają się. Próbują. Występują, nagrywają, piszą. Michał idealnie pasuje do takiego formatu. Uwaga: to nie będzie zarzut. Identyfikuję go jako mającego ciąg na taką telewizyjną popularność grzecznego chłopca, który lubi i ma – pozwolę sobie użyć dwa razy tego samego wyrazu w jednym zdaniu – ciąg na niegrzeczne rzeczy, niebędące jego domeną. Jest w nim taka Kimmelo-Fallonowatość. I dobrze wygląda w marynarce.

Wracając do mnie.

Ja i o dzieciach zawsze posłucham, jeśli będzie ciekawie. Louie robił to najfajniej. Właściwie to był chyba ogromny przełom u niego. Kiedy zaczął mówić o swoich dzieciach, że go wkurwiają, że są dupkami, że przeszkadzają w różnych rzeczach. Odbrązowił pociechy. Robiąc z nich antypociechy.

Słynne Carlinowskie obrazoburcze „Fuck the children!" zostało zaprezentowane z perspektywy osobistej, z punktu widzenia zmagającego się z problemami tacierzyństwa ojca. Jest to na pewno o wiele ciekawsze niż jakieś pierdolenie w stylu: „Nienawidzę dzieci, bo jestem takim zajebistym mizantropem i buntownikiem, jebią mnie sztywne konwencje i ramy społeczne, nie wzrusza mnie krzywda tych miniaturowych ludzi, w końcu ludzie to ścierwo, bez względu na rozmiar" – sam tak myślę, jednocześnie tak nie myślę. Są natomiast ludzie, którzy myślą tylko tak. Albo udają, że tak myślą, symulują u siebie takie myślenie, bo *nomen omen* myślą, że to jest fajne.

W zasadzie to nie wiem, co myślę. Jak powiadam: nie wiem, kim jestem.

Wiem, do czego dążę. Do świętego spokoju. Najważniejszej rzeczy według rzeczonego Jerzego Pilcha.

Nie chcę myśleć. A ciągle coś myślę. I są to zupełnie zbędne myśli, które wszystko rujnują.
Chociaż myślę, że lubię także, kiedy dużo się dzieje.

Nie jestem ja na tyle szalonym, żebym w Dzisiejszych Czasach coś mniemał albo i nie mniemał.
Witold Gombrowicz. Jak dla mnie Polak po stokroć większy niż JP2.

GIZA PISZE

Racja. Nieporadność i słabość to tylko jedna z opcji, którymi dysponuje komik.
Mam wrażenie, że trochę przesiąkłem taką postawą, stąd taki kategoryczny osąd.
Choćby moja opowieść o wyprawie na dziwki, zagrana na *Pimpach*, to zbiór żenujących sytuacji, opartych na prawdzie, odrobinę podkręconych – jak wszystko, co opowiadamy – i stawiających mnie w żałosnym świetle.

Ciekawe, że Louis był właściwie pierwszym gościem, który tak pojechał po dzieciach. Przecież samo się prosi.
Mam dzieci od lat czterech. Ile to razy patrzymy na siebie z Darią i komentujemy w sposób złośliwy czy ironiczny ich poczynania. Między sobą oczywiście – żeby nie nabawiły się kompleksów czy jakichś traum. Ale dla nas odreagowanie jest tak naturalne, tak bardzo nam potrzebne. Musimy trochę wyjść poza ten ugrzeczniony układ „rodzic–dziecko". Musimy podrzeć łacha, udupić, wykrzyczeć, wyśmiać... Przebić ten rosnący balon.
Kocham poczucie humoru mojej żony. I lubię roasty. Zatem lawina złośliwości przychodzi nam bardzo łatwo. Ale zauważyłem, że robi tak wielu rodziców, których znam. Właściwie chyba wszyscy. To, że te żarty z dzieci i rodzicielstwa pojawiły się na scenie tak późno, bardzo mnie zaskakuje.

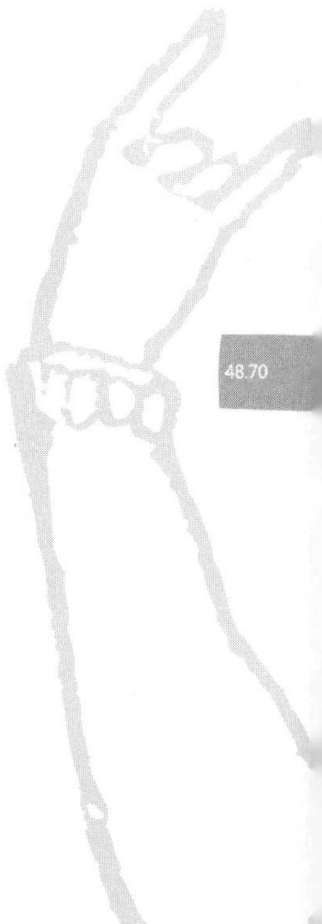

Dziś w księgarniach pojawiła się książka pod tytułem: *Jak być przyzwoitym człowiekiem?*. To zbiór wywiadów z różnymi osobami publicznymi, między innymi Mariuszem Szczygłem, Jadwigą Staniszkis, Tomaszem Terlikowskim, Robertem Biedroniem, Pauliną Młynarską, Andrzejem Pągowskim, a także... ze mną.

GIŻA PISZE

Towarzystwo zacne, cokolwiek by mówić. No dobra... może poza Terlikowskim.
Autorką jest Dorota Wellman.
Dorotę Wellman całkiem lubię.
Zadzwoniła do mnie kiedyś jej asystentka/współpracowniczka i powiedziała, że „Dorota piszę taką książkę i czy nie chciałbym się wypowiedzieć". Spoko. Przecież Dorotę Wellman całkiem lubię. Do tego grono szanowne, a i temat przyzwoity.
Dostałem mejla z pytaniami. Odpowiedziałem.
Pani Dorota zapytała rzeczone grono, złożone z dwudziestu czterech osób, o przyzwoitość. Główne pytanie zadała na wszelkie możliwe sposoby. I napisała dwie strony wstępu.
Czyli dziewięćdziesiąt procent tomu to wypowiedzi i myśli przepytywanych.
Literatura to nie jest chyba jakiś wielki biznes, ale mam nadzieję, że honorarium przekazane zostanie na chore dzieci (jak pani Dorota zwykła robić, za co ją właśnie całkiem lubię), bo inaczej na pytanie: „Jak być przyzwoitym człowiekiem?" teraz zmuszony byłbym odpowiedzieć: nie pisać takich książek.

A z drugiej strony może nie każdą rzecz trzeba wydłubać własnoręcznie? Może czasem wystarczy dobrze zawiadywać... Mieć pomysł, asystentkę i jedno ważne pytanie...?

Moje zderzenia ze światem celebrycko-telewizyjnym zazwyczaj należą do dziwnych.
Jakiś czas temu dostałem wiadomość na Instagramie od znanej celebrytki. Że jej narzeczony jest moim wielkim fanem i czy nie zagrałbym u nich na weselu.
Bardzo podziękowałem i najkulturalniej, jak się tylko dało, odpisałem, że stand-up na takich imprezach sprawdza się średnio, że nie ma klimatu, że może lepiej czekoladowe fondue, no i takie tam pierdoły, które miały delikatnie zaznaczyć, że nie kurwię się dla najebanych cioć i wujków.

GIŻA PISZE

No a ona na to, czy jednak nie dam się namówić.
No to ja znowu, że niestety, że stand-up na takich imprezach sprawdza się średnio, że nie ma klimatu, że może lepiej czekoladowe fondue, ale... mogę nagrać filmik z pozdrowieniami dla narzeczonego i że zapraszam ich na występ, jak będę w pobliżu...

I cisza.
Już się nie odezwała. Ani słowa.
Ani „OK", ani nawet „Jeb się, cwelu".
Nic.
No i mnie to zmroziło. Zrobiło mi się bardzo przykro.
Pomyślałem sobie: kurde, taka młoda, fajna dziewczyna i właśnie zginęła.
Na bank musiał w nią jakiś TIR wjechać w trakcie tego pisania.
Albo prowadziła auto i nagle spadła w przepaść.
No coś się musiało wydarzyć. Nie mogłem uwierzyć, że ot tak po prostu się wyłączyła.
No straszna tragedia.
Miesiąc później zobaczyłem ich zdjęcie ślubne na okładce jakiejś *Gali*. Jak mi ulżyło!
No dawno mnie tak nie ucieszyło czyjeś chamstwo i prostactwo.

STRAMIK PISZE

A kiedyś Kałamagens opowiadał, że zgodził się zagrać na weselu za dobry hajs... Myślał, że nikt się o tym nie dowie. Jednak nie przewidział, że jednym z weselników będzie Michał Kempa.

Ten sam Kałamagens, który wykazywał się swego rodzaju nieprzyzwoitością, podpierając się nie swoimi tekstami z internetu. Bóg jeden wie, co on tam opowiada na tych imprezach zamkniętych, które stanowią podstawę jego utrzymania. To znaczy ustalmy, że nie wiemy, może cokolwiek. Boga przecież nie ma.

Jednocześnie objawem przyzwoitości tego samego Kałamagensa jest jego uczestnictwo w akcjach bodaj na rzecz niepełnosprawnych dzieci.

Nic nie jest czarno-białe etc.

Ten świat celebrycki chyba jest. Czarno-czarny. Ale ile można nań wylewać pomyj? Wiadomo. Bardzo wiele. Szkoda czasu. Niech tam sobie żyją, jak chcą. Ich wybór, spełnienie marzeń. Są różne marzenia.

48.71 Rodzice marzą o tym, o czym pisałem w poprzednim tekście. O świętym spokoju. Z drugiej strony ten brak spokoju zapewniany przez latorośle to przecież jak najbardziej spełnienie ich marzeń.

Podejście, o którym piszesz, to połączenie wielu form odreagowania. Louie, w serialu *Better Things*, o którym ostatnio Ci mówiłem, stworzonym wraz z wieloletnią przyjaciółką i współpracowniczką Pamelą Adlon, z tym odreagowaniem poszedł jeszcze dalej niż w swoich specialach, gdzie tylko mówił źle o swoich dzieciach innym ludziom.

Główna bohaterka, aktorka, samotnie wychowująca trzy córki – alter ego samej Adlon – prosto w oczy i nie przebierając w słowach, je obraża. Wielokrotnie ma dosyć. Na pytanie, jak ci się udaje pogodzić karierę aktorską z samotnym wychowywaniem aż trójki dzieci, odpowiada szczerze: „Nie radzę sobie. Zawsze ktoś dostaje wpierdol, bo o czymś zapomnę, gdzieś dam dupy, nie starcza mi czasu, ale... wciąż trzymamy się razem".

Serial pokazuje silne więzi naznaczone ambiwalencją. Miłość i nienawiść w jednym. I to mi się w chuj podoba.

Bo przecież... Nic nie jest czarno-białe etc.

GIŻA PISZE

Właśnie się dowiedziałem, ile Dorota Wellman bierze za spotkanie autorskie.
Poczułem się najzwyczajniej w świecie wydymany. Ale ciągle wierzę, że wszystko pójdzie na chore dzieci.

Zawsze wszyscy zbierają na chore albo biedne dzieci. Dlaczego nikt nigdy nie zbierał na grzeczne dzieci? Tym bym dał najwięcej.

Żart.
(To jeden z najbardziej żenujących momentów w życiu, kiedy po żarcie dodajesz: „żart"/„żartuję" – zwłaszcza jeśli jesteś komikiem).

Grzeczne dzieci są dziwne.

Już samo to sformułowanie jest niepokojące.
Bo co oznacza „grzeczny"? Poddający się woli rodziców, którzy bardzo często argumentują swoje decyzje „bo tak", „bo jesteś za mała", „bo masz się mnie słuchać". Grzeczny to ten, który nie pyta, nie kwestionuje, nie myśli. Najlepiej, żeby siedział cicho, a potem poszedł spać.

Lubimy grzeczne dzieci, bo mamy więcej czasu dla siebie.
Ostatnio moja córka powiedziała, że lewa ręka wcale nie jest lewa. Że lewa to prawa, a prawa to lewa. I koniec. To znaczy: nie koniec, bo ta absurdalna rozmowa trwała dwadzieścia minut. W jakimś akcie desperacji wyszukałem w internecie strzałki w lewo i w prawo. Podpisane. Tylko ona ma cztery lata i nie umie jeszcze czytać, więc mi nie uwierzyła. Potem pomyślałem, że gdyby nawet potrafiła czytać, to przecież ściągnąłem to z internetu. Równie dobrze ona mogłaby wrzucić do sieci rysunek ze strzałką w lewo i podpisać „w prawo". W internecie jest prawie dwugodzinny film o tym, że Ziemia jest płaska.
W dwudziestej minucie dyskusji Mia stwierdziła: „Oj, tato, przecież dzieci muszą czasem gadać takie głupotki!".

48,72

Z kolei wczoraj, kiedy odprowadzałem ją na angielski, powiedziała: „Tato, myślę, że bawi się nami olbrzym". Odpowiedziałem, że większość dorosłych tak myśli i że „mówią o nim Bóg".
„Bóbr?" – najwyraźniej nie dosłyszała.
Ale momentalnie wyobraziłem sobie wielkiego kosmicznego bobra... Bóbr Ojciec, który całą wieczność buduje tamy i przegryza pnie. Wszystko inne ma w dupie. Budowanie tam i przegryzanie pni – to byłyby jedyne warunki dostania się do nieba.
„Chodziłam do kościoła, oddałam chorym dzieciom pieniądze za książkę...".
„No dobrze, dobrze, ale ile drzew przegryzłaś?".

Chcę, żeby moje dzieci znały języki. Żeby mogły czytać, oglądać i żyć bez żadnych ograniczeń.
Ja bez angielskiego, stanowiącego jakieś minimum, czuję się w pewien sposób upośledzony.

Coś rozumiem i nie mam oporów, żeby posługiwać się tymi szczątkami, którymi dysponuję, ale to trochę, jak być na orgii, ale za ścianą...
Szukałem jakiegoś przymiotnika, żeby tę orgię opisać, ale nic mi do głowy nie przyszło. „Wystawnej" orgii, „fantastycznej" orgii, „niezapomnianej" orgii? Chyba wszystkie te słowa mieszczą się w samej „orgii". Poza tym nie wiem, skąd w ogóle ta orgia. Wystawne pomieszczenie pełne narkotyków, alkoholu i pięknych kobiet wydaje się spełnieniem marzeń i fantazji każdego śmiertelnika, a jak się nad tym mocniej zastanowić, to chybabym się tam spalił ze wstydu. Albo zasnął. Po dwóch drinkach przycupnąłbym pewnie na jakiejś skórzanej sofie obok kopulującej pary, uśmiechnąłbym się słodko, próbując nie przeszkadzać, i nawet gdyby zalegli na moim ramieniu, zasnąłbym snem sprawiedliwego – jak ostatnio zwykłem czynić na każdej imprezie z alkoholem.

Z przyjemnością obejrzę *Better Things*. Pytanie tylko, czy masz z napisami?

STRAMIK PISZE

Idea bobrowego Boga jest spoko. Są koncepcje Boga psychopaty. Biorąc pod uwagę teodyceę, nie można o tym nie pomyśleć. Jak jakikolwiek Bóg może być dobry, skoro kiedy to piszę, umiera ileś tam dzieci na naszej planecie. Grzecznych, niegrzecznych, jakichkolwiek.

Filozof Sam Harris o tym mówił. Komik Jim Jefferies o tym mówił (ludzie bredzą, że Bóg jest tajemniczy. „Co jest tajemniczego w byciu dupkiem – to najmniej tajemnicza rzecz od setek tysięcy lat, to zupełnie tak, jakbym umawiał się z religijną dziewczyną i ona nakryłaby mnie, jak gwałcę jej matkę, zapytałaby mnie: co ty wyprawiasz?! A ja powiedziałbym: jestem tajemniczy, zawsze byłem tajemniczy").

No i do tego ten egoizm. Kiedy dzieje się coś dobrego, ludzie dziękują za to Bogu, w dodatku modlą się doń o własne powodzenie w życiu (przymykając oko na krzywdy innych). Kiedy wydarza się coś bardzo złego, pierdolą właśnie coś w stylu „Bóg działa w niezbadany sposób, ludzki umysł tego nie ogarnie, to zupełnie inna niż ludzka logika. Bóg jest tajemniczy". 48.73

Funkcjonuje też koncepcja autysty, który pozbawiony jest ludzkich odruchów. W komiksie, a raczej w powieści graficznej, a właściwie w filmie na podstawie tej powieści (bo powieści nie czytałem, tylko oglądałem film, który bardzo mnie swego czasu ruszył), *Strażnicy*, jest taka figura. Człowieka, który w wyniku wypadku przy jakichś nieudanych eksperymentach naukowych zyskuje supermoce, potrafi zaginać przestrzeń, być w kilku miejscach jednocześnie, multiplikować swoją osobę, przenosić się na odległe od Ziemi planety i tam samotnie spędzać czas. Potrafi też rozpierdolić całe hordy żołnierzy. Dlatego rząd amerykański wykorzystuje go jako niesamowicie skuteczną broń podczas konfliktów zbrojnych. Jednocześnie z biegiem czasu traci ludzkie odruchy, staje się obojętny na los ludzkości, medytuje sobie samotnie na którejś z planet. Fascynująca postać. A tylko jedna z wielu i jeden z licznych wątków fabuły *Strażników*. (Jednej z postaci, Komediantowi, poświęciłem mały tatuaż).

Jacek Stramik, polecam.

Doroty Wellman nie polecam. Chyba że to idzie na dzieci. Ale raz też, pamiętasz, rozmawialiśmy o tym, zobowiązała się do czegoś i nie zrobiła tego. Plus nie zostałeś poinformowany o wydaniu książki, w której powstawaniu brałeś czynny udział. No i te pytania przez internet.

Ja pierdolę, chromolić TVN w ogóle. Telewizję, której gwiazdą jest kobieta o prostym usposobieniu i przepalonym głosie, której nie da się słuchać. Którą jak widzisz, to wiesz, że nie chcesz spotkać na swojej drodze ludzi jej pokroju. Perfekcyjna Pani Chuj Wie Czego.

Chromolić ich wszystkich.

Ja mam iPhone'a 4s. Mogę mieć najnowszego. Ale mam wyjebane. Póki ten działa... I dobrze odmierza czas. Dzięki niemu wiem, że już muszę to wysłać. Dobry telefon. Grzeczny telefon.

A może Bóg to wieczne dziecko?

A może nie.

GIZA PISZE

Znowu gramy w Anglii. Tym razem Galę Stand-upu. Dziś Manchester. Duży skład, duża sala. Jutro w Londynie jeszcze większa.
Tak jak pisałem – wolę małe kluby, ale bardzo cieszę się na te występy. Piwo, fish & chips i entuzjastyczni widzowie.
Będzie dobrze.

Wczoraj byliśmy w manchesterskim klubie komediowym Comedy Store. To znana marka. Drugi jest w Londynie. Oryginalny (od którego podpieprzyli nazwę) jest w Hollywood.
Sam show nie zrobił na mnie wrażenia, ale to miejsce – bardzo. Marzy mi się w Polsce klub komediowy z prawdziwego zdarzenia.

W Warszawie istnieje Klub Komediowy, ale żeby tam wystąpić, nie możesz mieć żartów o bąkach, musisz dostać pieczątkę Koła Inteligencji Polskiej, znać trzy języki i lubić latte z sojowym mlekiem.

W Anglii komedia łączy.
Widziałem zdjęcia ludzi, którzy występowali na deskach Comedy Store. Komicy najróżniejszej maści. To miejsce jest dla wszystkich, którzy lubią się śmiać. To klub komediowy. Po prostu. Nie trzeba go pisać wielkimi literami.
Poza tym to też spory biznes. Cały wieczór zaczyna się na długo przed występem.
Widzowie przychodzą, mogą zjeść kolację czy wypić dobre wino. Show to tylko element całości. Zaplecze jest doskonałe. Oprócz komików są kucharze, barmani, kelnerzy, ochrona, techniczni...
Mam wrażenie, że tam komedia zna swoje miejsce. Nie wywyższa się jej. Jest produktem. Jest dodatkiem do wieczoru. Czy to dobrze? Nie wiem. Na pewno świetnie to ją chroni przed snobizmem, pretensjonalnością i zadzieraniem nosa. Wszyscy uważamy się za nie wiadomo kogo, a tak naprawdę jesteśmy dodatkiem do piwa... Ma być śmiesznie. Jeśli coś więcej, to tylko w bonusie.

GIŻA PISZE

Nigdy w ten sposób nie myślałem o tym, co robię. Zawsze chciałem być wyżej.
Pokora. Tego nam brakuje.
A może tylko mnie?

Do wczoraj myślałem, że przeciętny angielski komik jest lepszy od nas wszystkich razem wziętych. Okazuje się, że nie do końca.
Wczorajsi podobali mi się średnio. A było ich sporo. Łącznie z prowadzącym – aż sześciu. Większość mówiła o związkach, seksie i totalnych pierdołach. Jedynie Rob Deering – koleś z gitarą – autentycznie mnie rozbawił, a jego porównanie alkoholu i religii było znakomite.
Kiedy wróciłem do pokoju hotelowego, zacząłem szperać w necie.
Okazuje się, że materiał, który grał, to była składanka jego najlepszych kawałków. Najstarsze fragmenty miały ponad siedem lat. Siedem lat! Zanudziłbym się, mówiąc coś przez siedem lat. *Kapelusze* wrzucam do netu po ośmiu miesiącach. To akurat przegięcie w drugą stronę – jeszcze pół roku mógłbym z nimi jeździć. Ale kiedy czuję jakąś zmianę w swoim życiu, próbuję wdrożyć ją też w siebie na scenie. Czasem teksty, które mówię, nie wytrzymują tej minimalnej, ale jednak, próby czasu.

***

Siedzę w pokoju. Hotel jest w Londynie. Wy w lobby celebrujecie koniec trasy. Taki przynajmniej był plan.
Ja nie mam siły.
Muszę dziś skończyć tego mejla i wstać o czwartej rano, bo o czwartej trzydzieści ruszamy na lotnisko.
Tak jak pisałem na początku tego listu. Było dobrze!
Manchester podbity, a Londyn spalony do gołej ziemi (choć chyba nie ma takiego wyrażenia).

GIŻA PISZE

LUBIĘ TĘ MOC WIELKIEJ SALI, DWÓCH TYSIĘCY LUDZI, ŚWIATEŁ I GŁOŚNYCH DŻINGLI.

Dają kopa, adrenalinę i wrażenie, że możesz wszystko. Widownia cię niesie i w tym momencie nie chcesz myśleć, że najlepiej idą najprostsze historie i tematy. Dopóki cię kochają, jesteś w niebie i masz w dupie całą resztę. Kochamy być kochani. Nikt nie chce ciszy choćby przez piętnaście sekund.
Gala jest dżunglą. Wygrywają najsilniejsi. Nie znoszę takiego podejścia. Ale jest w tym wszystkim też coś podniecającego.
No i dobrze. Kokaina raz na rok też chyba nikomu nie zaszkodzi.

Zaraz... Ty przecież grałeś w Klubie Komediowym.
Nie miałem pojęcia, że lubisz latte.

48.74

STRAMIK PISZE

My, (prawdziwi!) komicy, tak mamy. Wolimy małe kluby. To tam mieszka kwintesencja stand-upu. Natomiast Gala jest wydarzeniem, które (na chwilę) wzmaga pewność siebie i (na nieco dłużej) stan konta. Do tego sprawia frajdę obcowania z tłumem rzeczywiście bardzo entuzjastycznym czekającym na głośny, dynamiczny show.

Moje doświadczenia z grania w UK są jak na razie wyłącznie dobre. Byliśmy we wrześniu w klubach. Było zajebiście. Galę również zaliczam do wydarzeń udanych. I też zajebiście.

Niemniej stand-up to tylko drobny dodatek do życia – tak o nim od czasu do czasu myślę. Ludzi, którzy żyją stand-upem, jest malutko. Od komików, poprzez organizatorów (żyjących głównie komercyjną i właśnie organizatorską stroną tej działalności), aż do widzów – to garstka. Podejrzewam, że większość ludzi chodzi na stand-up, ponieważ to rozrywka żywa, pozbawiona snobizmu, oferująca treści, których czasem nie wypada poruszać w towarzystwie; świetny sposób na wieczorne, takie „dorosłe", nieco niegrzeczne, acz lekko artystyczne zabicie czasu.

Być może pamiętasz Dave'a Attella mówiącego w swoim specialu *Road Work* do jakichś typów na widowni: „Tych kolesi nie stać na striptiz, dlatego przyszli na mój występ". Jak to mówią ludzie, coś w tym jest.

Gdyby stand-up, z chwilą postawienia kropki na końcu tego zdania, nagle przestał istnieć, większość ludzi chodzących na stand-up byłaby smutna może tyle czasu, ile zajmuje lektura tej wiadomości.

Co do smutnych ludzi – o Klubie Komediowym, tworzonym przez warszawkowych snobków, już raz czy dwa razy szerzej wypowiedziałem się na swoim blogu. Tutaj polecam wszystkim teksty *Fiut nad Wisłą* i *Orły, Świetliki*. Więcej wypowiadać mi się nie chce. Szkoda na nich czasu. Poza tym są tam już śladowe ilości stand-upu.

Podzielam spostrzeżenia na temat Comedy Store. Show podobał mi się trochę bardziej niż Tobie. Ja się starałem oglądać to oczami lokalnych widzów, którzy przyszli sobie zjeść, popić, poświętować jakieś urodziny i przy okazji niezobowiązująco pośmiać. Przy czym spora dawka profesjonalizmu składającego się na obsługę takiego wydarzenia zrobiła na mnie podobne wrażenie co na Tobie.

Może za jakiś czas będzie tak u nas. Powinniśmy chyba odgrywać role jeżdżących tam na delegacjo-wizytacje ucznio-pracowników komediowych, którzy będą współtwórcami zmian na rodzimym gruncie.

> PS
> „Nie znoszę takiego podejścia. Ale jest w tym wszystkim też coś podniecającego.
> No i dobrze. Kokaina raz na rok też chyba nikomu nie zaszkodzi.
>
> Zaraz... Ty przecież grałeś w Klubie Komediowym".
> He, he.
> Myślałem, że po tej pauzie, padnie coś w rodzaju: „Zaraz... Ty przecież walisz koks częściej niż raz na rok"...

PS2 W KK grałem na początku, kiedy to miejsce wydawało się pozbawione komediowego rasizmu i otwarte na stand-up w każdym wydaniu. Obecny Klub Komediowy powinien z nazwy wypierdolić przymiotnik „Komediowy".

PS3 Już rozmyślam nad jakimiś prostymi rzeczami, które jako nieodzowne przy tego typu graniach ornamenty sprawdzą się na przyszłych Galach (zarówno na tej polskiej, jak i na tej zagranicznej).

GIZA PISZE

Kiedy wpadliśmy na pomysł tych mejli, Daria mocno się dziwiła. Moja żona zazwyczaj lubi to, co robię, i mocno mnie wspiera. Dodatkowo potrafi być krytyczna i szczera (co jest bardzo wyjątkowe) i to dzięki niej wiele razy stanąłem obok siebie i potrafiłem ocenić, co jest nie tak. Właściwie to ona potrafiła.
Tu powiedziała tylko „przecież nie jesteś Piłsudskim, kogo to będzie interesować".

To siedemdziesiąta szósta odsłona. Jeśli ktoś, prócz Ciebie, to czyta, drogi Jacku, to faktycznie zastanawia mnie, kim jest ów czytelnik?
Stawiam na kogoś mi/nam/Tobie bliskiego – kogoś, kto został poproszony o jakąś ocenę tego materiału. Może ktoś z branży? Ktoś, kto się z Tobą/mną/nami liczy, albo ktoś, kto Ciebie/mnie/nas nie znosi i od kilkudziesięciu stron tylko utwierdza się w tym przekonaniu.

Możemy dawać powód.
Od siedemdziesięciu pięciu mejli pierdolimy i ferujemy wyroki. Ustawiamy świat według własnych kryteriów i przybijamy sobie mentalną piątkę za każdym razem, kiedy wbijemy szpilę komuś na świeczniku.
To nasze mejle. Mamy do tego prawo.
Ale ostatnio zauważyłem, że złość i wkurw na świat czy branżę zupełnie niczego nie zmieniają. Właściwie są tylko destrukcyjne. Czy naprawdę jest sens myślenia o tym, jak pan X prowadzi swój telewizyjny show czy jak pani Y bawi swoją widownię? Kolega Z ma proste żarty? Spoko. Moje są proste dla kolegi A.

Może – że tak znowu zacytuję ukochanego Bisza – „orły zgołębiały"? Może dopadła mnie starość albo na horyzoncie pojawiły się poważniejsze problemy: gdzie wyślę dzieciaki do przedszkola albo jak spłacę ratę za swoje–nie swoje volvo.

Wiesz o tym, bo Jacek Stramik A.D. 2017 to zupełnie inny Jacek Stramik niż ten z 2016 roku.
Doceniony, spełniający się, z pozytywnymi komentarzami i dziesiątkami stempli „smucikonia" zostawianymi w polskich miastach.
Z oszczędnościami i wrześniową wycieczką na Bałkany na horyzoncie. Z programem lżejszym, osobistym, mniej wkurwionym właśnie.
Człowiek uśmiechnięty i choć nadal kontestujący otaczającą rzeczywistość, to już inaczej. Mniej drapieżnie. Bardziej skupiający się na swoich i swojej matki problemach.
No tak... Bo czy nie lepiej zacząć sprzątać świat od własnego podwórka?
Lepiej chyba.

Tylko na co nam to tu, skoro nie jesteśmy Piłsudskimi?

STRAMIK PISZE

Nie mam pojęcia, kto to będzie czytał. Możliwe, że tylko moja ulubiona grupa społeczna. Czyli degeneraci. I czy to się nadaje do publikacji?

I czy nie jest butą myślenie, że to się do publikacji nadaje?

Nie mam też pojęcia jak Daria zareaguje na Twoje dziary. Chyba będziesz musiał zrobić. Bo znowu dałeś dupki z czasem! Jest 2:1 dla mnie!

Pewnie dobrze zareaguje, bo jak pisałem wcześniej, na pewno zrobisz coś oszczędnego, w dobrym guście.

„Smucikoń" zostaje w głowach. Zarażam nim teraz entuzjastów stand-upu na pięknych warmińskich ziemiach. Na tychże ziemiach zrobiłem sobie dwa dni temu tatuaż poświęcony temuż wyrazowi wirusowi.

Żaneta, dziewczyna Jaksy, zrobiła. Polecam. Mają tam piękną pracownię i dobrych, życzliwych, otwartych ludzi. Takich, z którymi warto przebywać, żartować.

Warto umierać w towarzystwie dobrych ludzi.

Bo życie to śmierć.
Właściwie to wszystko, co mam do powiedzenia. Tu chciałbym zakończyć. Padł motyw śmierci. Jeden z moich ukochanych. Chociaż to właściwie chodzi o życie. Wcześniej dałem pochwałę dobrych ludzi. Co się ze mną dzieje?
Ludzkość i życie.
Polecam,
Jacek Stramik

PS Jak wrócę z Warmii, to przypierdolę jakieś dłuższe teksty pewnie. Do tego będę prowadził trzy wieczory eliminacyjne, po raz kolejny zobaczę, jak komicy walczą o wejście do finału festiwalu stand-upowego. Może coś jebnę o kondycji polskiego stand-upu... Chociaż nie chce mi się ustawiać siebie na pozycji krytyka, komentatora, znawcy. Dlatego nie chce mi się już prowadzić bloga. Chyba że dla jaj napiszę o eliminacjach w pozytywnym tonie.

GIZA PISZE

Stoję dziś w oknie i myślę, o czym napisać.

Nagle widzę, jak jakiś skurwiel kopie psa. Małego psa na smyczy, z którym wyszedł na spacer. Na spacer albo żeby go kopnąć, bo może ktoś mu w domu nie pozwala.
Za chwilę kopie drugi raz.
Skręciło mnie.
Zszedłem na dół. Idę do niego. Oczywiście, idąc, miałem w głowie milion myśli. Czego to mu nie powiem. Jak ostro zaatakuję. „A może od razu wjadę w niego z buta?".
Skończyło się na:
– Przepraszam, czy pan kopnął tego psa?
– Nie.
– Przecież widziałem.
– To niemożliwe.
– Jeszcze raz zobaczę, że pan kopie tego psa...
– Ale pan nie widział.
– Jeszcze raz!
Nic nie odpowiedział.
Gdyby ktoś mnie oskarżył o coś takiego i byłoby to bezpodstawne, tobym się cały zagotował. A on nie wyglądał na zagotowanego. Poza tym widziałem na własne oczy, że go kopnął.

W to, że nagle się zmieni, nie wierzę, ale może będzie się teraz bardziej rozglądał, przez co kopnie dwa razy rzadziej. A może, jak tylko weszli do klatki, zaczął tego psa napierdalać ze zdwojoną siłą, żeby sobie odbić. Nie wiem...

Dlaczego ten pies nie zagryzie go w nocy?
Dlaczego nie potrafi udawać miłego, a w nocy rzucić się do gardła i przegryźć mu tchawicę?
Albo strącić mu w czasie kąpieli suszarki do wanny. Ot tak, przez przypadek.
A potem wyjść z domu, przebiec się na dworzec, wskoczyć do pociągu byle jakiego i wysiąść sto kilometrów dalej.

Nikt by go nigdy nie znalazł.
Nikt by go już nigdy nie kopnął. A gdyby kopnął, to... wiadomo.
Taki pies morderca. Seryjny.
Znak rozpoznawczy: mocz na zwłokach.

Chciałbym zrobić o tym set.
Ale może później. Na razie jestem zbyt wściekły. Emocje to najgorszy doradca. Zwłaszcza te nieprzetrawione. Kiedy kurz opada, widać więcej. Można się zdystansować i poszukać żartów. Jak już kiedyś pisałem, „komedia to tragedia plus czas". (Ciągle nie pamiętam, kto to powiedział. Ty jesteś dobry w cytatach – to był Woody Allen?).

Można też czekać na przegięcie.
Oglądam właśnie na Netfliksie dokument o Tig Notaro (*Tig*) i ona opowiada właśnie o tym przegięciu.
48.78 W pewnym momencie zachorowała na straszną chorobę. Kiedy się z niej wykaraskała, zmarła jej matka. Podczas jakiegoś występu, kiedy o tym wspomniała, ktoś jej doradził, że powinna opowiadać o swoich tragediach. Wtedy jej to nie bawiło. Nawet się oburzyła. Chwilę później dowiedziała się, że ma raka piersi. Ta informacja najpierw ją zmiażdżyła, ale potem, w tej całej powodzi zła, wydawała się tak absurdalna, że licznik się przekręcił i nagle jej głowa się otworzyła. Zrozumiała słowa tamtego gościa. Znalazła w tym wszystkim komedię. Po czym nagrała historyczny special *Live*, który zaczyna się od „Hello, I have cancer, how are you?".

Nawał smutku i ciosów otworzył ją. Kiedy mówiła o tym ze sceny, jeszcze nie miała pojęcia, czy będzie zdrowa i czy w ogóle przeżyje.
U nas Antek nagrał *Sierpień*, o którym już pisałem. On był po. On złapał dystans.

Nie chcę mieć takich przeżyć. Wolę mieć słabszy materiał.

Wystarczy mi, że ktoś kopie psa.

STRAMIK PISZE

Z tym psem – tak samo reagują ludzie kradnący żarty. Wczoraj na eliminacjach do festiwalu typ użył tekstu, który był na Joe Monsterze w 2006 roku...

Dostał sporo głosów, bo przyprowadził znajomych. Widać było, że to był jego pierwszy albo jeden z pierwszych razów na scenie. Smucikoń pierdolony.

Publiczność wybrała Bendlera. A ja, poza prowadzeniem wieczoru, pełniłem funkcję kogoś w rodzaju konsultanta organizatora. Decyzją tegoż do konkursu finałowego zakwalifikował się Splin, który uzyskał jeden głos publiczności. Ale miał najbardziej zróżnicowany materiał. Nie tylko o kutasach. Miał też całkiem niezłe reakcje. Widocznie ludzie bardziej zapamiętują kutasy. Splinik jest też lekko przezroczysty, nie ma aż tak wyrazistej osobowości.

No, w każdym razie obudziłem się po szóstej i nie mogę spać. Bo tam jest dwóch „skrzywdzonych", którzy mieli po dwanaście głosów publiki i w głosowaniu zajęli drugie miejsce, po Bendlerze (który miał piętnaście). Dlatego nie lubię konkursów. Zawsze ktoś płacze.

Z drugiej strony jeden z pokrzywdzonych starał się utwierdzić mnie w przekonaniu, że to jest spoko. Jakiś ferment. Coś się dzieje. Do tego nieprzewidywalność. Nagle ktoś, kto przeważnie nie robi szału, zaskakuje i daje dobry występ. Do tego takie rzeczy mogą rzekomo hartować charakter...

Chyba tak. Ale i tak nie lubię konkursów. Jednocześnie z zainteresowaniem się temu przyglądam. Pamiętasz, jak widzieliśmy bójkę na ulicy w Manchesterze... Tyle w temacie.

Tig zajebisty. Ciekawe, czy powstanie *Antoni*.

„Wtem wszyscy zamarli. Wystąpił w *Dzień Dobry TVN* i *Pytaniu na śniadanie*, pojawił się na głównej stronie wp.pl, dał siłę oraz inspirację do walki z przeciwnościami losu milionom Polaków...".

Sam zainteresowany pewnie bardzo by się tym „jarał". A na fejsie oraz insta udawałby, że ma wyjebane i wkurwiają go te wszystkie kamery. Tyle w tym temacie.

A propos seryjnych morderców, teraz oglądam tego *Mindhuntera* na Netfliksie. Wybitna rzecz. Nieśpiesznie, wręcz hipnotycznie prowadzona. O narodzinach terminu i zjawiska w kryminologii. O przełomie w historii dziejów. Morderstwach pozornie bezinteresownych. Badaniu psychopatii. O tym, jak zbrodnia, w optyce ścigających, stawała się nagle irracjonalna, nie nastawiona na zysk, tylko zaczęła wynikać z podłoża psychologicznego ściganych.

Człowiek jako jedyny gatunek na Ziemi czerpie coś w rodzaju przyjemności z zabijania. Kiedyś przeczytałem czy usłyszałem coś takiego. Choć nie jest to jakaś wielce odkrywcza konkluzja. Dodam tylko, że po seansie *Mindhuntera* trudno powiedzieć, że człowiek odcinający kobiecie głowę i kopulujący z nią robi to bezinteresownie.

Typ kopie psa. Należałoby zbadać typa. Przyjrzeć się jego środowisku, sposobowi wychowania etc.

Szkoda psa. Lecz chyba szkoda też typa.

PS „Humor is tragedy plus time" – Mark Twain.

GIZA PISZE

Dziś krótko. Jest druga w nocy.

Właśnie wróciłem z Koszalina, z Twojej sceny, gdzie kolejny raz testowałem *NR 3*.
Muszę iść spać i nadrobić wczorajszą noc w Poznaniu – mieście kosmicznych afterów.

Udało mi się zrobić dziś coś, co jest solą testów.
Udało mi się wyimprowizować kilka zdań, które mają szansę przerodzić się w zabawny i całkiem zgrabny bit. A to wszystko przez jedno małe przejęzyczenie. Zamiast „możemy zlikwidować problem niedożywionych dzieci", powiedziałem „możemy zlikwidować niedożywione dzieci". A potem było tylko lepiej.
Wiem, że wyrwane z kontekstu może się zdawać brutalne, ale sam słyszałeś, że wyszło bardzo śmiesznie.
To jest niesamowite, jak pisząc materiał, mamy wrażenie, że temat, który bierzemy na warsztat, jest już wyczerpany, a potem jedna mała wpadka albo podświadoma improwizacja daje paliwo na kolejne żarty. I po miesiącu masz wrażenie, że nie dało się tego nie wymyślić. Że to takie proste, że przecież idealnie pasuje do całości. Może też dlatego tak gładko z nas wypływa. Nie da się wszystkiego zaplanować, wymyślić i zapisać.
Niektórzy piszą tylko hasła i z nich wyimprowizowują całe bity. Ja wolę wszystko spisać i na mocnym fundamencie dać sobie wolność do szukania i dopowiadania. Kiedyś w ten sposób z czterech zdań o toalecie na lotnisku zrobiłem trzynastominutowy monolog o toaletach publicznych.
Uwielbiam ten moment w naszej pracy. Robisz szkielet, który uważasz za przyzwoity, potem zaczynasz się bawić.

Uwielbiam też spać.
Dobranoc!

STRAMIK PISZE

Przejęzyczenia są super. Darek Gadowski miał kiedyś „knedla" zamiast „knebla". Ładnie wchodziło. Ja mam, że „polecam" homoseksualny seks... To znaczy „popieram", jejku...

„Likwidacja niedożywionych dzieci" też spoko.

Piszę w pociągu. Muszę odpocząć. Po dzisiejszym graniu odpoczywam jeden dzień. Później prowadzę trzy Paczesie w Poznaniu i trzy dni odpoczywam, później Koszalin, następnie też jakiś odpoczynek.

Jesień jest pracowita. Mało snu. Zauważyłem, że jak wrócę po kilku intensywnych dniach trasy, jestem na tyle zmęczony, iż muszę praktycznie przespać, przeleżeć jeden bity dzień.

Wczoraj drugi sezon *Stranger Things* wjechał na N. Będzie oglądane.

Trochę rzeczy mam do nadrobienia. Nowego Pattona Oswalta. *1922* – Netfliksową adaptację prozy Kinga. Podobno dobrą w chuj. Już jedną niedawno zrobili.

Gra Geralda. Dobra. Do tego film z Sandlerem, Dustinem Hoffmanem i Benem Stillerem. Netflix ładnie napierdala.

A ja sobie wymyślam nową rzecz. Chyba fajną. I powoli staję się głodny. Będę ruszał do Warsu. Warsa?

GIZA PISZE

Zdążyłem!

48.82

STRAMIK PISZE

To jest, kurwa, trochę nie fair z tym „Zdążyłem!" i chuj. Ale...

Wybaczam Ci!

Tylko że wtedy, jak raz nie zdążyłem, to leżałem obok komputera. Okazuje się, że wystarczyło, że bym go otworzył i napisał „Zdążyłem!".

Jaja.

Mam luz. I tak jest 2:1 i na chwilę obecną masz dziary na sobie. Zobaczymy, jak to dalej pójdzie.

W sumie też z chęcią napisałbym „Zdążyłem!".

Jeszcze nie odpocząłem. Dzisiaj Halloween, Pacześ w Poznaniu, prowadzę trzeci dzień z rzędu. Wszystko układa się dobrze. 1, 2, 3 listopada mam wolne. Będzie chwila na spokojną refleksję.

Niespokojna refleksja przynosi następujące wnioski. Jest dobrze. Robię to, co lubię. Nagrałem „Smucikonia", wbijając się do Ciebie na gapę, przed nagrywkę *Kapeluszy*; wyszło – myślę – dobrze.

Książkę muszę dzisiaj kupić. *Nieprzysiadalność*. Wywiad rzekę ze Świetlickim. Nie mam tatusia od dziewiętnastu lat, to szukam sobie tatusiów w świecie sztuki. Świetlicki, Pilch na pewno do nich należą.

To znaczy „nie muszę, ale chcę. Będę miał chwilę czasu, pójdę sobie do księgarni Bookowski w Zamku i tam na górze wypiję frappé, opierdolę ciasto. Następnie pojadę poprowadzić Paczesia. Ludzie kochają Paczesia i trzeba mu oddać, że wkłada ogrom pracy i serca w działalność sceniczną. Ani na sekundę się nie zatrzymuje. Schodzi ze sceny z przepoconą koszulą. Stand-up fizyczny w najczystszej postaci. Jakby wprowadzić tygrysa na scenę. Nie odpuści, dopóki nie dobierze się do każdego gardła na publice. Nie rozerwie każdej tętnicy na strzępy.

Nie jest to mój stand-up zupełnie. Lecz jak powiadam: doceniam. Jest w tym talent i dużo pracy. Z gorzkich myśli: trochę smutno, że ludzie zahaczają się na kolejne Dańcowanie. Rafał bardzo mocno przypomina Dańca ruchami scenicznymi, swojskością, sposobem artykulacji, zdrabniania niektórych wyrazów. Starsi widzowie nabierają się na to na poły nieświadomie. Młodsi nawet nie wiedzą, że chwyta ich za serce inkarnacja Marcinka.

Rafałek to w gruncie rzeczy Marcinek nowej ery. Ale nie mam z tym problemu. Wiem, jaki jest świat, kim są ludzie, czego chcą. Co ich bawi. Akceptuję taki stan rzeczy. Kiedyś chciałem ich powystrzelać. Ale jak wspomniałem: robię to, co lubię. Tak samo Rafałek, który dla mnie jest spoko. Oglądam go z uśmiechem na twarzy. Facet w swoim żywiole. Część mojej roboty to go zapowiedzieć.

Jak mógłbym chcieć kogoś rozstrzeliwać w takiej sytuacji?

PS Fajnie, że ludzie, którzy mogliby mieć wyjebane, godzą się zagrać w Poznaniu, gdzie działa między innymi moja scena. Pozwalają wpuścić na scenę open-micerów. Tworzy się jakaś społeczność, coś w rodzaju wspólnoty. Pojawiają się nowe twarze.

Ty też należysz do tych osób, które mogłyby mieć wyjebane. Ale na przykład Pacześ, sam dbający o kult Rafałka, wielokrotnie mówiący o sobie na scenie w trzeciej osobie, komuś mógłby się wydawać zarozumiały czy olewający początkujących. Nic bardziej błędnego. Pewnie dlatego, że sam musiał przedzierać się przez gówno, żeby być tam, gdzie jest i będzie.

3 Ogólnie chcę powiedzieć, że jest dobrze. Odkładam samobójstwo na czas bliżej nieokreślony.

4 Zdążyłem, kurwa! W dodatku coś napisałem, leniu!

GIZA PISZE

Wiesz dobrze, że to „Zdążyłem!" było prowokacją. Że mogłem wyrzucić z siebie nawet osiem zdań, w których usprawiedliwiałbym, dlaczego kolejny raz nie jestem tu z Tobą/Wami/nami na sto procent.
To pojawiło się już w kilku mejlach.
Pisaliśmy już o kacach, o zmęczeniu – i jak długo było w tym coś więcej, coś nowego – miałem luz. Ale, jak na mój gust, za dużo tego jęczenia.
Nie mamy czasu – zostawmy założenie 48 godzin.
Jest fajne? Sprężmy się.
Oczywiście to być może tylko moje odczucie. Stąd pomysł na jedno słowo.
Gdybyś je wykorzystał wcześniej, pewnie cała ta rozmowa odbyłaby się kilka tygodni temu. Nie miałbym problemu. Co więcej – nie wybaczałbym Ci tak wspaniałomyślnie, tylko docenił pomysł. W dupie mam Twoje wybaczenie. Wysłałem mejla w ciągu 48 godzin. Nie miał trzystu słów, tylko jedno. Zasady nie zostały złamane. Pierdol się. To też możesz mi wybaczyć.

Teraz ja jęczę.

W świecie komedii jest coś nieznośnego. Właściwie: w świecie uprawiających komedię. A może po prostu w ludziach. W znakomitej ich większości.
Jęczenie.
Niezadowolenie.
Marudzenie.
Ciągłe narzekanie.
„Za mało, za słabo, za wolno".
Mało kto potrafi docenić punkt, w którym jest. Mało kto potrafi pracować i być pokornym.
Rafał jest pracusiem. Bardzo mi tym imponuje. Daje z siebie wszystko. Pisze dużo, poprawia, zmienia, szlifuje. Cały czas jest przejęty i zaangażowany.

GIZA PISZE

Trzy lata temu szukał grań na supportach, bo chciał zostawić robotę i musiał jakoś przetrwać finansowo, a dziś zapełnia wrocławski A2 (jeden z największych klubów w Polsce) trzy wieczory z rzędu!
Oczywiście: „nie ilość, ale jakość".
Pieprzenie.

Ja też myślałem, że docenisz moją „jakość". Ty, Jacek Stramik – ważna persona naszego nieważnego światka. Ale chyba ta „jakość" pojawiła się tylko w mojej głowie. Może ja uznałem „Zdążyłem!" za jakość, a Ty za lenistwo i cwaniactwo. Może te podziały na ilość i jakość nie są takie wyraźne czy w ogóle istotne? Może ich po prostu nie ma?

Może tylko w naszych głowach wszystko jest takie proste i wyraźne.
Założę się o duże pieniądze, których aktualnie nie mam – że widz, który przychodzi na występy Rafała, przychodzi też na Twoje, Lotka, Kaśki, Antka, Zalewa czy moje. Widz chce się bawić.
Wymieniłem tu ludzi, którzy według mnie potrafią robić stand-up i którzy potrafią dać zabawę komuś, kto na nich przyjdzie. Czy naprawdę Twoje, moje, Kaśki albo Rafała mówienie o związku tak bardzo się różni? Czy ilość bluzgów, kutasów i „ważnych" tematów jest tak bardzo inna?

Może za lat pięć czy dziesięć będziemy dalej. Nasze widownie będą się różnić, bo my będziemy się różnić. Dziś tylko próbujemy. Jest lepiej niż pięć lat temu, ale nie wystarczająco dobrze.

Chociaż nawet te różnice nie zatrzymają nikogo i nie zatamują przepływu publiczności. To oczywiste. Przecież co chwilę mam ochotę na coś innego. Dziś lody, jutro czekolada. Krupnik albo schab w papryce. Lekki serial komediowy i ciężki dramat. Tak samo jest z muzyką czy komedią. Ale zawsze interesuje mnie ktoś sprawny w tym, co robi. To jedyne kryterium.

Ha! Czyli wracamy do jakości.
Co to za pierdolenie:
„moja widownia jest lepsza",
„moja widownia kuma",
„moja widownia to intelektualiści".

Moja widownia to też Twoja widownia. Często na nasze występy przychodzą ci sami ludzie. Super.

Nie znoszę pozowania na kogoś lepszego. Nie znoszę kończenia programu żartem o bąku i mówieniem: „Nie lubię być kojarzony z tym żartem, ale...". To kurwa nim nie kończ! Nie ma ALE. Chcesz śmiechu? Wymyśliłeś zabawny żart o bąku? Powiedz go. I nie tłumacz się.

Nie ma złych tematów. Są złe żarty.

Albo skończ cytatem z Chomskiego.

No i znowu jęczę...

PS „Jeżeli założysz, że nie ma nadziei, gwarantujesz sobie, że ta nadzieja nigdy się nie pojawi. Jeżeli założysz, że możliwość zmieniania rzeczy istnieje, wtedy pojawia się prawdopodobieństwo, że zmienisz świat na lepsze" – Noam Chomsky.

PS2 Powyższy cytat wkleiłem z jakiejś strony. Nigdy nie czytałem Chomskiego.

STRAMIK PISZE

Mam taką teorię, że nikt nie czytał Chomskiego. Poza samym Chomskim, który jest tak genialny, że stworzył wszystkie omówienia działań pisarskich Chomsky'ego. Pod różnymi pseudonimami.

A może Chomsky to wszyscy. Również Rafał Pacześ czy Bartosz Zalewski.

Wszyscy jesteśmy różnymi osobami. Jedną świadomością, podzieloną na różne osoby. Wcieleniem tego samego. Wszyscy jesteśmy tym samym i zaraz umrzemy. Też nigdy nie czytałem Chomskiego. Dlatego wybaczam Ci, że go nie czytałeś.

STRAWIK PISZE

Czytam teraz tę autobiografię Świetlickiego, *Inne ochoty*, czyli drugą część rozmów Eweliny Pietrowiak z Jerzym Pilchem i *Poznań. Miasto grzechu* – reporterską rzecz Marcina Kąckiego.

Czytam trzy książki jednocześnie. Dawno tak nie robiłem. Ale zmęczyły mnie już trochę seriale, znudziły stand-upy, zniechęciły filmy.

Czytanie jest jak łyk świeżego powietrza. Zapomniałem, jakie to jest dobre. Gdyby nie czytanie, nie umiałbym pisać. A przecież lubię pisać. To jest jedna z moich ulubionych czynności.

Poza wybaczaniem Tobie. I kilkoma innymi, nieco przyjemniejszymi.

Ciekaw jestem, czy wciągnie mnie na nowo. Świat liter. Zanim poznałem stand-up, był na pierwszym miejscu. Czuję, że jest

szansa. Chcę wrócić. Nieśmiało planuję kolejne lektury.

Oczywiście nie porzucę seriali, stand-upu, filmów. Będę to wszystko okraszał zerkaniem na zapisane stronice. Dlaczego nie oddawać się powoli zanikającej „sztuce" czytania książek?

Nie ma co porzucać rzeczy dobrych. Jestem po seansie *Blade Runnera 2049*. Kurewsko dobry i smutny film. Cudny wizualnie.

Nikt nie jest wyjątkowy. Każdy chce wmówić innym, w tym sobie, że jest inaczej.

Wszyscy i tak za chwilę znikniemy.

Po co to wszystko?

Wciąż siedzi mi w głowie cytat z Pattona Oswalta, który w specialu *Annihilation*, kurewsko dobrym i smutnym, przywołuje słowa zmarłej niedawno żony na temat natury rzeczywistości.

„Panuje chaos. Bądź życzliwy".

GIZA PISZE

A ja dziś znowu o sobie.
Nawet nie wiem, czy nie w temacie, który poruszałem już wcześniej.

Wrzuciłem wczoraj *Kapelusze* do sieci.
Pół dnia rozgryzałem meandry youtube'owego świata. Ale chyba wszystko poszło tak jak powinno. W kwestiach technicznych. Okazuje się, że nie jestem aż takim ignorantem.
Poza tym pół dnia, bo drugie pół nosiłem na rękach Idę. Zęby jej chyba idą. (Kiedyś mimowolnie wypadło z moich ust zdanie: „Myję Mię i idę po Idę"). A zęby są ważniejsze niż jakieś publikowanie filmów czy nawet czytanie książek. Na pewno te zęby, które przebijają się przez dziąsła. Dziwnie jest to wymyślone. Jest kilka takich elementów ludzkiego ciała, które mogłaby wszechpotężna Matka Natura inaczej wymyślić. A może miała nas dość i chciała, żebyśmy cierpieli. Wiedziała, co będziemy odjebywać.

W dobę *Kapelusze* miały ponad 250 tysięcy wyświetleń. To dobry wynik. W dużej mierze zrobiony przez moich fanów. Przez ludzi, z którymi wiąże mnie jakaś nić sympatii, zrozumienia i przede wszystkim poczucia humoru. Im pasuje to, co mówię, mi pasuje, że im pasuje.
Miłość i pokój.

Ale oczywiście jak wszędzie pojawia się też gromada ludzi, którzy lubią mój (Twój/jakikolwiek) profil, ale serdecznie mają na mnie (Ciebie/kogokolwiek) wyjebane. Co więcej – może go polubili z przekory.

Nie marudzę, że mam złe komentarze. Każdy ma. Bez nich nie ma internetu. Ba, twórczości. Jeśli podobasz się wszystkim, to jesteś Zenkiem Martyniukiem.
Mnie kiedyś w Słupsku – pamiętasz? Było tam bardzo gorąco, a jadąc tam, słuchaliśmy Todda Terje – organizator powiedział, że jestem Zenkiem stand-upu. Chciał mnie skomplementować, że tyle biletów się sprzedaje... Ale sam wiesz. Jak brzmi: „Zenek stand-upu"?

GIŻA PISZE

Wkurza mnie tylko to, że możesz powiedzieć w materiale wszystko wprost. Możesz podkreślać różne rzeczy, próbować je tłumaczyć, a ludzie i tak będą to wszystko rozumieć po swojemu.
W *Kapeluszach* na samym wstępie opowiadam o gościu, który mnie zaczepił o zdjęcie, a na ręku miał wytatuowaną kotwicę „Polska Walcząca". I kiedy wyciągnął telefon, na tapecie miał zdjęcie Hitlera. I mnie to osobiście rozwaliło (ta historia to autentyk). Jak można zrobić taki mix? Jak mają się ofiary okupacji do gloryfikacji Führera? Wiadomo.
A co ludzie piszą?
Że ja się śmieję z symboli. No żeż kurwa mać!
Jak mogę bardziej wyłożyć na ławę niektóre kwestie?
Jak mogę prościej tłumaczyć?
Szczerze? Mam w dupie symbole.

Uważam, że to wszystko trzeba mieć w sercu. Szacunek dla przeszłości. Warto ją znać, wspominać i uczyć się na niej, jak nie popełniać błędów i się rozwijać. Jak nie masz tego w sobie, to może musisz zapisać na koszulce albo z tyłu samochodu.
Okej. Różną ludzie mają pamięć czy wrażliwość. Jasne.
Ale żeby tak bardzo nie kumać?
Żeby się wściekać i szerzyć agresję przez swoje mizerne IQ?
Często mam do siebie żal, że ze sceny mówię takie banały, takie często proste prawdy. To swoje przesłanie. Nie trzeba być Świetlickim, żeby je zrozumieć. Wystarczy się zamknąć i przyjąć fale dźwiękowe do uszu.
Ale żeby te wszystkie proste hasła olać i wymyślać swoje wersje? Opisując idiotę, muszę zmierzyć się z kolejną falą idiotów.
(A może my też nie zrozumieliśmy jakiegoś przekazu i zbyt pochopnie wydaliśmy wyrok na Wojciecha Cejrowskiego? Może jak masz przeciwne poglądy, to z automatu ta złość przysłania logiczne myślenie?).
Ślę.
Bo chyba już powinienem...

STRAMIK PISZE

Szkoda czasu na idiotów. Szkoda czasu na czytanie komentarzy. Szybko przelecieć oczami i zamknąć stronę najlepiej.

Dla mnie symbole nic nie znaczą. Co mi po symbolach, kiedy idiota broniący jakiegoś symbolu jest chujem dla innych.

Najlepiej nie być chujem, nie uznawać symboli, olewać głupców. Samemu będąc głupcem.

Świadomość własnej głupoty daje trochę oddechu i odgradza człowieka od morza głupców, którzy myślą, że nie są głupcami.

To nie jest tak, że nie jestem człowiekiem. Trochę jestem. I dotyka mnie złe zdanie innych. Ale mam nieco lepszą sytuację od Ciebie, bo wychodziłem z pozycji kogoś nielubianego, niezrozumianego, jakoś mocno niezabiegającego o dobre opinie – teraz, kiedy się takie pojawiają, sprawiają mi one przyjemność.

48.87

A negatywne mnie wkurwiają, lecz jak powiadam: przeważnie już teraz nie sprawdzam. Nie czuję potrzeby. W ogóle trochę mnie internet irytuje. Social media, YouTube. Już wcześniej pisałem. Spróbuję zwrócić się w stronę książek i Netfliksa.

Jak dobrze, że tam nie ma komentarzy! To jest naprawdę zbawienna sytuacja. Bo nawet jak oglądasz coś na YouTubie, cokolwiek, to odruchowo sprawdzasz komentarze. A po co? W większości – z tego, co się orientuję – są to niezdatne do czytania wypowiedzi analfabetów.

W ogóle kiedyś, na studiach jeszcze, pierdoliłem, że najchętniej zwróciłbym się w stronę w przyrody, zamieszkał w jakiejś chacie bez prądu jak Andrzej Stasiuk, hodował „bydło parzystokopytne" – pamiętam do dzisiaj to bydło z jakiegoś wczesnego opisu autora *Murów Hebronu*.

STRAWIK PISZE

„Izolacja to dar, pozostałe elementy testują twoją wytrzymałość" – pisał Bukowski.

Lepiej patrzeć na bydło parzystokopytne, spoglądając jednocześnie w siebie, niż czytać komentarze w necie. Trzeba tylko odrobinę odwagi. Ciągle mi brakuje. Robię sobie swoją chatę (na razie z prądem) na poddaszu w Poznaniu. Nieliczni mają doń dostęp. I ogólnie w życiu raczej staram się mieć jak najmniej bliskich znajomych. To nawet nie jakoś intencjonalnie. Tak po prostu wychodzi.

Może się to wydawać dziwne. Już kilka razy to słyszałem. Jak można występować przed ludźmi i jednocześnie ich unikać. Taka jest chyba w ogóle specyfika stand-upu. To niekoniecznie musi być zajęcie dla pupili, pieszczochów, takich dusz towarzystwa *sensu stricto*. Czasem przeciwnie. Chociaż nie można generalizować.

Jest to zajęcie dla wszystkich i dla nikogo zarazem. Samemu trzeba sobie wmówić, że to zajęcie idealne dla mnie. A także kilku innym osobom, że to dla nas idealne. Oni mają tak myśleć. Dużo pracy, ale warto. Można trochę pojeździć, pozwiedzać. Superpraca, kurwo!

GIZA PISZE

Za tę „kurwę" na końcu powinienem się obrazić. Jak dziennikarka „Wyborczej" na pisarza Rudnickiego. Ale zakładam, że Cię znam, i nie traktuję tej „kurwy" poważnie.
Tamta pani potraktowała. Może i dobrze. Nie wiem.
Ciężko już stwierdzić, co jest, a co nie jest żartem, pomyłką i niewinną zabawą.
Świat stał się ostrożny. Po szambie, które wybiło w Hollywood, wystarczy, że spojrzysz na kogoś dłużej i już można Cię oskarżyć o molestowanie. Z drugiej strony Spacey i Hoffman (Dustin, nie Jerzy – chociaż nigdy nie wiadomo, czy Jerzy na planie *Potopu* nie złapał kiedyś za jaja Olbrychskiego) powinni teraz zagrać w kilku pornolach, skoro tak zgrabnie łączą aktorstwo i niepohamowany apetyt na seks.
Oj, zobaczyłbym 6 na 9 w wykonaniu legend kina.
Widzisz ten trailer?
„Kevin Spacey..."
„...i Dustin Hoffman..."
PŁONĄCE KUTASY 7.

Ale czy to by była jakaś kara? W dzisiejszym świecie po obejrzeniu takiego filmiku ludzie zbiliby z nimi piątki, dodali na Instagramie i prosili o foty. *Warsaw Shore* jest żywym dowodem na upadek świata. Uczestnicy powinni umrzeć. I ci, którzy oglądają i nabijają im kabzę też (czyli ja też nie powinienem już żyć – z ciekawości obejrzałem Stiflera czy innego pajaca w kilku akcjach, bo po pierwszej nie mogłem uwierzyć, że to się dzieje). Tyle że ci ludzie są tylko marionetkami. Szołbiz ich wciągnie, wyssie i wypluje. Niebezpieczni są kreatorzy. *Warsaw Whore* jest przykładem skrajnym, może najbardziej jaskrawym. Ale w necie jest też dużo gówna, które na pozór wydaje się po prostu jakąś papką. Niegroźną chyba. Przecież nie ma tam wulgarności aż takiej, cycków czy bicia. Ostatnio słyszałem od gościa, który pracuje dla youtuberów, że nie przyjęto mu w scenariuszu żartu o Beethovenie. Bo to już zbyt skomplikowane. Kurwa mać! Beethoven – najbardziej popowy z klasyków obok Mozarta. Jego imieniem był nazwany pies w filmie produkcji USA, a na polski YouTube jest „zbyt skomplikowany"??? To według mnie jest największe zagrożenie dla młodych. Nie dymanie śniegu przez Stiflera na niszowym kanale czy przeklinanie w hip-hopie, tylko to, że nikt nie wymaga od nich ułamka myśli. A przecież pod ręką mają magiczne pudełeczka, z których mogą dowiedzieć się w ciągu dwóch sekund, kim był ten „tajemniczy Beethoven". Mogą go nawet odsłuchać na tym samym portalu.

Boli mnie, że jakiś Multi ma 10 milionów wyświetleń, a Bisz 150 tysięcy.
To normalne, wiem. Disco polo wypełnia stadiony, a jazzmani kluby na sześćdziesiąt osób.

Ale kurwa, Bethoveen?????

To jak my mamy wymagać od widzów rozróżnienia między żartem a chamstwem i analizy kontekstu?

STRAMIK PISZE

Jak miałbyś się obrazić?! Przecież to była parafraza tej starej baby, co była hitem internetu dawno temu. Starej baby krzyczącej o Lidze Polskich Rodzin (zwracając się w ten sposób do kwiaciarki, przepytywanej w ramach jakiejś sondy ulicznej): „Superpartia, kurwo!". Bardzo śmieszne rzeczy. I bardzo głupie. Takie bywają najśmieszniejsze. Jak pierdzenie. Jest w necie filmik, na którym Louis C.K. tłumaczy, dlaczego pierdy są najśmieszniejsze na świecie.

Ten sam Louis C.K., który sprawił nam, wielu polskim komikom oraz fanom stand-upu, ogromną przykrość swoimi występkami.

Sprawa wypłynęła przedwczoraj, w czwartek. „New York Times" opublikował artykuł, w którym pięć kobiet oskarżyło Louiego o masturbowanie się w ich obecności.

HBO, FX, Netflix zerwały współpracę z naszym guru.

Dystrybutor jego nowego filmu wycofał się z wprowadzenia obrazu do kin. Producenci kontynuacji filmu animowanego, w którym Louie w 2019 roku miał ponownie podkładać głosy, również zerwali z nim współpracę.

Koniec artysty.

Nie wiem, co dalej. Zostaje samobójstwo. Już nikt z nim nic nie zrobi. Nikt go nie wesprze. A historie krążyły od lat. Sam na bazie historii opisywanych w niszowych amerykańskich mediach napisałem jakiś czas temu tekst na swoim blogu pt. *Czy Louie to Pół-Cosby*.

Nie chcę chyba tutaj tego streszczać. Kto będzie chciał, namawiam do lektury. Oparłem się na doniesieniach wspomnianych mediów oraz na własnej recepcji speciali i serialu *Louie*, gdzie wszelkie sytuacje intymne były zawsze okraszone jakąś niezręcznością, frustracją. Co mogło wskazywać na to, że kobiety skarżące się na naszego bohatera miały rację.

Czy w parze z geniuszem często musi iść jakaś, delikatnie mówiąc, „kontrowersyjna" przypadłość? Czy bla, bla, bla, sra ta tam? Nie chce mi się zadawać takich pytań.

Guru, patron, bohater. Określam go tymi słowami, bo tym dla mnie był. Odkąd poznałem jego twórczość i z miejsca się w niej zakochałem, zacząłem zarażać nią innych. Koronacją tego zarażania była wycieczka do Pragi, gdzie udało się obejrzeć jego występ na żywo. Wszystko wskazuje na to, że nie tylko pierwszy, lecz i ostatni raz. Zaczynałem już czekać na kolejny special, zastanawiając się, czy wróci z testami do Europy.

Dzisiaj jest mi zwyczajnie przykro. Artysta, który był dla mnie jednym z największych wzorców, umarł.

PS
Jest w tym wszystkim znacznych rozmiarów hipokryzja – jak pisałeś w SMS-ie. Od lat krążyły te historie, nagle napisał o tym „New York Times" i jeb.

Szkoda, że wcześniej się nie przyznał, nie przeprosił, tylko szedł twardo. Dotarł na komediowy szczyt. Okazało się, że lata temu, zanim na niego dotarł, sam się z niego strącił.

GIŻA PISZE

Jeśli chodzi o tę „kurwę", to oczywiście zrozumiałem. Ale nawiązywałem do afery z pisarzem. I do tego, jak bardzo kontekst wpływa na żart i jego postrzeganie jako żart w ogóle. Czasem coś może brzmieć jak obelga i bez znajomości intencji autora obelgą pozostać.

Daria zapytała wczoraj, czy my kiedyś wrócimy do oglądania *Louiego*? Oglądać te wszystkie monologi o masturbacji z aferą w tle może być jakoś dziwnie... Bill Cosby nie był dla mnie tak kultowy. Zrobił też – bo musimy przecież jakoś to różnicować – o wiele gorszą rzecz. Dlatego nie miałem jakiegoś wielkiego problemu, żeby odstawić go gdzieś w niebyt.
Z Louisem C.K. będzie trudniej. O wiele trudniej.

Tu powraca temat kontekstu i znajomości artysty przy odbiorze jego pracy.
Podczas naszego ostatniego grania w Bełchatowie powiedziałem tekst o tym, że chciałbym mieć w umowie punkt, że w garderobie mam wodę niegazowaną i szczeniaka ze złamaną nogą. Absurd i okrucieństwo tego wymagania bardzo mnie bawi. Znasz mnie. Wiadomo, że to żart. A tego wieczoru widownia myślała, że mówię poważnie. Może źle coś ująłem. Może miałem zbyt groźną minę. No nie wiem.
Ale znasz mnie i wiesz.
Nie znasz – możesz się zastanawiać, co automatycznie odbiera żartowi jego moc (tak jak ze wspomnianą tu i w poprzednim mejlu „kurwą").

Ale też kiedy oglądasz *Bill Cosby Show*, nie możesz się oderwać od myśli, że Cosby to pojeb i obleśny skurwiel. Nie umiem sobie tego w głowie wyłączyć i nadal się świetnie bawić. Nie mówiąc o pokazaniu tego kiedyś swoim dzieciom.

Chyba tylko nieświadomość chroni nasz odbiór.

To pan X. Pan X namalował obraz. Ładny obraz. Koniec.
To pan Y. Pan Y namalował ładny obraz i tłucze swoją żonę...

Rozmawialiśmy tu już o „wspomagaczach".
Witkacy wypisujący substancje, pod wpływem których był podczas tworzenia danej pracy.
Niechaj będzie.
Ale świadomość zła czynionego przez kogoś. Nie potrafię.

Ciekawe, ilu twórców, którzy dziś są klasykami, zgwałciło kogoś, biło czy katowało przez lata?

Patrząc na wierzchołek góry lodowej, jaką jest amerykański show-biz, to pewnie sto, dwieście czy czterysta lat temu było podobnie. Kto wie czy Hans Christian Andersen nie łapał młodych pisarzy za jaja? A może Wit Stwosz pokazywał chuja z okna krakowskim przechodniom? Przecież człowiek się nie zmienia. Zmieniają się ciuchy i nadruki na banknotach. Władza i pieniądze deprawują zawsze tak samo.

Mamy pecha, żyjąc w czasach, w których nagrywa się wszystko, a życie prywatne miesza z tym zawodowym. Nie tylko na facebookach i instagramach, ale też w wiadomościach, na pudelkach czy w codziennych rozmowach.

Pecha mamy nie tylko jako twórcy – bo każda chujnia, którą zrobimy, prawdopodobnie wypłynie (to może nawet lepiej, że jest nad nami jakiś bat). Ale i pecha jako odbiorcy – bo każdy dzień może przynieść śmierć kolejnego idola.

STRAMIK PISZE

Tak myślałem, że zrozumiałeś, pewnie tłumaczyłeś później, tylko ja nie mogłem się skupić, musiałem szybko napisać coś o Louiem. I napisałem, zrobiłem też wpis na blogu, po konsultacji z Tobą. Miał dobre przyjęcie. Chyba pójdę na łatwiznę i go tu przedrukuję, bo dzisiaj jestem – jak by to ujął Świetlicki – „w nastroju nieprzysiadalnym". A może lepiej to:

Marcin Świetlicki
Nieprzysiadalność

no, proszę sobie wyobrazić:
marzec albo kwiecień.
hm... raczej marzec.
wieczór.

spotykam j.p. – jest pijany jak świnia
a ja jestem trzeźwy – jak świnia

idziemy na kawę
on – między morzem wódki a powrotem do domu
ja – pomiędzy kłótnią z jedną kobietą
a rozmową z drugą, która być może także się przerodzi w kłótnię
siedzimy więc w knajpie
choćbym się nawet bardzo skupił,
nie pamiętam w jakiej

on między wódką a powrotem do domu,
ja pomiędzy kłótnią...

i nagle on, wskazując mi jakieś dwie
siedzące przy sąsiednim stoliku
proponuje byśmy się do tych dwóch przysiedli

a ja mówię
daj mi spokój

48.91

STRAWIK PISZE

ja nie mam ochoty
ja to pierdolę
dziś jestem w nastroju
nieprzysiadalnym
pomiędzy kłótnią z jedną kobietą
a rozmową z drugą, która być może także się przerodzi
w kłótnię
ja nie mam ochoty
ja to pierdolę
dziś jestem w nastroju
nieprzysiadalnym

więc rezygnuje, siedzimy w tej knajpie
i rozmawiamy o czymś, o literaturze
być może nawet o kobietach

on się trzyma nieźle, chociaż jest pijany jak świnia
ja się nieźle trzymam, chociaż jak świnia trzeźwy jestem

deszcz zaczyna padać
i nagle on, wskazując znowu te dwie
mówi
zobacz, to się nieźle składa
ich dwie, i nas dwóch
dosiądźmy się do nich
a ja mówię
daj mi spokój
nie mam ochoty
jestem dziś w nastroju
nieprzysiadalnym
ja to pierdolę
dziś jestem w nastroju
nieprzysiadalnym
pomiędzy kłótnią z jedną kobietą

a rozmową z drugą
ja nie mam ochoty
ja to pierdolę
dziś jestem w nastroju
nieprzysiadalnym

tak się czasami zdarza
że jestem w nastroju
nieprzysiadalnym
tak się zdarza zazwyczaj
że jestem w nastroju
nieprzysiadalnym
siedzę sam przy stoliku
i nie mam ochoty
dosiąść się do was
choć na mnie kiwacie
ja to pierdolę
dziś jestem w nastroju
nieprzysiadalnym
ja proszę pana to pierdolę
dziś jestem w nastroju
nieprzysiadalnym
spierdalaj gnoju!
dziś jestem w nastroju
nieprzysiadalnym

Heh, nieprawda. Jestem „zmęczony" po wczorajszym Koszalinie. Dużo było alkoholu. Słów o życiu. Ono jest jednak zmorą dla wszystkich. Ale być może istnieje coś jeszcze. Pamiętasz naszą wczorajszą rozmowę o wróżkach, aniołach, świecie pozamaterialnym, „królestwie ducha". Myślałem, że jestem twardym racjonalistą. Nie spodziewałem, że informacja o tym, iż jedna kobieta („pomiędzy kłótnią z jedną kobietą/a rozmową z drugą") twierdzi, że jest wróżką, ja aniołem i każdy ma jakąś robotę do wykonania na tej planecie, nie ma przypadków i kiedyś już się znaliśmy, w innych wcieleniach, dlatego tak dobrze od początku się dogadywaliśmy...

Nie spodziewałem się, że zareaguję na to z ciekawością i zainteresowaniem zamiast z drwiną – jak zazwyczaj reaguję na większość rzeczy.

Jestem aniołem, wybacz, że po wygodnicku przekleję tekst z bloga. Aniołom się chyba powinno wybaczać. Mam misję pomocy, dlatego zostałem komikiem. Nie ma przypadków. Teraz wszystko będę tak tłumaczył. Tekst jest swoistym przyznaniem się do winy, odwróceniem akcji #MeToo. Bardzo podobał mi się komentarz Marona do tej sprawy. Powiedział między innymi, że z tej sytuacji można wyciągnąć pewną lekcję, bardzo ładnie to przefiltrował przez siebie i powiedział, że ważna jest empatia.

A, i jeszcze jedno; skojarzył mi się z tą sytuacją tekst Sokoła z utworu WWO *Mogę wszystko*:

„Mogę popełnić błąd, wszystko stracić od ręki/ Może już go zrobiłem, myśląc, że był niewielki".

Louie to Pół-Cosby

Tym razem bez jaj. 9 listopada zmarł jeden z moich ulubionych komików. Właściwie patron mojej trwającej 5 lat działalności. Poznawanie jego twórczości zbiegło się z początkami robienia przeze mnie tego, co robię na scenie. Pokazywałem go, komu się dało. Ukoronowaniem mojego zarażania jego osobą innych był grupowy wyjazd na występ na żywo do Pragi w zeszłym roku.

Niemal dwa lata temu napisałem tekst *Czy Louie to Pół-Cosby* traktujący o tym, co 9 listopada wyszło na światło dzienne jako oficjalny news, potwierdzony dzień później przez samego zainteresowanego. To potwierdzenie spowodowało śmierć artysty.

Nie jest to śmierć faktyczna. Jest to śmierć cywilna. Kiedy Louis C.K. przyznał się do molestowania pięciu kobiet, które opowiedziały swoje historie w opublikowanym 9 listopada na łamach „New York Timesa" artykule, wszystkie podmioty, z którymi Louie do tej pory bardzo owocnie współpracował, w okamgnieniu zerwały współpracę.

Mój tekst opierał się na relacjach bardziej niszowych amerykańskich mediów. Historie o masturbującym się w obecności komiczek stand-upowym geniuszu chodziły przez amerykańskie środowisko komediowe wzdłuż i wszerz przez lata. Nie będę ganił hipokryzji wszystkich, którzy teraz odwracają się od Louiego. Żyję wystarczająco długo na tej planecie, żeby stwierdzić, że jest ona zdrowo popierdolona, ludzie są przeważnie niedobrzy, rzadko warto im ufać i mieć wobec nich jakieś wygórowane wymagania moralne.

I żeby było jasne... Mówię też o sobie.

Nie ma już dla Louisa C.K. miejsca w świecie komedii, rozrywki, sztuki; jakkolwiek. Serio, w zaistniałej sytuacji i biorąc pod uwagę jego osobowość wyzierającą z twórczości, a także wypowiedzi pozascenicznych, nie zdziwiłoby mnie samobójstwo artysty. A co najmniej ciężka depresja.

I żeby było jasne jeszcze jedno... Nie chciałbym w żaden sposób bronić zachowań mojego idola. Uważam je za karygodne. Choć cała sytuacja wywołuje u mnie refleksję nad własnymi zachowaniami czy strategiami seksualnymi. Nad moim, zdarza się, wierzcie, patologicznym stosunkiem do kobiet.

Oficjalnie jestem feministą. Wspieram kobiety w działaniach na polu społecznym, politycznym, artystycznym. Stoję na stanowisku, że kobiety są równie zabawne co mężczyźni, aż dziw, że w XXI wieku trzeba pisać takie rzeczy: nie ma tutaj rozróżnienia płciowego. Zawsze będę wspierał komiczki. Wypierdalać mi z tym paczesiowym „Do bigosu"!

Z drugiej strony to, co mówię, jakim zdarza mi się być egoistą, skurwysynem, powinno przyprawiać mnie o mdłości. Zburzyłem przez to wartościowe dla mnie relacje. I choć wiem, że zdarza mi się postępować źle, nadal to robię.

Wydawało mi się to powodem do jakiejś chorej dumy. Kiedy chwytasz dziewczynę, którą lubisz, za włosy i wykorzystując swoją przewagę fizyczną, wbrew jej woli przyciągasz głowę w stronę swojego krocza, symulując seks oralny, zaśpiewując przy tym *Panie dobry jak chleb*, nie jesteś zabawny. Stosujesz przemoc. Mimo że kiedy opowiadasz o tym kolegom, chwaląc się, jakim śmiesznym pojebem jesteś (takim bardzo odjechanym komikiem-popierdoleńcem), wydaje Ci się to śmieszne. Koledzy
48.91
się śmieją. Chuj wie, czy dlatego, że to ich śmieszy, czy może zależy im na Tobie i nie chcą Cię urazić.

Na pewno nie jest to śmieszne. Jest to żałosne.

Wydając te wszystkie komendy jak debil... „Dotknij penisa" jest od lat jedną z moich ulubionych. „Jak nie dotkniesz penisa, to zniknę i znowu będziesz płakać"; dopuszczając się różnych szantaży emocjonalnych, rekompensujesz sobie jakieś braki, pewnie problemy z nader krytyczną matką w dzieciństwie.

Odkąd go poznałem, w całości identyfikowałem się z jego komedią. W tej chwili dodatkowo identyfikuję się z dwoma aspektami jego czynów.

Ponure piękno nosi w sobie ostatni akapit oświadczenia Louisa C.K.: „Całą swoją długą i szczęśliwą karierę mówiłem, co chciałem. Teraz przyszedł czas, żeby się wycofać i poświęcić dużo czasu na słuchanie".

STRAWIK PISZE

Wprawdzie nie mam za sobą długiej i szczęśliwej kariery, ale powinienem poświęcić dużo czasu na słuchanie. Może na tym właśnie polega ta osławiona dojrzałość.

Druga rzecz to słowa komiczki Lei DeLarii, która powiedziała, że Louie był zawsze profeministyczny, zawsze był jednym z dobrych gości, natomiast jego zachowanie to zupełnie inna sprawa.

Z wszystkich wyżej wymienionych powodów jest mi obecnie bardzo przykro, smutno.

Dosyć wcześnie zacząłem doznawać w swoim życiu istotnych strat. Czasem, żeby przykozaczyć, mówię, że to mnie ukształtowało, że jestem wyprany z emocji, że po pierwszej, dużej osobistej tragedii uznałem, że emocje są niepotrzebne do życia, więc je w sobie wyłączyłem. Świat już nigdy nie zobaczy moich łez i takie tam. No i że ogólnie jestem wyćwiczony w stracie. Nie jestem. Po ukazaniu się artykułu w „NYT" nie mogłem spać. Teraz dosyć ciężko stąpa mi się po ziemi. Nie chcę przesadzać, ale czuję się trochę, jakbym w jakiejś nieco innej skali i odmiennym wymiarze ponownie stracił ojca. 48.91

Dziwnie zabawne, że 9 listopada to również data odnalezienia zwłok mojego zaginionego 19 lat temu faktycznego starego. Mimo wszystko nie chciałbym, żeby Louie skończył jak on.

PS Ten tekst wstawiam na bloga, ponieważ rozrósł się on spontanicznie, miał być krótką notką na FB. Ustosunkowaniem się do sprawy. Jak zwykle jednak moje własne „demony" przejęły kontrolę. Może dobrze. Lea DeLaria okrasza swoją wypowiedź powszechnie znaną i trafną tezą, że nikt nie jest czarno-biały, jest dużo szarości, wszyscy mamy w sobie dobro, wszyscy mamy zło.

GIZA PISZE

A ja właśnie przeżywam zmiany u siebie.
NR 3 wreszcie nabrał tempa. Wreszcie czuję się na scenie swobodniej. Trochę to trwało. Zdecydowanie dłużej, niż myślałem.
Ale cieszę się. Nawet chyba bardziej niż przy *Proteusie* i *Kapeluszach*. Tam czułem „Boży palec". Pisanie poszło sprawniej i szybciej. Tu musiałem więcej zmieniać, poprawiać, dodawać i wyrzucać.
Nie mnie oceniać efekt końcowy – za rok zrobią to pewnie internauci, ale cieszę się, bo odkryłem, że mam w ręku fach. Że nasza robota to nie tylko natchnienie, wena i spływające na nas ni stąd, ni zowąd złote myśli. Tak właściwie to głównie warsztat, doświadczenie oraz ciężka i żmudna praca.
Super.
To mnie jakoś uwalnia.
To daje mi poczcie niezależności od wszelkich nadprzyrodzonych okoliczności, panie Aniele (nie drwię, uśmiecham się i zbijam piątkę – też wierzę w świat niematerialny; nigdy go nie doświadczyłem i raczej bym nie chciał, ale wiem/czuję, że jest coś obok, a Ty mi do tego wszystkiego jakoś dziwnie pasujesz).
Ja bardzo cenię sobie niezależność.
Dlatego też odchodzę z Agencji.
Chyba mogę tu o tym napisać.
Ty już wiesz, a reszta i tak dowie się przecież po fakcie.
Chcę być na swoim. Ciasnym, ale własnym.

I znowu... trochę mnie to przeraża. Organizacja nigdy nie była moją mocną stroną, ale z drugiej strony: wolność i wspomniana niezależność jest tak bardzo kusząca...
Walka o popularyzację stand-upu i o jego pozycję chyba dobiegła końca. Teraz doskonale radzi sobie sam. Wydaje mi się, że patrząc, jak to wygląda dzisiaj, nie trzeba już wielkich skupisk komediowych, które masą próbowały wprowadzić stand-up do klubów i na salony. Już jest wystarczająco dobrze, żeby z ilości i grupowej siły przejść do rozwiązań indywidualnych.

GIŻA PISZE

Rozmawialiśmy o tym nieraz.

Zawodowo się rozchwiałem.
Niespodziewana dłubanina w programie, przejście na swoje i spadek na liście najpopularniejszych komików w kraju trochę mi dały po dupie.
Myślałem, że będę ponad to. Że sukcesy Lotka i Paczesia przyjmę z uśmiechem i luzem. I tak jest, ale... Ale jednak okazuje się, że chyba to „naj" było bardzo miłe. „Najpopularniejszy", „najbardziej znany", „1000 biletów we Wrocławiu". Dziś sam Rafał sprzedaje dwa tysiące. To robi wrażenie. I tak naprawdę cieszy, ale muszę to sobie poukładać. Każde tąpnięcie to dla nas, egocentryków, cios. Twój rekord świata nie jest już Twój. I mimo że od zawsze wiesz, że ktoś go pobije, to kiedy to się dzieje, jakoś zawsze boli.

Dodatkowo przy tych wszystkich krokach dochodzi niepewność.
Przy dwójce dzieci i kredytach do spłacenia niepewność nie jest najlepszym z uczuć.
Ale cieszę się. Każdy z tych elementów odsłania masę nowych możliwości i kolejnych perspektyw. Podobnie miałem, kiedy kończyliśmy działalność LIMO.
Byliśmy wysoko. Było dobrze. Ale pewne zasiedzenie wydawało mi się zbyt niebezpieczne. Ta wielka zmiana i odrobina niepewności zadziałała kreatywnie. Okazało się, że może być jeszcze lepiej i jeszcze wyżej.
Wierzę, że teraz będzie podobnie. I nie chodzi mi o listy sprzedażowe. Lepiej dla mnie.
Powrót do mniejszych klubów, pochylenie się nad zapleczem organizacyjnym, nauka tegoż właśnie i wydłubywanie kolejnych żartów z każdego bitu – dawno tego nie robiłem.
Czas wrócić do szkoły.
Spokornieć.
Mam wielkie szczęście, że teraz to wybór, a nie konieczność.

STRAMIK PISZE

Wiem, że jak wspomniałeś, nie jest to w sumie aż taki powód do smucenia konia i nie ma co smucić, nawet jeśli jest w tym element smutku, a trochę – jak również wspomniałeś – jest.

O co mi chodzi, co ja pierdolę? Otóż... Czy to nie przedwczesna diagnoza? Popularność wciąż masz ogromną. Prawie pół miliona fanów na FB. Chociaż wiadomo – polubienia są często niemiarodajne. Jednak tyle jest i to liczba imponująca.

Stand-up jest jak wojsko. Młodsi stażem powinni mieć szacunek do starszych – nawet gdy metrykalnie się to nie pokrywa.

I tak na przykład ja traktuję Kacpra jak starszego kolegę, mimo że urodził się rok po mnie. Boras urodził się kilka lat przede mną, a ostatnio powiedział mi, że traktuje mnie jak starszego kolegę.

Poszanowanie zasad, respektowanie prawideł i ciężkiej pracy włożonej przez starszych stażem kolegów w kształtowanie kultury stand-upowej na ziemiach polskich to według mnie niezbędne elementy w tej dziedzinie. Nie wszyscy czują ten respekt, niektórym brak pokory, lecz odpowiedni ludzie czują ten respekt, widać u nich pokorę.

Odpowiedni ludzie wiedzą, co to ból robienia tego na przekór; okolicznościom, ludziom. Odpowiedni ludzie zawsze Cię docenią. Nawet jak będziesz najmniej popularnym komikiem w Polsce. Choć na to się akurat nie zanosi.

Mówię Ci to ja, Anioł Stramik

W podróży do Częstochowy – jak śpiewał Muniek Staszczyk – „miasta świętej Wieży”: więc wszystko się dobrze składa. Chociaż nie jestem szczególnie świątobliwym aniołem... A może jestem. Sam już nie wiem. Nie mam szczególnie złych występków na swoim koncie. Za to mam na nim kilka złych występów. Bum, chujowy żart językowy.

Idę się zabić.

Skoczę z Jasnej Góry na główkę. Zobaczę, czy anielskie skrzydła mnie uratują.

GIZA PISZE

Nie smucę konia.
Wiem przecież, że to nie jest jakaś gra, w której przechodzi dalej ten z większą liczbą głosów. Każdy robi swoje. Każdy ma swoich widzów. Sporo z nich się pokrywa – przecież nikt z nas nie lubi tylko jednego reżysera czy zespołu muzycznego. Tak samo jest z komikami. A wszyscy lubimy się śmiać.

Poczułem tylko utratę wyjątkowości.
Dla branży i ziomów super.
Dla mnie, egoistycznie – trochę boli.
A raczej: bolało.
Każdy dzień ten ból zmniejsza.
Kiedy to piszę, już jest lepiej, niż kiedy o tym pomyślałem, a kiedy to czytasz – jest naprawdę okej.
Kiedy przeczytają to inne osoby, nie będę już o tym pamiętał. Naprawdę.
Znam swoją wartość. Wiem, że mam za sobą armię ludzi.
Poza tym... To nie jest wojna.

No może trochę.
Trochę smucę konia.
I może trochę to jest wojna.
W dzisiejszym świecie każdego dnia dociera do nas tyle bodźców, że musimy wybierać. Pisaliśmy już o tym, że nie ma czasu na wszystko. Na każdy netfliksowy serial, na każdą płytę, książkę i special komediowy.
Jestem w stanie wyskrobać kilka minut i na raty obejrzeć w pierwszej kolejności swoich ulubieńców, kiedy proponują nowy program czy album. Ci, których uważam za „okej", spadają na dalszy plan. Tych, których nie znam, nie poznam jeszcze bardzo długo. Może nigdy.
Dzieje się to samo co w globalnej gospodarce.
Duzi mają jeszcze więcej, a mali ledwo funkcjonują.

A może zbyt się tym wszystkim emocjonujemy?

Znowu zbyt dużo tu rozważań. Zbyt dużo pierdolenia.

Właśnie dostałem od Ciebie screena z fanpage'a Michała Lei, który przeżywa „historyczną edycję swojego talk-show", mającą odbyć się w warszawskim Palladium. A pod jego emocjonalnym, pełnym euforii wpisem jest jeden komentarz: „A bilety trzeba drukować czy wystarczy pokazać na telefonie?".

Przypomina mi się genialna scena z *Truman Show*, kiedy bohater grany przez Carreya musi podjąć decyzję o zmianie życia. O wyjściu z programu, którego od zawsze był główną postacią.

Dla niego to była decyzja najważniejsza. Podejmuje ją. Wychodzi. Po czym oglądający go w budce na parkingu ochroniarz mówi beznamiętnie do swojego kumpla: „Weź przełącz".

STRAMIK PISZE

No i o to właśnie chodzi! Zdać sobie sprawę, że nie jest się nikim wyjątkowym. Przypadek Trumana, Lei (chuj wie jak to się pisze w końcu) i Twój.

Doskonały przykład z tym filmem. Pamiętam, że to jedna z lepszych rzeczy, jakie widziałem w okresie liceum, obok *Trainspotting*, *Human Traffic* i oczywiście *Las Vegas Parano*, czyli obrazów traktujących w znacznej części o kulturze narkotykowej.

Kocham kulturę narkotykową. Chciałem napisać „kochałem". Lecz mimo wszystko nadal kocham. Oczywisty bunt wpisany w nią i leżący u jej podstaw. Wynikający bezpośrednio z absurdalnego prawnego zakazu stosowania narkotyków.

Kocham ją od piętnastego roku życia. To jedyna dziewczyna, która nigdy mnie nie zostawiła. Ona i Matka.

A Leja trochę wkurwia tym dziewczyńskim, a właściwie dziecięcym (warto być feministą jednak, przynajmniej na piśmie) entuzjazmem.

Ale mnie, odkąd pamiętam, entuzjazm zbyt duży po prostu wkurwia.

I emotikony. Za każdego jednego emotikona powinien przysługiwać każdemu jeden strzał w ryj. Ludzkość szybko przestałaby ich używać.

Wracając do natury wyjątkowości – to jest długa dyskusja. Gombrowicz mówił, że trzeba wmówić ludziom swoją wybitność.

Bezdyskusyjne pozostają dokonania na polu nauk ścisłych, odkrycia. Ludzie, dzięki którym teraz jadę pociągiem z prędkością ponad 100 km/h („to i tak mało, mamy XXI wiek, heloł, emotikon zdenerwowana minka"; ludzie downy wkurwiają się w taki sposób na zdobycze techniki, których nigdy sami nie potrafiliby nawet w części opracować, sam do nich należę, choć emotikonów nie zdzierżę nigdy, specjalnie nigdy nie nauczyłem się ich używać, tak samo jak nie zapamiętałem swojego numeru PESEL i nie nauczyłem się szeroko uśmiechać w dzieciństwie, bo miałem wrażenie, że moje cofnięte lekko przednie zęby się do tego nie nadają, dzisiaj nie umiem się szeroko uśmiechać, stosować emotikonów i nie znam swojego numeru PESEL, bo człowiek to nie numer do kurwy nędzy!!!). A zatem ludzie, dzięki którym jadę do Wrocławia, stamtąd do Katowic, a stamtąd do Pszczyny, są ludźmi wyjątkowymi.

Wszyscy inni wmawiają innym, że są wyjątkowi. Za sprawą żartów, zdań, tatuaży, które niedługo będziesz musiał sobie zrobić.

Chociaż za ich umysłami stoi zbiór cech genetycznych. Dużo pracy intelektualnej. Wszystko jest kwestią biologii.

Wiem, że jako anioł nie powinienem tak mówić. Wciąż mam jednak ciąg do rzeczy, które od lat analizuję w głowie. Wierząc w anioły, wróżki, byty pozacielesne, całe „królestwo ducha" i świat nadprzyrodzony, musiałbym to porzucić.

Zastanawiam się, czy dałoby mi to niebezpieczeństwo i niepewność, czy właśnie poczucie bezpieczeństwa i dobrą wiarę w sens wszystkiego; co oznacza zrozumienie czegokolwiek, gdy przeprawisz się na „drugą stronę"...?

Śmiesznie, że w pociągu, którym jadę w stronę Wrocławia, jest sieć Wi-Fi, która nazywa się Rafał Rutkowski. Już za dwa dni jego roast. Wiem, że bardzo się cieszysz na tę okoliczność.

GIZA PISZE

Kolejna obsuwa.
Na nią dostałem od Ciebie glejt. Nie będę tatuował nic poza imionami dziewczyn.

Dużo się dzieje. Od kilku dni na kilku polach.
I znowu jesteśmy razem w trasie.

Pierwszy dzień – Łódź, rozdanie złotych płyt Dwóm Sławom. Połączenie hip-hopu i stand-upu – moje ulubione. Te dwie dziedziny mają ze sobą kilka wspólnych punktów: autentyczność, bezpośredniość i bezkompromisowość. Może to sprawia, że młodzi ludzie tak bardzo do nich lgną. Nie ukrywamy się za postaciami, nie mamy problemów z potocznym językiem, gramy raczej w klubach, stojąc metr od widzów. Nie wszyscy i nie zawsze, ale jednak na ten moment w przytłaczającej większości. Poza tymi cechami wspólnymi to, co zawsze będzie nas różnić, to moc.
Miałem w życiu kilka niesamowitych grań. Takich, po których nie możesz zasnąć. Takich, o których opowiadasz tygodniami, a pamiętasz do końca życia. Ale to, co widziałem w Łodzi, było jakimś kosmosem. Prawie dziewięćset osób kołyszących się w rytm muzyki, śpiewających Twoje teksty... Co to musi być za uczucie!
Jakaś dzikość, pierwotność, trans...
Rytm, hałas, jedność...
I dwóch „szamanów" na scenie, którzy odprawiają tę ceremonię. Genialne!
To, co w przypadku komedii jest jej przekleństwem – czyli teksty, które jeśli są znane widowni, już tak nie bawią, odbierają energię i siłę – w hip-hopie sprawia, że cały klub staje się jednym organizmem. Wyśpiewywanie ich jest jak wspólna modlitwa.
Jak mawiał inżynier Mamoń w *Rejsie*: „Lubię te piosenki, które już znam".

U nas jest zupełnie na odwrót. Z tym samym materiałem możemy przyjechać do widza raz. Potem zaczynają się komentarze „stare", „znałem", „to samo co na YouTubie". A muzycy mogą grać swoje hity w nieskończoność. Ba! Oszalała publika właśnie ich domaga się najbardziej.

Żart bardzo często opiera się na zaskoczeniu. Odarty z niego, przestaje działać.

Drugi dzień i kolejny roast.
Tym razem Rafała Rutkowskiego.
Ależ ja się bałem tej imprezy! Skład był dobry, ale po raz kolejny pojawili się ci sami ludzie. Ile można wymyślać żartów o Lotku, Kaśce Piaseckiej czy Tomku Jachimku. Myślałem, że utopimy się we własnym sosie.

Ale wyszło nad wyraz dobrze. Nikt nie „zbombił". A ja dodałem do tego swój mały prywatny sukces – świadomie nie napisałem nic o głównej gwieździe wieczoru. Bawił mnie taki eksperyment. Rafał, kojarzony z rolami drugo- i czwartoplanowymi, na tej imprezie był postacią numer jeden. Olałem to i udałem, że zapomniałem o nim, dodając „kurde, zachowałem się jak każdy reżyser pracujący z Rutkiem". Widownia zareagowała idealnie. Kupili ten pomysł. I nie piszę o tym dlatego, żeby wcisnąć na łamy naszej korespondencji jakiś swój żarcik (zwłaszcza że go znasz), ale żeby Ci podziękować za kopa, jakiego dałeś mi przed samym wejściem.

Zawsze jest tak, że żart, który mam opowiedzieć za chwilę po raz pierwszy, przestaje mnie bawić. Nie ma już świeżości w mojej głowie, nie mam do niego dystansu. Wymyśliłem go, oswoiłem i już nie wiem, czy to jest zabawne. Co więcej – jestem pewien, że absolutnie nie jest.

Ja nie jestem przyzwyczajony do eksperymentów. Boję się ich. Czuję się lepiej w sprawdzonej formie klasycznego żartu, który można ocenić po tekście. W nim widzę największą siłę i pewność. Jeśli coś, co jest napisane na kartce, Cię bawi, to na pewno rozbawi Cię też, kiedy to powiem.

Wielu komików operuje energią, doskonałym rozgrywaniem. Delivery jest u nich kluczowe. Czytasz tekst i nie wiesz, czy to jest mocny żart. Ale kiedy wyobrażasz sobie, kto to mówi i jakie stosuje narzędzia, to wiesz, że powinno być dobrze.

Mam wrażenie, że powinienem sobie bardziej ufać i więcej się bawić. Bo co może się stać złego? Ktoś się nie zaśmieje? W mojej głowie brzmi to jak wyrok. Chciałbym się od tego jakoś uwolnić.

Nie chodzi mi o pójście w kierunku Andy'ego Kaufmana – tego rodzaju akcje obserwuję bardziej jako ciekawostkę niż pomysł na komediowy występ, który sam chciałbym realizować. Myślę o tej wolności, która daje siłę i pewność siebie na scenie. Jak mam wymagać zaufania od widza, kiedy czasem sam go do siebie nie mam?
Ten spokój, kiedy jest cisza. Ta pewność, że zaraz z niej wyjdę. Że oni ciągle czują się bezpiecznie, że nie straciłem ich. Że wrócą. Doskonałe uczucie. Zdarza mi się coraz częściej, ale jeszcze nie jest czymś oczywistym. Może nigdy nie będzie. Może ta niepewność też jest potrzebna?

Jeszcze ciągle śmiech jest jak haust powietrza. Może wystarczy się mniej rzucać i panikować, to i haustów będzie potrzeba mniej?

PS Ja ryja już bym dawno nie miał. W SMS-ach używam emotikonów nagminnie. Wiesz zresztą. Według mnie są przydatne. Czasem dodają kontekstu. Tekst jest tylko tekstem. Za pomocą tych żółtych grafik jakoś próbuję dodać emocji. Chociaż bawi mnie czasem, jak z kamienną twarzą odpowiadam komuś dwukropkiem i wielką literą „D", sugerującymi szeroki uśmiech.

48.96

STRAMIK PISZE

Śmiesznie by było, gdyby Ci się spodobało. I za rok wyglądałbyś jak Quebo; wydziarany od stóp do głów.

W każdym razie jest 3:1. Dziary są już chyba nieuchronne.

À propos Quebo – jeden Sław, chyba Rado Radosny, mówił, że miał być. Zapraszali go, ale musiał zagrać w tym czasie ważny koncert w Toruniu.

Zamiast niego w roli gwiazdy wystąpił Tede, który lubi narkotyki. Chyba za bardzo.

Jeżeli lubić narkotyki, to z umiarem.

Swoją przerwę naruszyłem dwoma epizodami. Jeden z nich, koksowy, miał miejsce na festiwalu stand-upowym, dzień po imprezie Sławów. Tak jak Ty jesteś zadowolony z roasta, tak ja jestem zadowolony, że dzień później, pomimo trzech godzin snu, dobrze zagrałem w Inowrocławiu.

48.97

Małe cele, Abelard, małe cele.

Wracając do Tedego. Widziałem wczoraj wywiad, w którym był bardzo mocno nastukany. Obejrzyj sobie, jak tam mówi o kontrowersjach związanych z didżejem Tuniziano, wywiad dla Glam-Rapu.

Widziałem też *Dzień z życia* Piotra Siary – Kękę nagrywa takiego vloga na swój kanał YT. Teraz jest „fit-freakiem" – jak sam siebie nazywa. Sam sobie robi jedzenie.

„Siłka to jego pasja, uwielbiał śmigać na nią
Masa, rzeźba #Michał Anioł".

Jakby zarymowały Sławy.

Odjebało mu w drugą stronę. Podobno tak jest. Melanż, melanż, później dużo pieniędzy, uwielbienia, świadomość, że przez melanż można się zatracić. I niektórym odjebuje na punkcie zdrowia albo religii. Czy jakichś paraduchowych spraw.

No i pewnego takiego dnia spotkał się na chwilę z Tedem i tam był taki zabawny dialog. To było latem, chwilę po czterdziestych pierwszych urodzinach Tedego (odbywają się one w ogóle w Koszalinie, bo Tede kocha Mielno – z tego, co wiem, siedzi tam na kempingu latem u wujka – i robi każdego roku te urodziny, które oznaczają gruby melanż). Tede mówi, że jest nieco zmęczony, bo „my nie prowadzimy takiego trybu życia jak Ty teraz", a Siara: „Ale nie wyglądasz na zmęczonego", Tede na to: „Bo my nie prowadzimy takiego trybu życia jak Ty kiedyś".

Sam już nie wiem, co jest najlepsze. Chyba pozostać gdzieś pomiędzy. Banał. Nie będę ciągnął tematu. Nie ma sensu. To się zmienia z biegiem czasu. Na pewno z melanżem trzeba uważać. Tyle.

Widziałeś wczorajsze SMS-y. Jest afera, wypłynęło, że dwóch lewicowych publicystów może być śmieciami. Jeden podobno zgwałcił swoją dziewczynę (przypomina mi się rechot nieżyjącego Leppera: „Jak można zgwałcić prostytutkę"), drugi według doniesień uciekał się do przemocy fizycznej wobec kobiety, która nie chciała z nim współżyć. Tego drugiego w ogóle kojarzę z widzenia. Swego czasu przesiadywał w poznańskich knajpach, bo zanim wzięli go do centrali, pracował w poznańskiej „Wyborczej".

Ironia losu jest taka, że jeszcze w tym miesiącu prowadził w Poznaniu spotkanie z autorem *Poznania. Miasta grzechu*, Marcinem Kąckim, swoim kolegą z poznańskiej „GW". A sam mógłby być przecież jednym z bohaterów tej publikacji.

Tekst dotyczący sprawy miał podobno tyle odsłon, że na jakiś czas padła strona „Codziennika Feministycznego". Bardzo podoba mi się tytuł: *Papierowi feminiści. O hipokryzji na lewicy i nowych twarzach polskiego #metoo*.

Z jednym Krytyka Polityczna zakończyła współpracę, a drugiego „Wyborcza" zawiesiła w obowiązkach. Pierwszy nie przyznaje się do winy, drugi przeciwnie.

Muszę odpocząć od tego wszystkiego.

GIŻA PISZE

Pierwszy raz jestem ze Splinem w dwudniowej trasie.
Cudownie patrzy się na kogoś, kto do tej pory miał mało okazji do wyjazdów.
Po występie zaszliśmy do Żabki, kupiliśmy coś do jedzenia i ustaliliśmy, że dziabniemy. Ja wybrałem czerwone wino. W hotelu pytam, gdzie ma swoje, a on, że nigdy nie wypił jeszcze całej butelki wina i myślał, że pijemy na pół. Zdrowiej się z nim jeździ niż z Tobą, panie Jacku.

Dziś Bełchatów.
Ostatnio coś tam nie kliknęło. Pamiętasz? Pamiętasz. Takie występy zostają w głowie na dłużej. To tam powiedziałem, że mam wpisane w wydarzeniu „tylko dla dorosłych", żeby oni mieli luz od dzieci, że dla mnie mogłyby tu być, że mógłbym przy nich bluzgać. W końcu, co mnie one interesują, jebać je. I wtedy jakiś gość z tyłu zawołał: „Ej!".
Próbowałem tłumaczyć, że to żart... W końcu jesteśmy na spotkaniu „żartowym". Wszyscy przyszli, bo chcieli usłyszeć, jak opowiadam żarty. Taki był cel tej imprezy. Szkoda, że w trakcie ludzie czasami o tym zapominają. Że nikt nie chce tam „jebać czyichś dzieci". Że śmieszne jest to, że tamta informacja jest nie dla dobra dzieci, tylko dla dobra rodziców...
Co Ci będę znowu tłumaczył. Przecież Ty wiesz.

48.98

Ale jak mnie to czasem męczy... Oczywiście należy olewać i nie tłumaczyć swoich żartów. Nie ma nic gorszego. Ale jest w człowieku taki odruch. Przynajmniej we mnie. Że chcę ich uspokoić. Że nie mam zamiaru dotknąć jakiegokolwiek dziecka. Zwłaszcza ich.
Boże... To kajanie się jest żenujące. Chyba zrobię taki odcinek w *Kryzysie*. O ile jeszcze będą jakieś.

Dziś doszedłem do przekonania, że komicy, którzy są ostrzejsi na scenie, w życiu zazwyczaj okazują się miłymi, ciapowatymi ludźmi. Że to ostrzejsze poczucie humoru jest jakimś wentylem, przez który mogą wypuścić z siebie odrobinę zła.

Trochę mi się to kojarzy z religijnością, konserwatyzmem, heavy metalem, feminizmem.

Im więcej rock&rolla na scenie,
tym mniej w życiu.
Im więcej Boga i feminizmu na ustach,
tym mniej w sercu.

Ilość Boga, feminizmu i rock & rolla we wszechświecie musi się zgadzać.

48.98 Wiem, że dla Ciebie ilość Boga we wszechświecie wynosi zero. Dla mojej starszej córki to nie jest już takie oczywiste. Zaczęła chodzić na religię.
Chodzi, bo wszyscy chodzą. Kiedy nie chodziła, siedziała sama w sali. Źle to pomyślane.
Teraz wszędzie chodzi z aniołem stróżem. Szykuje mu poduszkę do spania, rysuje go, karmi. Źle to pomyślane.

Dlaczego nie może być lekcji religii? Jednej, drugiej, trzeciej. Jakiejś opowieści o różnych wiarach, różnych ludziach, różnych bogach.
Fajnie byłoby zobaczyć śpiącą Mię i co najmniej osiem pustych poduszek obok.

Plan jest taki, żeby dziś „zniszczyć" Bełchatów.
Chcę zrobić jak Dave Chappelle. Kiedy mu nie poszło w jakimś mieście, to nie obraził się, tylko przyjechał znowu i pozamiatał.
Nie wiem tylko, czy Splin da radę, bo ciągle jest nawalony tą lampką wina.

STRAMIK PISZE

Ja tam nie wiem. Ten Bełchatów zawsze był nieco spokojny, więc można się było tego spodziewać. Ten wieczór nie był dla mnie aż tak bolesny z jeszcze jednego względu – od początku spotykam się z takimi reakcjami, że „O Jezu! Maryjo Przenajświętsza! Jak można mówić takie rzeczy, jak w ogóle można było tak pomyśleć".

Oczywiście teraz, kiedy już potrafię wszystko chyba lepiej wymiarkować i trafić do ludzi różnymi aspektami działalności, nie tylko samym tekstem, jest o niebo lepiej. Lecz zawsze będę pamiętał to pierdolenie. Z gruntu mieszczańskie.

„O Jezu!".

Pamiętam jeszcze poprzednim razem w Bełchatowie. W grudniu 2016 roku. Też nie było jakiegoś szału. Za to after... O Jezu! Maryjo Przenajświętsza, jak można było się tak upodlić.

Obudziłem się z rzygiem w łóżku hotelowym. I co po trzykroć przedziwne: w ogóle nie śmierdział, w dodatku wyglądał jak drożdżówka. Zrobiłem mu nawet zdjęcie. Dobrze, że nie miałem apetytu, bo jeszcze bym go opierdolił w ramach śniadania.

Później jechałem do Warszawy, miałem granie u Zalewa i Jaśka – z Darkiem. W pociągu spotkałem Kołeckiego. Superwspomnienia – piszę to bez żadnej ironii.

A słyszałem, że w Ostrzeszowie było jeszcze lepiej – to z kolei piszę ze stuprocentową ironią. Tam zalazłem komuś za skórę tak, że mnie wytropił i pod jednym z materiałów na YT napisał, że jestem najgorszym stand-uperem na Ziemi.

Mój idealny plan na przyszłość jest taki – miejsca, w których mi się nie powiodło, zrównać z ziemią. Jeżeli nie starczy środków, żeby rozpierdolić wszystko, to zatrudnić ekipę złoczyńców, wystrzelać całą populację. Wysadzić w powietrze kluby.

Pozamiatać skurwysynów.

I w sylwestra nie wychodzić z domu, tylko oglądać nowy special Chappelle'a na Netfliksie.

PS
Religioznawstwo, nie teologia. Oczywiście, że tak. Niestety nie jesteśmy Skandynawią (zawsze dobry punkt odniesienia). Przydałoby się więcej prezydentów Poznania w tym kraju – Jacków Jaśkowiaków.

48.99

A teraz w pociągu jechałem z grupą kibiców Śląska Wrocław. Ludzie się przyczepiali, a oni starali się bronić sami siebie – „kibice nie są tacy źli, przecież nie są tacy źli". Po czym jebali najbardziej rasistowskie teksty ever, drąc ryja o białym Śląsku, wielkiej Polsce, ciapakach pierdolonych, jebanych smoluchach, brudasach.

Przyklaskiwał im, bojąc się ich jednocześnie, szef poznańskiej młodzieżówki PiS-u, który jechał do Gdańska na koncert Scorpionsów. Wszyscy narzekali, że jest ten Jaśkowiak w Poznaniu. Szef młodzieżówki powiedział, że był w lokalnej telewizji i wywołał oburzenie, bo nazwał homoseksualizm „dewiacjami".

„Przecież to normalne słowo, przecież to jest dewiacja. Jak ktoś lubi w dupę, to może, ale po co wychodzić z tym na ulicę?".

Ja przedstawiłem się z imienia i nazwiska: dzień dobry, jestem lewakiem, czy mógłbym was wystrzelać i powysadzać w powietrze Wasze kluby?

Pozamiatane.

Powiedz Mii, kto jest prawdziwym aniołem.

GIZA PISZE

Zrobiłeś to???
Pełen szacunek.
Jeśli nie, to i tak fajnie było to przeczytać.

Wszyscy zachwycają się polską edycją *SNL* – że tak zgrabnie zmienię temat. To znaczy zachwyty wypływają głównie z tego, że „nie było tak źle", że „spodziewali się czegoś gorszego".

A mnie szlag trafił. Chyba właśnie z tego powodu.

To, że pierwszy odcinek tej historycznej polskiej-niepolskiej produkcji był słaby, to jedno, ale to, że recenzenci, obserwatorzy, yntelygencja warszafska tego nie widzi – to mnie wkurwia.

Na wstępie chcę zaznaczyć, że kibicuję takim projektom. Powoli będą zmieniać polskie podejście do komedii i humoru. Zwłaszcza tego na ekranie. W klubach to już pękło. Stand-up i improwizacje są alternatywą dla skostniałego bądź co bądź kabaretu. W telewizji, czy nawet w internecie, wciąż nie ma takich wysokobudżetowych produkcji. Wszystko jak najtaniej, jak najwięcej, jak najprościej – POLSAT *madafaka*!
SNL daje świeżość. I nadzieję, że ktoś chce zainwestować w rozrywkę o innym – z założenia – profilu. Ale czy to jest naprawdę inny profil?

Wszystkie numery z pierwszej odsłony hamerykańskiego show – gdyby je tylko ubrać w polsatowską ceratę – nie byłyby niczym innym jak „kabaretem na żywo", tak znienawidzonym przez Polskę Ą-Ę.

Ale w cukierkowym, stanozjednoczonym opakowaniu to wygląda jak inteligentny humor, jak celna i ostra satyra.
To nic, że „reklama ASAP" gra tym samym co „Weź Niepierdol", to nic, że skecz o elfach grających w ludzi robiła kilka miesięcy temu Grupa Filmowa „Darwin" (podobno lata temu ktoś przed nimi w USA też miał taki pomysł. I spoko, wszystko już było. Dam

sobie rękę uciąć, że Twój bit o drzewie i spadających gałęziach w 1974 robił jakiś azerski komik. Ale jak można dopuścić, że liczna ekipa produkcyjna *SNL* powiela pomysł z własnego podwórka, sprzed kilku miesięcy??? Czy nikt tego nie sprawdza? Nikt nie jest na bieżąco?). To nic, że skecz o papieżach był po prostu okej, za długi, oparty na klasycznych schematach (powtarzanie jednego słowa „stos", które zawsze jest dobrą odpowiedzią, wyśmiewanie się z Niemców za wojnę itd.).
To wszystko jest nieważne.
Ważne, że nikt nie przebiera się za babę. Że prowadzi to Adamczyk. Że wszystko ładnie wygląda. A że w jakimś skeczu ma piszczałkę w dupie, to po prostu wypadek przy pracy.
Ja mam luz ze śmiesznym skeczem o piszczałce w dupie.
Mam luz z Adamczykiem i cieszę się, że to wszystko tak dobrze wygląda.

Wiem też, jak trudno zrobić taki program.
Jesteśmy przecież po nieudanej podwójnej próbie stworzenia takiego programu. *Strefa Gizy* nie wypaliła. Wtedy byłem obruszony, dziś to rozumiem. Widzę, ile tam było niedociągnięć, ile niewykorzystanych pomysłów, ile braków warsztatowych. Gdyby to się pojawiło na antenie, nikt nie zostawiłby na nas suchej nitki. Mieliśmy widownię, która ochoczo przyjechała na nagrania. Potem zostali, zrobili zdjęcia i cały czas mówili, jak było fajnie. I pamiętam, że wieczór nagrania naprawdę był fantastyczny. Energia, zespół na żywo, wstawki filmowe, skecze, gość, improwizacje, stand-up. Przecież to wszystko potrafimy robić. I zrobiliśmy dwugodzinny, napakowany bodźcami show dla widowni w studiu. Ale potem nie dało się tego oglądać.

Nikt nigdy nas nie uczył, jak pisze się pod szkiełko. Jak ekran potrafi taką energię zatrzymać. Jak bardzo trzeba umieć wykorzystać potencjał taśmy, kamery, obrazka, zbliżeń, cięć i całego tego filmowego stuffu.

Dziwi mnie, że jeszcze żaden producent, który operuje milionami złotych, nie wpadł na to, żeby zatrudnić dziesięć osób, zapłacić im tyle, żeby nie musieli się zajmować niczym innym, i zamknąć ich w jakimś baraku na miesiąc z dwiema kamerami. Takich roboczych pilotów zrobilibyśmy trzy albo pięć, aż byśmy się kurwa nauczyli. Dopiero potem dostalibyśmy scenografię, kostiumy i Dawida Podsiadłę jako muzyczną gwiazdę.
Wszyscy chcą szybko. Wszyscy chcą tu i teraz. Wszyscy liczą hajs.
A to się zwyczajnie nie opłaca.
Nie opłaca się robić chujowego programu.
Oczywiście możemy założyć, że pierwszy sezon będzie szkołą. Że tekściarze będą się uczyć, że aktorzy poczują *flow*. Może... A może w tym czasie przestaniemy to oglądać, a ktoś mądry uzna, że polska widownia nie jest jeszcze gotowa na taki ostry, wyrazisty, mocny i zajebisty program. Może...

Wiem, że piszę jak zraniony niezaproszony do współpracy dupek. Ale jakim cudem komediowy program jest tworzony z pominięciem wszystkich komików, youtuberów i kabareciarzy w tym kraju? To ma dać odświeżenie? Ucieczkę od żartów z ceratą w tle i piszczałką w dupie?
Oj...
To taka przypadłość tego naszego szołbizowego podwórka – nie ma przepływu ludzi, informacji i idei. Wszyscy sobie. Wszyscy wiedzą najlepiej. I jebać innych! Środowisko filmowe nie korzysta z komików, producenci telewizyjni rzadko zerkają w stronę doświadczonych dramaturgów teatralnych, stand-uperzy nie bywają na spektaklach... (o dziwo, wszyscy piszą książki, he, he). Wiem, co mówię. Ostatnio w teatrze byłem milion lat temu. Na komedii. Była podła. I stosowała dziesiątki chwytów, które widziałem na niejednym przeglądzie kabaretowym. Widownia zaśmiewała się do łez, a ja zażenowany próbowałem uciec. Tam

na scenie grały nazwiska, autorem było nazwisko... Generalnie sztuka tak wysoka, że ledwo można było dojrzeć jej oblicze. Ludzie, którzy drwią z kabaretowych wygibasów, zachwycają się tym samym, ale w budynku teatru. Przyklaskują tym samym drętwym elementom w kultowym *SNL*.

Może faktycznie oprawa ma takie znaczenie.
Może budynek i nazwisko potrafi odwrócić uwagę od sedna.
A może wszyscy ci widzowie tak naprawdę lubią tupać nóżką do *Jesteś szalona*, ale tylko kiedy gra to dla zabawy Możdżer. Bo przecież wtedy to pastisz i szydera... A że melodia w ucho wpada... Możdżer daje przyzwolenie. Możdżer artystą wielkim jest, więc śmiało możemy tupać. Tupiemy do Możdżera, nie do Boysów.

Kabaret stał się synonimem chujni.
Dość zasłużenie.
Lata na to pracował.

GIZA PISZE

Brak zaangażowania w poważniejsze niż wizyta u teściowej tematy, uległość wobec telewizji, przymilanie się do widza w sandałach i białych skarpetach...
Na palcach pół ręki mogę policzyć ekipy, które próbują ten obraz zmienić. Generalnie hajs się zgadza, ale szacunku tyle co disco polo właśnie.
Myślę, że ludziom, którzy zapełniają hale tysiącami kochających ich fanów, zwisa i powiewa to utyskiwanie yntelygencji – zwłaszcza że ta nie do końca potrafi stworzyć alternatywę, a co gorsza – nie widzi, że nie ma różnicy między skeczem z Mrągowa a podłą komedią w teatrze.

Właściwie to już nie jest tylko utyskiwanie.
Każdy szanujący się warszafiak musi odciąć się od kabaretu. „Dzień dobry. Chciałem tylko zaznaczyć, że polskie kabarety to gówno, a teraz poproszę chleb, masło, mleko...".

Koledzy ze stolicy nawet swoje programy kabaretowe nazywają „sketch-show", żeby uciec od słowa „kabaret". Kiedyś stand-up trzeba było reklamować hasłem „wieczór kabaretowy", a teraz niektórzy kabareciarze wpisują „stand-up".
Czy to nie przesada?
Czy naprawdę „kabaret" jest problemem? Czy przez to, że najpopularniejszym gatunkiem filmowym jest porno, całą resztę trzeba przestać nazywać filmem?
Nie sam kabaret jest złem, tylko zazwyczaj to, co promuje telewizja.
Czy ktokolwiek z tych wielkich krytyków poświęcił chociaż jeden wieczór w życiu i poszedł na kabaret na żywo? Oczywiście, że nie.
Nie trzeba czasem zjadać całego gówna, żeby się przekonywać, że jest gównem, he, he.
Ale przypieprzać się do gatunku?
A czym był *Monty Python*?

W każdej dziedzinie pojawia się nurt prosty, popularny, który chce zadowolić jak największą liczbę odbiorców. Niektórzy – jak Rolling Stonesi, Louis C.K. czy Francis Ford Coppola – potrafią połączyć klasę z popularnością. Ale umówmy się – to promil wśród twórców.

Nie chcę bronić kabaretów, bo jak wspomniałem, same są sobie winne. Wiem coś o tym.

Raczej nie słyszałem o ambitnych planach zmiany wizerunku. Żaden z moich kolegów jakoś wybitnie nie narzekał.

Nie chcę też narzekać na młody i niedoświadczony zespół *SNL Polska*, w którym z tego, co wiem, ścierają się idee piszących z producentami, którzy jak zwykle kochają grę słów, żarty polityczne i tak właściwie chcieliby pewnie wrócić do czasów Szymona Majewskiego i pięciu milionów widzów.

48.100 Niech się uczą, niech pracują, niech raz w tygodniu dają nam to, co mogą najlepszego – a i tak przy tym tempie pracy liczę na maksymalnie jeden, dwa mocne skecze na odcinek. (Podobnie jak jest w Stanach, nie da się non stop produkować samych perełek. Najlepszym przykładem są youtuberzy.

Jeśli co siedem dni wypuszczasz czterdzieści minut własnych przemyśleń, to musi być tam trzydzieści osiem minut gówna – to naturalne).

Bardziej denerwuje mnie ten snobizm, brak pokory i patrzenie z góry.

PS Jeśli na ten odcinek *SNL Polska* miał kilka miesięcy, to ciekawe, jak będą wyglądały następne. Może presja czasu wyciśnie z nich to, co najlepsze. Albo spali totalnie. Jak Kaczyński jointa w pierwszym niekabaretowym skeczu tej historycznej niekabaretowej produkcji.

STRAMIK PISZE

Zrobiłem to. Mniej więcej. Dopuszczam tutaj pewien margines fikcji. Mówiłem, że jestem lewakiem. A jeden typ, idiota bredzący, że kibice nie są przecież tacy źli, nie są tacy źli, bredził, że lubi ludzi inteligentnych, bo sam jest inteligentny (jak ktoś mówi, że jest inteligentny, to zazwyczaj nie jest. Co to w ogóle znaczy?).

No, inteligentnych i potrafiących uargumentować swoje poglądy. Pytał oczywiście, czy jestem za „wpuszczeniem" uchodźców do Polski. Mówiłem, że tak, jeżeli są pokojowo nastawieni, to jestem nawet za wpuszczeniem Polaków do Polski.

Tylko Polańskiego bym do niej nie wpuszczał, bo wkładał penisa w odbyt trzynastolatce.

A czy wpuściłbym ich do własnego domu?

Odpowiedziałem, że nie mam domu. Na koniec z szerokimi uśmiechami rozeszliśmy się każdy w swoją stronę. 48.101

Dziękuję wszystkim siłom odpowiedzialnym za to, że nie urodziłem się w Warszawie.

Naprawdę. To, czym jest Klub Komediowy. A teraz to, na co kreuje się Resort Komedii, w ogóle mi się nie podoba. Grafika z Andym Kaufmanem. Tak samo pretensjonalna jak fota zbuntowanych nastolatków z – dajmy na to – Charlesem Bukowskim w tle.

Nie wiem, co hipsterzy komedii – Klancyki, Hofesinki i inni twórcy „spektakli" improwizowanych sądzą na temat polskiego *SNL-u* (*SNL-a*)?

Ja widziałem to co Ty. Przede wszystkim przeszkadzały mi żarty językowe, kalambury, które dostrzegam w polskich skeczach kabaretowych.

To wszystko ładnie wygląda tylko od strony realizacyjnej. Jest „ładna grafika" – jak się kiedyś mówiło o grach komputerowych.

Trochę nie chciało mi się o tym pisać. Dlatego nie napisałem w poprzednim tekście. Liczyłem na Ciebie i nie zawiodłem się.

Że *Strefa Gizy* nie wyszła, ma wymiar słodko-gorzki. To by Ciebie i nie tylko Ciebie odciągnęło od stand-upu. Taki program wymaga poświęcenia. Oznacza brak czasu na inne działalności.

Ze wszystkim właściwie się zgadzam. Chociaż ja też kabaretu nienawidzę z urzędu. Acz myślę, że usprawiedliwia mnie jednoczesna nienawiść do stołecznego snobizmu.

Teatru też nie lubię. Jest dla mnie mocno sztuczny. Tak samo jak to jebane impro, którego nie znoszę. W dodatku głupkowate jest jak na mój gust. Do tego zwyczajnie nie ma żadnych treści. Z beztreściowych rzeczy wolę obejrzeć mecz.

Szkoda tylko rzeczywiście, że kolejna rzecz jest robiona bez respektu dla sceny komediowej. W staffie pisarskim polskiego *SNL-a (SNL*-u?) jest dwóch raperów, jakiś niby-literat, typ, który miał z Fiedorem i Kempą pisać program dla TVP2, a szefowa to kobieta, która robiła dla TVN-u *Maraton uśmiechu*.

Kurwa.

Ja takiemu projektowi życzę jak najgorzej. Ci aktorzy są akurat spoko. Niektóre kobiety nawet ładne. I Daria Zawiałow ładnie śpiewała jako gość muzyczny. Ona też jest z Koszalina! Ciekawe, czy również dziękuje wszystkim mocom za to odpowiedzialnym, że nie urodziła się w stolicy. Chyba nie do końca. Bo szybko się tam przeniosła. Nie szkodzi. Ważne, że – jak powiadam – ładnie śpiewa, ładnie wygląda.

SNL Polska też ładnie wygląda.

GIZA PISZE

Grałeś w Reszlu? Mam tutaj dziś dwa występy.

Nie pamiętam, kiedy ostatnio występowałem dwa razy w ciągu jednego dnia. Od jakiegoś czasu uznaję takie działanie za pewnego rodzaju pazerność. Wolę skupić się raz, a dobrze. Zagrać na 100 procent i dać wszystko widzowi, który zapłacił za bilet. Nie rozdrabniać się. Nie dzielić energii.

W Reszlu zgodziłem się zagrać drugi raz, bo powiedziano mi, że mój przyjazd to duże wydarzenie. Drugie po spaleniu na stosie ostatniej osoby w Europie w 1811 roku. Cóż za znamienita, światła tradycja!
Mówiono, że bilety sprzedały się na pniu i od razu pojawiła się prawie setka rezerwacji na ewentualny drugi termin (na mój

występ, nie spalenie pani Barbary). Że ludzie z okolicy ciągną, że będzie ktoś z Mrągowa, Ełku, Olsztyna... Jako że nie zamierzałem rychło wracać w te okolice, stwierdziłem – sprawdzę. Sprawdzę, czy potrafię już inaczej gospodarować energią. Czy te dwa grania to ciągle takie duże obciążenie. Nie ukrywam, takie rozwiązanie często jest dużym plusem – zarówno logistycznie, jak i finansowo. Poza tym – o czym nie myślałem – widzowie też lubią mieć wybór. Ktoś dzieciaty zdecydowanie wybierze 17.30. Ktoś, kto idzie na drugi dzień do pracy, też woli przyjść wcześniej.

Oczywiście mam teorię, że jeśli grasz dwa występy, to drugi jest mocniejszy. Zawsze. Nie wiem, od czego to zależy. Może widzowie z godziny dwudziestej czują, że to ostatni punkt ich wieczoru, że mogą się wyluzować i że nic więcej ich już tego dnia nie czeka. A po siedemnastej jeszcze położysz dzieci, zjesz kolację albo obejrzysz coś w tivi – że wciąż jest coś do zrobienia.

Cieszę się na te występy. Słyszałem już kilka opowieści o tutejszej widowni. Nie pierdolą się w tańcu. Lubią gadać, hecklować, jeść zapiekanki w pierwszym rzędzie i pić alkohol. Kto nie lubi...

Zobaczymy.

***

Jestem po.
Były zapiekanki, były zagadywajki i klasyczne: 17.30 – fajnie, ale 20.00 – moc!
Okazuje się, że po dwóch występach jestem po prostu bardziej zmęczony. Nic więcej.
Dałem z siebie wszystko, nie dzieliłem energii. Nie było żadnego wyrachowanego działania. Za każdym razem, kiedy wychodzisz na scenę, chcesz być najlepszy. Gdybym grał trzeci raz, byłoby równie dobrze.

GIŻA PISZE

W miasteczku, gdzie liczba mieszkańców to trzy i pół tysiąca, zagrałem dla prawie trzystu osób. Prawie dziesięć procent populacji. To chyba mój rekord.
O 17.30 było trochę przyjezdnych, ale o 20.00 – sam Reszel. I wiadomo, na sali masz śmietankę – lokalnych biznesmenów, władze, policję, media, restauratorów... Każdy się z każdym zna, są jednym organizmem... Jakbym grał na imprezie rodzinnej. Każdy mały przytyk ma podwójne znaczenie, a kiedy używasz lokalizmów i wpleciesz w żart nazwę reszelskiego kebaba – niszczysz system.

Potem oczywiście konkretny *after*. Dużo wódki, zapiekanki, zdjęcia i tysiące chujowych żartów. Trochę jak na rodzinnej imprezie.

Fajnie, że chłopakom chce się organizować te występy. Że możesz wpaść gdzieś na koniec świata i na kilka godzin pokolorować komuś życie.
Lubię jechać tam, gdzie ktoś mnie chce. W Warszawie jesteś jednym z tysiąca wydarzeń tego wieczoru. Ludzie czasem wydają się wkurwieni, że muszą ten czas poświęcić tobie. A mogli przecież iść na Stinga.
Tu malują trawę na twój przyjazd.
Podobnie gra się dla Polonii – o czym już pisaliśmy.

Wrócę tu z nowym programem.

Lubię zapiekanki i alkohol.

Kto nie lubi.

STRAMIK PISZE

Nie, nie grałem w Reszlu. Bo tak jak Ty lubię grać tam, gdzie mnie chcą. Akurat w moim przypadku istnieje większe prawdopodobieństwo, że będzie to Warszawa, a nie Reszel.

No i akurat nie lubię alkoholu i zapiekanek w pierwszym rzędzie. Bo nie lubię pierwszego rzędu. Nigdy bym w nim nie usiadł. W ogóle nie lubię być konsumentem stand-upu.
Nie chcę być widownią.
Zapiekanki i alkohol. Poza pierwszym rzędem. Nie w Reszlu. Jak najbardziej.

Lubię to powiedzenie: „W tańcu się nie pierdolić".

„Ty się w tańcu nie pierdolisz ostatnio", tak mi powiedział jakiś typ w kawiarni. Wyglądał jak człowiek, który je zapiekanki i pije alkohol w pierwszym rzędzie w Reszlu. Ciekawe, co robił w hipsterskiej poznańskiej kawiarni. Może zabłądził.

48.103

Odpowiedziałem: „Nigdy!".

Ja się nigdy nie pierdoliłem, nie pierdolę i w tańcu pierdolił nie będę. Poza tańcem -zobaczymy.

Pierdolenie przeważnie trafia mi się niezapowiedzianie.

Tak chyba zawsze jest. Nie znam się dobrze na tych sprawach, pomimo trzydziestu czterech lat spędzonych na tej planecie. Zdążyłem się już jednak zorientować, że jak chcesz wymusić pierdolenie, to ono nie przychodzi. Trzeba wyluzować.

Jak powiada Marc Maron o swojej karierze. Trzeba odpuścić. Mimo nawet złamanego serca. Gdy nadejdzie sukces, wtedy powiedzieć sobie: okej, tego się nie spodziewałem, fajnie.

STRAMIK PISZE

Co u mnie poza tym? Spóźniłem się z tym tekstem, akurat spróbowałem olejku z konopi. Ja pierdolę, jaki gong, a sieknąłem tylko maluteńką kropelkę.

Ale zobacz, obczajam to dopiero teraz: „Olej z marihuany (olej z konopi), inaczej «łzy feniksa» lub olej RSO, to olej otrzymywany z kwiatów konopi indyjskiej metodą opracowaną przez Ricka Simpsona (stąd nazwa olej RSO – Rick Simpson Oil). Olej ten zawiera silne stężenie THC (delta-9-tetrahydrocannabinol) – środka psychoaktywnego i głównej substancji czynnej marihuany. Szacuje się, że olej RSO zawiera nawet do 95–98 proc. TSH. Dla porównania – konopie same w sobie zawierają od 5 do 20 proc. tego związku. Tym samym olej z marihuany jest jednym z najmocniejszych naturalnych medykamentów".

Polecam.
Jacek Stramik.

PS Reszla też z przyjemnością spróbuję. Widzę, że działa równie ładnie.

GIŻA PISZE

„Pokaż jajo!" – zawołał do Ciebie wczoraj widz w Sochaczewie. Co trzeba mieć w głowie, żeby wykrzyczeć coś takiego podczas występu? (Czyjegoś występu. Podczas swojego można wykrzykiwać, cokolwiek się chce). Zupełnie bez powodu, w jakimś losowo wybranym momencie. Kiedy zapłaciło się 40 złotych za bilet. Chciałbym wiedzieć, czym się kierował. Czy naprawdę chciał zobaczyć Twoje jajo? Może jeździ od miesięcy za Tobą, zawsze próbował się powstrzymać, ale wczoraj wreszcie pękł... A może, szykując się w domu do wyjścia, wpadł na genialny pomysł i uznał, że jeśli będzie nudno, to spróbuje pomóc i ubarwi „show" – w końcu zapłacił 40 złotych.
„Pokaż jajo!" padło w szóstej sekundzie.

Może zażartował?
Może chciał zaimponować żonie?
Może był pijany?
Może ma Tourette'a?

Ludzie myślą, że stand-up opiera się na dialogu komika z widzem. Że takie podrzucanie, pokrzykiwanie i wkurwianie jest solą stand-upu. Że to pomaga. Bardzo często ci, którzy przeszkadzają (hecklują) najbardziej, okazują się po występie największymi fanami. Przychodzą po uśmiechnięci, zadowoleni z siebie – chcą zdjęcie i piątkę. Wierzą, że wsparli. Że gdyby nie oni, występ by nie poszedł. Że to dzięki nim weszliśmy na inny level. Że dzięki pijackim pokrzykiwaniom w stylu „Pokaż jajo!" wieczór był wyjątkowy.
Czasem tak jest.
Czasem faktycznie celna uwaga z widowni potrafi pobudzić do improwizacji, do stworzenia czegoś tu i teraz. Szybka piłka rzucona na scenę aż prosi się o odbicie albo widowiskowe ścięcie. Ile razy coś, co zafunduje inteligentny widz, wplatamy później do programu.
Tyle tylko, że jak wszystko na świecie, takie zdanie musi pasować do kontekstu całości. Musi czegoś dotyczyć. Być rzutkim komentarzem do tego, co akurat dzieje się na scenie.
Ale dlaczego ktoś, kto losowo wyrzuca z siebie słowa, uważa, że jego „pokaż jajo" jest lepsze niż to, co proponuje opłacany przez niego i stu innych widzów komik?
To tak, jakbym wszedł do autobusu i zaczął zasłaniać oczy kierowcy z myślą „będzie wyjątkowo!".

W klubach komediowych w Anglii czy USA jest ochrona.
Jeśli ktoś jest urodzonym śmieszkiem, ale zamiast wejść na open mike, dogaduje z widowni, komik na scenie ma prawo jednym gestem uruchomić dwóch łysych jegomości.

Podobnie jest z filmowaniem występów.
To działa tak sprawnie i szybko, że widzowie nie mają wątpliwości, jak należy się zachowywać.
Louis C.K. otwarcie mówi, że nienawidzi hecklerów.
Z drugiej strony Louis C.K. przyznał też, że wyciąga chuja w obecności stand-uperek...

Rozmawialiśmy wczoraj o buncie. O tym, jak obaj go pojmujemy. Różnimy się.
Próbuję zrozumieć Twoje podejście. Właściwie to nie „próbuję". Rozumiem je. Zazdroszczę chyba nawet. Jest ono bardzo rozsądne, spokojne i osadzone w jakiejś filozofii.
Ja kieruję się emocjami. Wkurwia mnie świat, który mnie otacza. Próbuję z nim walczyć. Działam często wedle systemu zero-jedynkowego. Świat nie jest czarno-biały, ale moja głowa często
 takim go widzi. To jest złe. To dobre. Tego nie robię. Tamto tak. Naiwne podejście, że jak przestanę brać udział w czymś, co według mnie jest złe, to to zniknie. Nigdy nie będzie tak, że firmy farmaceutyczne przestaną istnieć, bo ja zdecydowałem, że nie będę dla nich występował. Że jazz przyciągnie więcej widzów niż pop, bo ja bym tak chciał.

Ja to wszystko rozumiem, ale raz na jakiś czas zrywa się do walki mój wewnętrzny Don Kichot i próbuję pociągnąć z dyni złemu systemowi.

W mojej głowie ciągle tli się głupia myśl, że gdyby wszyscy postępowali według określonych zasad, świat byłby lepszy.

Ale przecież to nie jest możliwe, bo zawsze znajdzie się ktoś, kto nagle krzyknie: „Pokaż jajo!".

STRAMIK PISZE

Lubię, jak ktoś wykrzyknie coś idiotycznego. To znaczy nie jestem fanem mózgu kogoś takiego. Lubię jednakowoż szybko go zjebać, pokazać, gdzie jego miejsce. Nigdy specjalnie nie zabiegałem o sympatię widzów. Teraz roztaczam jakąś bardziej „sympatyczną" aurę. Być może wiąże się to z nieco innym podejściem niż kiedyś. Lecz ciągle nie boję się idiotów.

Buntuję się przeciwko idiotyzmowi.

Przeciwko temu, co mi pokazałeś. Dwudziestopięciolecie Polsatu. Cztery gwiazdy disco polo śpiewają swoje hity przy akompaniamencie orkiestry symfonicznej. Paluch z Biurem Ochrony Rapu powinien tam wjechać i rozstrzelać WSZYSTKICH.

Przyznam jednocześnie, że lubię zaskoczenie na sali. Wspomniany Louis C.K. też o tym mówił – że lubi, jak go sala zaskoczy. Coś pójdzie nie do końca tak, jak się spodziewał. On mówił o świetle czy dźwięku. Hecklerów rzeczywiście nienawidzi do żywego. 48.105

Nienawidził. Bo już nie żyje. To znaczy jego kariera umarła. Po przyznaniu się do winy.

U mnie może to być jakiś głupi tekst z widowni.

„Pokaż jajo" to chyba najgłupsze, co dotychczas usłyszałem.

Buntuję się przeciwko idiotyzmowi. Buntuję się przeciwko samemu buntowi. Preferuję bunt totalny. Emigrację wewnętrzną. Nie interesują mnie losy tego świata. Dbam o jakieś pierdoły w mikroskali. O integralność koszalińskiej sceny stand-upowej na przykład. To wszystko Ci już mówiłem.

A taki bunt przeciwko temu, że ktoś tam zagra w reklamie. Czy zrobi coś tandetnego. Też mnie momentami wkurwia. Wyśmieję to. Powiem o tym. I tyle. Niczego to nie zmieni. Co innego, kiedy mam na coś wpływ. Na kształt koszalińskiej sceny stand-upowej mam żywotny. Tam mogę się przeciwko jakimś naciskom zewnętrznym zbuntować.

STRAMIK PISZE

Natomiast Syria... Co ja z tym zrobię? Czy chujowa muzyka. Mogę tu o tym napisać. Albo powiedzieć coś ze sceny. Niczego to nie zmieni. Zawsze jeszcze ktoś powie klasyczne: sam zrób coś lepszego. Muzyki robić nie potrafię. Więc czasem hamuję się z niektórymi głośnymi osądami. Chujowa muzyka też wymaga jakiegoś nakładu pracy.

Zatem niech sobie Syria i chujowa muzyka istnieją. Mam w głowie to Carlinowskie „kwestionuj wszystko". Czasem staram się kwestionować bunt. Ponieważ momentami wydaje mi się on dziecięcy, pretensjonalny, na wyrost, dla zasady etc. Ten świat nie działa dobrze. Nic na to nie poradzimy.

Z kolei koszalińska scena stand-upowa chodzi jak w zegarku.

PS1 Nic nie ma większego znaczenia, ten świat naprawdę zaraz zniknie. My zaraz znikniemy. Na tym polega mała apokalipsa, o której pisał Tadeusz Konwicki – uwaga duże zaskoczenie – w *Małej apokalipsie*. Jednostkowa śmierć to przecież również śmierć całego świata.

Można się buntować, nie zgadzać. Co to da?

Czesław Miłosz, zapytany kiedyś, co sądzi o upływie czasu, odpowiedział: „Nie zgadzam się".

Czesława Miłosza już nie ma. Tadeusza Konwickiego też. Nie wiem, czemu mam łzy w oczach, kiedy to piszę.

Może dlatego, że ostatnio w Koszalinie jadłem kryształy dwa dni z rzędu. Chociaż to pewnie niejedyny powód.

STRAWIK PISZE

PS2 Też Louie z tego ostatniego speciala. O samobójstwie. Że rozwiązują wszystkie problemy osobiste i wszystkie problemy świata. Dla popełniającego samobójstwo. „Boisz się ISIS? Zabij się. Wtedy na pewno cię nie dopadną".

PS3 Znowu narkotyki i samobójstwo. Ale dobiegamy końca. Może trzeba zastosować jakąś klamrę.

Właściwie nic trzeba. Przecież i tak... (zob. PS1).

GIZA PISZE

Wiem, to moje pieprzenie nic nie da – ale inaczej nie umiem. Naiwnie wierzę, że może coś, cokolwiek...
Ale robię to raczej dla siebie.
Żeby się czuć lepszy. Że o coś mi chodzi. Że jestem zaangażowany. Że chcę zmienić zły system, którego oczywiście zmienić się nie da. Że chciałbym być komikiem z wyższej półki. Inteligentem, który ze sceny w lekki i zabawny sposób rozwiązuje problemy świata.

A potem oglądam w necie osiemnastominutową recenzję (właściwie lincz) mojego filmu sprzed pięciu lat i czytam w komentarzach, że od tej pory, cokolwiek powiem, to nikt mi nie wierzy (bo jak mogłem w wywiadach i rozmowach zachwalać to gówno?!?!).
I jak z recenzentem zgadzam się niemal z każdym zarzutem (zwłaszcza że tak naprawdę nie powiedział nic, czego bym już nie

słyszał) i chyba się uodporniłem (od pięciu lat żona moja cudna przynajmniej dwa razy w tygodniu rzuca złośliwy żart pod adresem *Swingu*), tak pretensja, że kłamałem przy promocji, zabolała.
Naprawdę w to wierzyłem i robiłem, jak czułem. Bóg raczy wiedzieć (jeśli jest), ile czasu, energii i pieniędzy władowałem w ten projekt.
To była naprawdę fajna przygoda. Robiliśmy coś zgraną ekipą, która dała z siebie wszystko. Serce i płuca wypluła, żeby gość przed ekranem mógł się kilka razy zaśmiać.
Zakładałem sukces. Zrobiłem to na podstawie swojego, napisanego w 2008 roku tekstu, który na scenie był bardzo zgrabną i sprawną farsą (tak ją pamiętam).
Nie miało prawa się nie udać.

He, he...
To wszystko przypomina zaślepienie miłością. Tracisz dystans. Nie wiesz, co robisz i na ile to jest dobre.
Mam wrażenie, że to integralna część procesu twórczego. Przynajmniej w moim wypadku. Im dłużej w czymś siedzę,

tym bardziej to jest moje. Wybaczam więcej, mniej zauważam, wszystko sobie tłumaczę, bo znam na wylot.
Zawsze idę do ludzi z tym, co uważam za najlepsze.
Nie mam nad sobą producentów, którzy mi coś każą. Nie muszę oszukiwać ani siebie, ani widza. Idę, bo czuję, że będzie dobrze!

Tyle, że na scenie już po chwili mogę coś zmienić i poprawiać w nieskończoność.
Film ma ograniczone pole manewru. Ale o tym już tu kiedyś pisałem.
Co najwyżej po pewnym czasie mogłem przestać promować *Swing* i przestać o nim mówić. Ale nie chciałem i nie chcę też udawać, że go nie było. Był. I to w ważnym dla mnie momencie: rezygnacji z kabaretu, wejściu w stand-up, poznawaniu innego świata, innego poczucia humoru...
Piszę o tym wszystkim dlatego, że to w pewnym sensie potwierdza Twoje słowa o buncie. 48.106
Dla widzów byłoby chyba bardziej spoko, gdybym zagrał w reklamie albo wystąpił w *Tańcu z gwiazdami*, niż zrobił *Swing*. Ludzie łatwiej przełkną komika polecającego batona niż tego, który zafundował im nieśmieszną godzinę.
Może i słusznie. Nie wiem.
Rozśmieszanie i oferowanie rozrywki to o tyle trudny kawałek chleba, że daje mnóstwo dobrej energii, ale też generuje sporo frustracji u ludzi, kiedy poczują się niezaspokojeni.

Zły posiłek nie wkurwi cię tak jak nieśmieszna komedia. Jakbyś ich oszukał.

Ale czy ja nie mam tak samo? Jak obejrzę film, który był choćby „taki se", to mnie nosi.
Z tak wielkim trudem wyrywam wolną chwilę, z jeszcze większym decyduję się na jeden z setek tytułów, poświęcam mu czas, a on bezczelnie rucha mnie w dupę swoją przeciętnością.
Nienawidzę!

Kończy się rok 2017. Dla mnie ważny. Pod względem rodzinnym i zawodowym. Dużo zmian. Dużo projektów.
Ida.
Łapy precz od żartów.
Kryzys.
Juliusz.
NR 3.
Jestem bardzo ciekaw, czym zaowocują, ile po czasie okaże się zjebanych (oby nie ten pierwszy).

Ciekawe.

31 grudnia. Niby zwykły dzień, ale ta jego symboliczność na mnie działa.

No i tatuaż muszę sobie zrobić.
Nawet się cieszę.

Siadam zaraz do drugiego, wydanego dziś przez Netfliksa speciala Dave'a Chappelle'a.
W tej chwili gość jest moim absolutnym numerem jeden w tej branży.
Rano obejrzałem pierwszy (widziałem, że Ty też – w Norwegii, na wielkim ekranie, prawdziwie królewskie warunki). Fantastyczny! To trzeci jego świetny program w tym roku. Imponujące.
Nastawiam się na ucztę. Zwłaszcza że *The Bird Revelation* nagrany jest w The Comedy Store, w małej klimatycznej salce. Takiej, jakie lubimy najbardziej.

Szczęśliwego, Panie Jacku!

PS1 I lepiej, żeby mnie Dave rozśmieszył...

PS2

Widziałem kiedyś w necie

zdjęcie jakiegoś muru,

na którym napisane było:

„QUESTION EVERYTHING".

I pod tym dopisek:

„WHY?"

7.03.2018

KILKA MIESIĘCY PÓŹNIEJ

STRAMIK PISZE

W zasadzie to nie mam już nic do powiedzenia.
A na kwasie? [chujowy żart]

Na kwasie też nie mam nic do powiedzenia.

Ale nadchodzi wiosna. Ciepłe dni. Pasowałoby i należałoby w końcu wziąć kwasa.

48.107

Ostatni raz „brałem" [chujowe słowo...] w szkole średniej.

Długa przerwa. Trzeba przerwać przerwę.

W zasadzie to nie mam już nic do powiedzenia. Już?! A czy kiedykolwiek miałem?

Czy ktokolwiek mówiący cokolwiek ma jakiekolwiek interesujące rzeczy do powiedzenia?

Pewnie kwestia nastawienia, podejścia. Jeżeli ktoś łaknie wiedzy, chce słuchać innych – to znajdzie jakieś tam interesujące rzeczy w świecie.

Są też momenty, kiedy zdaje się, że nie ma już nic interesującego na tej planecie.

Czekam na wiosnę. Właściwie nie czekam. Wiem, że i tak nadejdzie. Więc na chuj czekać?

„Wszystko trwa, dopóki sam tego chcesz" – dziwko – jak śpiewa Artur Rojek.

STRAWIK PISZE

To jest interesujące? Słowa Artura Rojka są – można by powiedzieć – zgrabne. Nie wiem, czy interesujące.

Każdy, kto otwiera ryja publicznie. Polityk, artysta, komik. Myśli, że ma coś interesującego do powiedzenia. Zawłaszcza przestrzeń publiczną. Zabiera przestrzeń innym.

Co za bufonada! Jaki tupet!

Po głębszym zastanowieniu nie da się tego oglądać i słuchać. Albo pod wpływem marihuany?

Dwa dni temu skopciliśmy się z Kołkiem po występie w Gdyni i jedyne, co mogliśmy oglądać w hotelu na Netfliksie (który był aplikacją na telewizorze – znakomita sprawa!), to special Louiego *Live at the Comedy Store*.

On tam, z nutą żenady czterdziestosiedmiolatka, robi głównie głupoty i z każdej głupoty, mimicznej, głosowej, tekstowej wraca na chwilę do „normalnego" stanu z zażenowaną miną, która komunikuje coś w rodzaju „co ja tu , kurwa, odpierdalam i po co w ogóle tu stoję, co to za sytuacja?!". 48.107

Wcześniej próbowaliśmy oglądać Hannibala Buressa. Typ w ogóle nie był śmieszny. Przynajmniej w tym stanie, w którym byliśmy. Leciałem pilotem po propozycjach. Chappelle? Zapomnij!

Najśmieszniejsze było to, że niejaki Norbert z Trójmiasta przyjechał do klubu specjalnie po pudełko na nóż, które to pudełko pożyczył Kołkowi dwa dni wcześniej. Żeby Kołek mógł sobie przechować ciastko z marihuaną, które to ciastko Norbert dla niego zrobił z okazji pobytu Kołka w Trójmieście te dwa dni wcześniej.

Dorosły typ. Który ma żonę i dzieci. Przyjechał specjalnie do klubu. Po PUDEŁKO.

Ja pierdolę.

STRAWIK PISZE

I mówię do Kołka: „Chciałbyś mieć takiego starego? Który przyjeżdża specjalnie do klubu po jakieś pudełko, żeby odebrać je od dwudziestojednolatka? Bo najwyraźniej jest to bardzo dla niego ważne pudełko. Na nóż. To jest pudełko na nóż! Naprawdę, chciałbyś?!".

Cheesus...

Nie ma komika śmieszniejszego niż ta sytuacja.

Poza tym wszystko z jednej strony okej. Z drugiej „kurewsko daleko od okej".

Życie.
Czekam na śmierć.
Właściwie nie czekam. Wiem, że i tak nadejdzie. Więc na chuj czekać.
48.107 Jednakowoż wcześniej...
Wiosna!

GIŻA PISZE

11.03.2018

Czyli u Ciebie wszystko po staremu.

Z perspektywy trzech miesięcy, które minęły od naszych ostatnich mejli, widzę, że dookoła też właściwie nie zmieniło się wiele. Stoch w formie, Żydzi i Polacy wciąż się nienawidzą, kobiety nadal zarabiają mniej niż faceci, a na dworze piździ okrutnie.
Tylko Ida ma więcej zębów.
A *SNL Polska* ani jednego. Ani zęba, ani pazura. Nadzieje, że będzie lepiej, umarły bezpowrotnie chyba po dziewiątym odcinku, którego gospodarzem był Twój ulubiony Filip Chajzer.
Coś Filip nie ma szczęścia. W wiosennej ramówce prowadzi *Hipnozę* – program, który tylko udowodnił, że telewizja to jedno wielkie szambo albo pralnia brudnych pieniędzy.

(Dziennikarz Wojciech Krzyżaniak stwierdził, że wielkim sukcesem TVN-u jest nasze przeświadczenie o jego elitarności, chociaż stacja od lat produkuje równie żenujące programy co na przykład Polsat. To ja chyba wolę Heńka, który mówi wprost, że lubi wódę i disco polo, niż pana profesora, który co wieczór najebany koniakiem tłucze żonę przy dźwiękach Chopinowskich mazurków [bardzo dziwny obraz]. Chociaż skoro mogę, to od obu trzymam się jak najdalej).

Z ciekawostek – dowiedziałem się, że O.S.T.R. nie pije alkoholu, co nie przeszkadza mu reklamować koniaku, i że nie działają na mnie holenderskie halucynogenne trufle. Szkoda.
Poza tym *Kryzys* ciągle w blokach startowych.
I PiS z niesłabnącym poparciem.
I łysa główka Idy, i łysiejąca moja.

I dom.
I trasa.
I dom.
I trasa.
I ciągły brak czasu.
Nawet dla najbliższych.
I wciąż te same pytania i wątpliwości.
Bo skoro nic się nie zmienia, to po chuj wciąż się tak śpieszę?

Może warto to zmienić. Idzie dobry czas. Wiosna.

Wiosna.

Słowo ciałem się stało
i zamieszkało między nami

Projekt graficzny i ilustracje
Andrzej Wąsik andu.pl

Zdjęcie na okładce
Daria Zarówna-Giza

Zdjęcia wykorzystane do grafik i na skrzydełkach okładki
Radek Polak

Zdjęcie na s. 263
Daria Zarówna-Giza

Redakcja
Ewa Nosarzewska

Korekta
Agnieszka Wójcik

Wielka Litera Sp. z o.o.
ul. Kosiarzy 37/53
02-953 Warszawa

Skład i łamanie
TYPO 2

Druk i oprawa
POZKAL

ISBN 978-83-8032-179-3